EUROPA-FACHBUCHREIHE
Programmierung für die
IT-Ausbildung

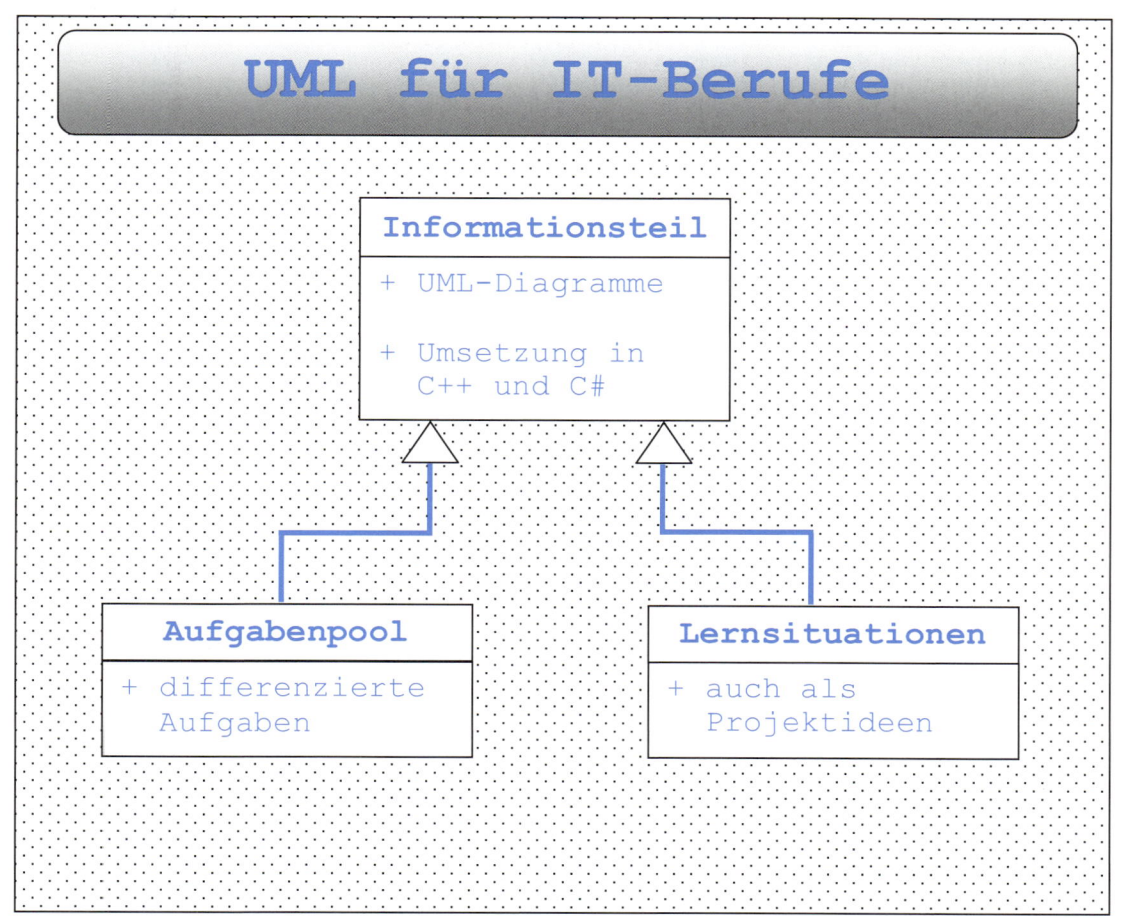

VERLAG EUROPA-LEHRMITTEL · Nourney, Vollmer GmbH & Co. KG
Düsselberger Str. 23 · 42781 Haan-Gruiten

Europa-Nr.: 85580

Verfasser:
Dirk Hardy, 46049 Oberhausen

Verlagslektorat:
Alexander Barth

Das vorliegende Buch wurde auf der **Grundlage der aktuellen amtlichen Rechtschreibregeln erstellt.**

1. Auflage 2011

Druck 5 4 3 2 1

Alle Drucke derselben Auflage sind parallel einsetzbar, da sie bis auf die Behebung von Druckfehlern untereinander unverändert sind.

ISBN 978-3-8085-8558-0

Alle Rechte vorbehalten. Das Werk ist urheberrechtlich geschützt. Jede Verwertung außerhalb der gesetzlich geregelten Fälle muss vom Verlag schriftlich genehmigt werden.

©2011 by Verlag Europa-Lehrmittel, Nourney, Vollmer GmbH & Co. KG, 42781 Haan-Gruiten
http://www.europa-lehrmittel.de
Satz: Reemers Publishing Services GmbH, Krefeld
Umschlaggestaltung: braunwerbeagentur, 42477 Radevormwald
Druck: Konrad Triltsch Print und digitale Medien GmbH, 97199 Ochsenfurt-Hohestadt

Vorbemerkung

Die moderne Softwareentwicklung geht weit über das Entwickeln von Algorithmen und die Umsetzung in eine Programmiersprache hinaus. Vielmehr geht es um eine umfassende Planung aller beteiligten Komponenten sowie eine solide Dokumentation der umzusetzenden Prozesse. Dieser Entwicklungsprozess kann durch die formale Sprache **UML** (**U**nified **M**odeling **L**anguage) hervorragend unterstützt werden. Dabei können die verschiedenen Diagramme der UML helfen, das geplante Softwaresystem in allen Phasen der Entwicklung zu beschreiben und damit auch die Grundlage für die Implementierung zu legen. Zusätzlich kann der Entwicklungsprozess verbessert werden, indem sogenannte CASE-Tools (**C**omputer-**A**ided-**S**oftware-**E**ngineering-Tools) eingesetzt werden. Damit ist nicht nur die Erstellung von UML-Diagrammen, sondern auch eine automatische Codeerzeugung sowie ein Reverse-Engineering möglich. Der Entwicklungsprozess wird dadurch professioneller und effizienter. Allerdings erfordert es eine hinreichende Einarbeitung in diese CASE-Tools. Für die Ausbildung im IT-Bereich ist die Auseinandersetzung gerade mit diesen Techniken ein sehr wichtiger Aspekt.

Aufbau des Buches

Das vorliegende Buch möchte die formale Sprache UML möglichst anschaulich, praxis- und unterrichtsnah vermitteln. Damit verfolgt dieses Buch einen **praktischen Ansatz**. Es ist die Ansicht des Autors, dass gerade in der schulischen Ausbildung der Zugang zu den komplexen Themen der Softwareentwicklung verstärkt und durch anschauliche und praktische Umsetzung vorbereitet werden muss. Neben dem Erlernen von wichtigen UML-Diagrammen wird ein besonderer Schwerpunkt auf die Umsetzung bestimmter Diagramme in die Programmiersprachen C++ und C# gelegt. Damit soll die Lücke, die oftmals zwischen den eher theoretischen Konstrukten der UML und den eher praktischen Umsetzungen in den Programmiersprachen herrscht, geschlossen werden.

Das Buch ist in **drei Teile** gegliedert.

Der **erste Teil** des Buches dient als **Informationsteil** und bietet eine **systematische Einführung in die formale Sprache UML sowie die Umsetzungen in die Programmiersprachen C++ und C#.**

Der **zweite Teil** des Buches ist eine **Sammlung von Übungsaufgaben**. Nach der Erarbeitung der entsprechenden Kenntnisse aus dem Informationsteil können die Aufgaben aus diesem Teil zur weiteren Auseinandersetzung mit den Themen dienen und durch verschiedene Schwierigkeitsgrade auch die Differenzierung im Unterricht ermöglichen.

Der **dritte Teil** des Buches beinhaltet **Lernsituationen** basierend auf dem Lernfeld „Entwickeln und Bereitstellen von Anwendungssystemen" aus dem Rahmenlehrplan für die IT-Berufe (speziell Fachinformatiker-Anwendungsentwicklung). Lernsituationen konkretisieren sich aus den Lernfeldern und sollen im Idealfall vollständige Handlungen darstellen (Planen, Durchführen, Kontrollieren). Aus diesem Grund werden die Lernsituationen so angelegt, dass neben einer Planungsphase nicht nur die Durchführung im Blickpunkt steht, sondern auch geeignete Testverfahren zur Kontrolle des Entwicklungsprozesses in die Betrachtung einbezogen werden. Die Lernsituationen können aber auch als **Projektideen** verstanden werden.

Das Buch ist für alle berufsbezogenen Ausbildungsgänge im IT-Bereich konzipiert. Durch die differenzierten Aufgabenstellungen kann es in allen IT-Berufen (speziell Fachinformatiker), aber auch von den informationstechnischen Assistenten genutzt werden.

In diesem Buch werden einige Diagramme der UML mit dem CASE-Tool **objectiF** der Firma microTOOL erstellt. Das Tool wird von der Firma microTOOL in einer kostenfreien Privat-Edition als Download angeboten. Für die Umsetzung in die Programmiersprachen dienen die Entwicklungsumgebungen von Microsoft (Express-Editionen für Visual C++ und Visual C#). Diese Entwicklungsumgebungen sind ebenfalls kostenfrei als Download im Internet verfügbar. Die Links zu der benutzten Software finden Sie ständig aktualisiert auf der Seite **http://www.dirkhardy.de** unter der Rubrik „Programmierbücher".

Für Anregungen und Kritik zu diesem Buch sind wir Ihnen dankbar (gerne auch per E-Mail).

Dirk Hardy   Im Mai 2011
E-Mail: Hardy@DirkHardy.de

Verlag Europa-Lehrmittel
E-Mail: Info@Europa-Lehrmittel.de

Inhaltsverzeichnis

Vorbemerkung 3

Aufbau des Buches 3

Teil 1 Einführung in UML 9

1 Grundbegriffe der UML und der objektorientierten Softwareentwicklung 11
   1.1 **Die Unified Modeling Language (UML)** 11
      1.1.1 Historische Entwicklung der UML 11
      1.1.2 Diagrammtypen der UML 13
   1.2 **Grundbegriffe der objektorientierten Softwareentwicklung** 13
      1.2.1 Klassen und Objekte 13
      1.2.2 Generalisierung und Spezialisierung 15
      1.2.3 Polymorphie 16
      1.2.4 Entwurfsmuster 18
      1.2.5 Architekturmuster 18

2 Das Anwendungsfalldiagramm 20
   2.1 **Anwendungsfälle und Akteure** 20
      2.1.1 Anwendungsfall 20
      2.1.2 Akteur 21
   2.2 **Beziehungen zwischen Anwendungsfall und Akteur** 22
      2.2.1 Die ungerichtete Assoziation 22
      2.2.2 Die gerichtete Assoziation 22
      2.2.3 Multiplizität der Assoziation 23
   2.3 **Beziehungen zwischen Anwendungsfällen** 23
      2.3.1 Generalisierung und Spezialisierung 23
      2.3.2 Die include-Beziehung 24
      2.3.3 Die extend-Beziehung 25
   2.4 **Beziehungen zwischen Akteuren** 26
      2.4.1 Generalisierung und Spezialisierung 26

3 Das Klassendiagramm 28
   3.1 **Die Darstellung der Klasse** 28
      3.1.1 Grundlegender Aufbau 28
      3.1.2 Beschreibung der Attribute 28
      3.1.3 Beschreibung der Methoden 30
      3.1.4 Umsetzung eines Klassendiagramms in eine objektorientierte Programmiersprache 31
   3.2 **Beziehungen zwischen Klassen** 35
   3.3 **Die Assoziation** 36
      3.3.1 Allgemeiner Aufbau einer Assoziation 36
   3.4 **Umsetzung von Assoziationen** 38
      3.4.1 Umsetzung einer bidirektionalen Assoziation in C++ 38
      3.4.2 Umsetzung der bidirektionalen Assoziation in C# 39
      3.4.3 Umsetzung einer unidirektionalen Assoziation in C++ 40
      3.4.4 Umsetzung der unidirektionalen Assoziation in C# 43
   3.5 **Die Aggregation** 47
      3.5.1 Allgemeiner Aufbau einer Aggregation 47
      3.5.2 Umsetzung einer *0..1:1*-Aggregation in C++ 48
      3.5.3 Umsetzung der *0..1:1*-Aggregation in C# 50
      3.5.4 Umsetzung einer **:**-Aggregation in C++ 52
      3.5.5 Umsetzung der **:**-Aggregation in C# 56
   3.6 **Die Komposition** 58
      3.6.1 Allgemeiner Aufbau einer Komposition 58
      3.6.2 Umsetzung einer *1:1..5*-Komposition in C++ 58
      3.6.3 Umsetzung der *1:1..5*-Komposition in C# 61

3.7		Die Generalisierung und Spezialisierung	63
	3.7.1	Sichtbarkeit von Attributen	64
	3.7.2	Mehrfachgeneralisierung	64
	3.7.3	Umsetzung einer einfachen Generalisierung in C++	65
	3.7.4	Umsetzung einer einfachen Generalisierung in C#	67
	3.7.5	Abstrakte Basis-Klassen	68
3.8		Stereotype	68
	3.8.1	Primitive und einfache Datentypen	69
	3.8.2	Umsetzung eines einfachen Datentyps in C++	69
	3.8.3	Umsetzung eines einfachen Datentyps in C#	70
	3.8.4	Aufzählungen	70
	3.8.5	Schnittstellen	71
	3.8.6	Umsetzung einer Schnittstelle in C#	72

4 Das Objektdiagramm 74

4.1		Die Darstellung eines Objektes	74
	4.1.1	Grundlegender Aufbau	74
	4.1.2	Klassen und Objekte gemeinsam darstellen	74
4.2		Beziehungen zwischen Objekten	74
	4.2.1	Der Link	75
4.3		Umsetzung eines Objektdiagramms	76
	4.3.1	Umsetzungen eines Beispiels in C++ und C#	77

5 Das Sequenzdiagramm 80

5.1		Allgemeine Darstellung	80
	5.1.1	Der Interaktionsrahmen	80
	5.1.2	Lebenslinien	80
	5.1.3	Aktivitäten	81
	5.1.4	Nachrichten	81
5.2		Fragmente	83
	5.2.1	Alternativen	83
	5.2.2	Parallele Ausführung	84
	5.2.3	Schleifen	84
	5.2.4	Weitere Fragmente	85
5.3		Umsetzung eines Sequenzdiagramms	85
	5.3.1	Umsetzung eines Sequenzdiagramms in C++	85
	5.3.2	Umsetzung des Sequenzdiagramms in C#	88

6 Das Aktivitätsdiagramm 90

6.1		Allgemeine Darstellung	90
	6.1.1	Die Aktion	90
	6.1.2	Steuerungsfluss	90
	6.1.3	Verzweigungen	90
	6.1.4	Aktivitäten	91
	6.1.5	Start- und Endpunkte	92
	6.1.6	Verantwortungsbereiche	94
	6.1.7	Gabelungen und Vereinigungen	95
6.2		Besondere Kommunikation	95
	6.2.1	Objekte und Objektfluss	95
	6.2.2	Signale senden	97
	6.2.3	Unterbrechungen	98
6.3		Selektion und Iteration	100
	6.3.1	Die Selektion	100
	6.3.2	Die Iteration	101
	6.3.3	Expansionsbereiche	102
6.4		Umsetzung eines Aktivitätsdiagramms	102
	6.4.1	Umsetzung eines Aktivitätsdiagramms in C++	104
	6.4.2	Umsetzung des Aktivitätsdiagramms in C#	108

7 Beispiel einer Softwareentwicklung 111
7.1 Nutzung eines CASE-Tools 111
7.1.1 Aspekte von CASE-Tools 111
7.1.2 Ein System mit objectiF anlegen 111
7.1.3 Das technische Modell 115
7.1.4 Ein Anwendungsfalldiagramm anlegen 115
7.1.5 Ein Klassendiagramm anlegen 116
7.1.6 Ein Sequenzdiagramm anlegen 118
7.1.7 Ein Aktivitätsdiagramm anlegen 119
7.1.8 Ein Objektdiagramm anlegen 120
7.2 Beispiel einer objektorientierten Softwareentwicklung mit UML und C# 121
7.2.1 Anforderungen mit einem Anwendungsfalldiagramm beschreiben 121
7.2.2 Objektorientierte Analyse (OOA) 121
7.2.3 Objektorientiertes Design (OOD) 124
7.2.4 Objektorientierte Programmierung (OOP) 127

8 Weitere UML-Diagramme 136
8.1 Strukturdiagramme 136
8.1.1 Das Kompositionsstrukturdiagramm 136
8.1.2 Das Komponentendiagramm 138
8.1.3 Verteilungsdiagramm 140
8.1.4 Paketdiagramm 142
8.1.5 Profildiagramm 145
8.2 Verhaltensdiagramme 145
8.2.1 Zustandsdiagramm 145
8.2.2 Kommunikationsdiagramm 147
8.2.3 Zeitverlaufsdiagramm 149
8.2.4 Interaktionsübersichtsdiagramm 152

Teil 2 Aufgabenpool 153

Aufgabenpool 154
1 Aufgaben zu den Grundbegriffen UML / OOP 154
2 Aufgaben zum Anwendungsfalldiagramm 155
3 Aufgaben zum Klassendiagramm 157
4 Aufgaben zum Objektdiagramm 159
5 Aufgaben zum Sequenzdiagramm 162
6 Aufgaben zum Aktivitätsdiagramm 164
7 Aufgaben zur Softwareentwicklung 166
8 Aufgaben zu den weiteren Diagrammen 166

Teil 3 Lernsituationen 175
Lernsituation 1: Erstellen einer Präsentation mit Hintergrundinformationen zur Sprache UML (in Deutsch oder Englisch) 176
Lernsituation 2: Anfertigen einer Dokumentation für den Einsatz eines CASE-Tools (in Deutsch oder Englisch) 177
Lernsituation 3: Entwicklung einer Software zur Darstellung von Wetterdaten mit dem Model-View-Controller-Konzept 178
Lernsituation 4: Durchführung einer objektorientierten Analyse und eines objektorientierten Designs zur Entwicklung eines Softwaresystems zur Verwaltung der Schulbibliothek eines Berufskollegs 181
Lernsituation 5: Entwicklung einer Software zur Verwaltung eines Schulungsunternehmens . 183

Index 187

Teil 1
Einführung in UML

1.1	Die Unified Modeling Language (UML)	11
1.2	Grundbegriffe der objektorientierten Softwareentwicklung	13
2.1	Anwendungsfälle und Akteure	20
2.2	Beziehungen zwischen Anwendungsfall und Akteur	22
2.3	Beziehungen zwischen Anwendungsfällen	23
2.4	Beziehungen zwischen Akteuren	26
3.1	Die Darstellung der Klasse	28
3.2	Beziehungen zwischen Klassen	35
3.3	Die Assoziation	36
3.4	Umsetzung von Assoziationen	38
3.5	Die Aggregation	47
3.6	Die Komposition	58
3.7	Die Generalisierung und Spezialisierung	63
3.8	Stereotype	68
4.1	Die Darstellung eines Objektes	74
4.2	Beziehungen zwischen Objekten	74
4.3	Umsetzung eines Objektdiagramms	76
5.1	Allgemeine Darstellung	80
5.2	Fragmente	83
5.3	Umsetzung eines Sequenzdiagramms	85
6.1	Allgemeine Darstellung	90
6.2	Besondere Kommunikation	95
6.3	Selektion und Iteration	100
6.4	Umsetzung eines Aktivitätsdiagramms	102
7.1	Nutzung eines CASE-Tools	111
7.2	Beispiel einer objektorientierten Softwareentwicklung mit UML und C#	121
8.1	Strukturdiagramme	136
8.2	Verhaltensdiagramme	145

1 Grundbegriffe der UML und der objektorientierten Softwareentwicklung

1.1 Die Unified Modeling Language (UML)

Die Entwicklung von Software bzw. von Softwaresystemen ist ein schwieriger Prozess. Von der Problemstellung über die Planung bis zur Realisierung und dem Testen gibt es viele Klippen zu umschiffen. In der **objektorientierten Softwareentwicklung** kristallisieren sich drei wichtige Phasen bei der Entwicklung heraus:

- **Objektorientierte Analyse (OOA)**
  Analyse der Objekte und ihrer Beziehungen
- **Objektorientiertes Design (OOD)**
  Konzeption der entsprechenden Klassen und der Benutzeroberflächen
  aus den Vorgaben der Analyse
- **Objektorientierte Programmierung (OOP)**
  Implementierung der Klassen in einer Sprache wie C++ oder C#

In allen Phasen unterstützt die **Unified Modeling Language (UML)** die Entwicklung der Software. Vor allem in der Planungsphase, der objektorientierten Analyse, hilft die UML bei der Beschreibung des zu erstellenden Softwaresystems. Ein solches Softwaresystem kann beispielsweise eine Datenbankanwendung, ein Grafikprogramm oder eine Workflow-Anwendung sein.

Die UML stellt dazu verschiedene Diagramme zur Verfügung, die wiederum verschiedene grafische Elemente enthalten. Innerhalb der UML gibt es allerdings für ein und denselben Sachverhalt manchmal mehrere Darstellungsarten.

1.1.1 Historische Entwicklung der UML

Bei den vielen Modellen zur Planung von objektorientierter Programmierung, die Anfang der 90er-Jahre existierten, gab es zwei besonders wichtige: das Modell von **Grady Booch** und die *Object Modeling Technique (OMT)* von **James Rumbaugh**.

Im Jahr 1995 wurden die beiden Modelle zur Unified Method (UM) zusammengefasst. Ein Jahr später wurde die erste Version der UML herausgegeben. Die Unified Method wurde dabei um die Methode von **Ivar Jacobson**, die *Object-Oriented Software Engineering (OOSE)*, ergänzt. Diese drei Modelle sind die Grundlage der UML. Neben den drei wichtigen „Gründern" der UML arbeiten heute viele große Softwareunternehmen daran, die Sprache UML weiterzuentwickeln und zu standardisieren. Die Hauptaufgabe übernimmt dabei die OMG (*Object Management Group*). Die OMG ist ein Konsortium aus Firmen, die sich für die Entwicklung von Standards in der objektorientierten Programmierung einsetzen. Das Konsortium besteht aus vielen wichtigen Firmen – unter anderem IBM, Oracle oder auch Microsoft, das erst 2008 in das Konsortium eingetreten ist.

Zeitliche Entwicklung der UML

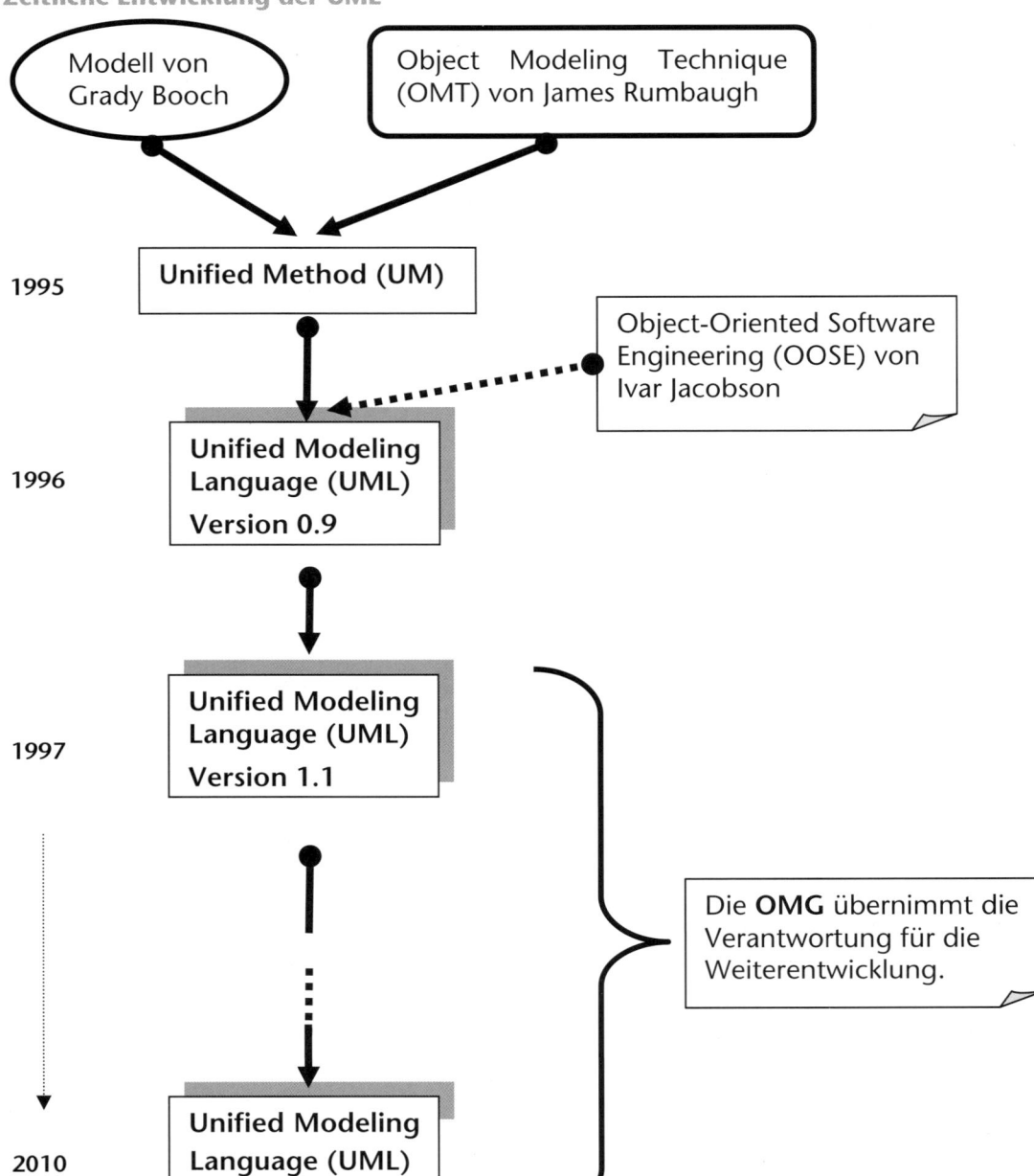

Die drei Gründer der UML wurden auch als die drei *Amigos* bezeichnet. Booch arbeitete seit den 80er-Jahren bei der Firma **Rational Software** in Kalifornien. Rational Software ist ein Unternehmen mit dem Schwerpunkt Systemanalyse und -design. Ein besonderer Schwerpunkt war die objektorientierte Analyse und das objektorientierte Design. Dafür entwickelte die Firma auch spezielle Tools wie das Produkt **Rational Rose** (ein mächtiges Softwaredesignwerkzeug, das auf der UML basiert). 1994 trat James Rumbaugh in die Firma ein und entwickelte mit Grady Booch zusammen die **Unified Method** (UM). Ein Jahr später kam wegen der Übernahme der Firma **Objectory AB** durch Rational Software auch der Besitzer dieser Firma, Ivar Jacobson, zu Rational Software.

Damit war das Trio komplett und die drei *Amigos* entwickelten die erste Version der UML.

Die Firma Rational Software wurde 2003 von **IBM** übernommen, die Produkte laufen aber weiter unter den bekannten Namen.

1.1.2 Diagrammtypen der UML

Die UML in der aktuellen Version 2.3 enthält viele Diagrammtypen für die unterschiedlichen Anforderungen der objektorientierten Softwareentwicklung. Dabei können die Diagramme in zwei große Bereiche eingeteilt werden – in die Strukturdiagramme und Verhaltensdiagramme.

Strukturdiagramme
- ✓ **Klassendiagramm**
- ✓ **Objektdiagramm**
- ✓ Kompositionsstrukturdiagramm
- ✓ Komponentendiagramm
- ✓ Verteilungsdiagramm
- ✓ Paketdiagramm
- ✓ Profildiagramm

Verhaltensdiagramme
- ✓ **Anwendungsfalldiagramm**
- ✓ **Sequenzdiagramm**
- ✓ **Aktivitätsdiagramm**
- ✓ Zustandsdiagramm
- ✓ Kommunikationsdiagramm
- ✓ Zeitverlaufsdiagramm
- ✓ Interaktionsübersichtsdiagramm

Die Strukturdiagramme beschreiben das zu entwickelnde System in statischer Hinsicht. Die Elemente des Systems werden zeitunabhängig (also nicht dynamisch) beschrieben. Hingegen modellieren die Verhaltensdiagramme das zu entwickelnde System in dynamischer Hinsicht.

> **Hinweis:**
>
> Die Ziele der weiteren Kapitel werden keine ausführlichen Einführungen in alle Diagrammtypen sein. Es werden Schwerpunkte auf einige der Diagramme gelegt (Fettdruck in der obigen Auflistung), die für die Entwicklung eines Softwaresystems besonders wichtig erscheinen. Die weiteren Diagrammtypen werden aber trotzdem kurz vorgestellt.

1.2 Grundbegriffe der objektorientierten Softwareentwicklung

1.2.1 Klassen und Objekte

Im Mittelpunkt der objektorientierten Softwareentwicklung steht das Objekt bzw. die Klasse. Eine Klasse kann als eine Art Bauplan betrachtet werden, mit dem Objekte gebildet werden können. Die Objekte besitzen Eigenschaften (Attribute) und Methoden. Diese wichtigen Begriffe sollen nun näher betrachtet werden.

Was ist ein Objekt?
Ein Objekt ist eine softwaretechnische Repräsentation eines realen oder gedachten, klar abgegrenzten Gegenstandes oder Begriffs. Das Objekt erfasst alle Aspekte des Gegenstandes durch Attribute (Eigenschaften) und Methoden.

Was sind Attribute und Methoden?
Attribute sind die Eigenschaften des Objektes. Sie beschreiben den Gegenstand vollständig. Attribute sind geschützt gegen Manipulation von außen (das nennt man Kapselung oder Geheimnisprinzip). Methoden beschreiben die Operationen, die mit dem Objekt (bzw. seinen Attributen) durchgeführt werden können. Von außen erfolgt der Zugriff auf Attribute nur über die Methoden.

Was ist eine Klasse?
Unter einer Klasse versteht man die softwaretechnische Beschreibung eines Bauplanes für ein Objekt. Aus einer Klasse können dann Objekte abgeleitet (gebildet, instanziert) werden.

Diese etwas abstrakten, aber wichtigen Begriffsdefinitionen sollen nun anhand eines Beispiels veranschaulicht werden.

> **Beispiel:**
>
> Diese Rennwagen sind konkrete Objekte. Sie haben Attribute wie Farbe, Leistung in kW und den Hubraum.
>
>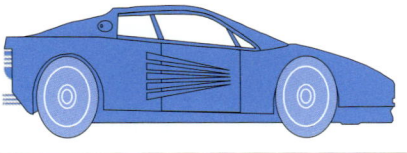
>
> | Name: | Lotus |
> |----------|----------|
> | Farbe: | blau |
> | kW: | 250 |
> | Hubraum: | 4 Liter |
>
> | Name: | Spider XL |
> |----------|-----------|
> | Farbe: | schwarz |
> | kW: | 300 |
> | Hubraum: | 5 Liter |

Beide Rennwagen haben dieselben Attribute. Sie unterscheiden sich nur in den Attributwerten. Der Spider XL hat beispielsweise eine höhere Leistung als der Lotus. Man könnte sagen, dass beide Rennwagen mithilfe desselben Bauplanes hergestellt worden sind. Der zugrunde liegende Bauplan könnte als **Klasse** `Rennwagen` bezeichnet werden. Die folgende Darstellung entspricht der Form, die im UML-Klassendiagramm verwendet wird, um Klassen und Objekte darzustellen.

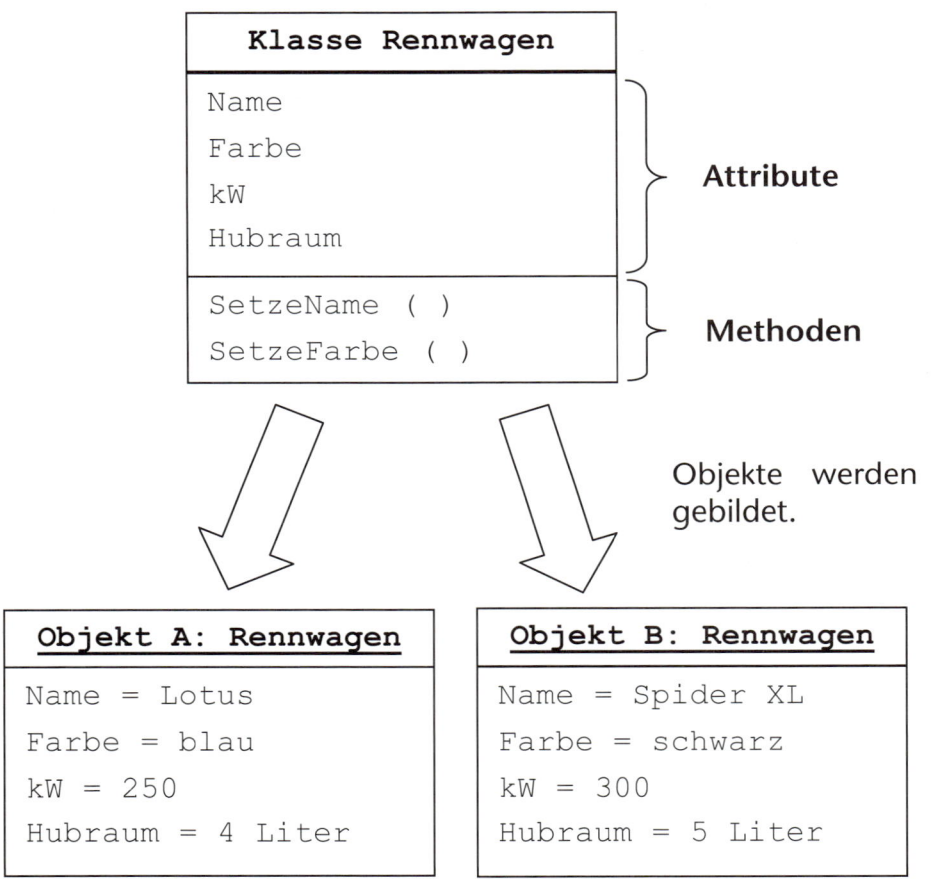

In einer objektorientierten Programmiersprache könnte die Klasse `Rennwagen` und die Instanzierung eines Objektes A so umgesetzt werden. Dabei wird die Umsetzung beispielhaft mithilfe von Pseudocode[1] vorgenommen.

---

[1] Pseudocode dient dazu, einen Algorithmus (oder ein Programm) in möglichst verständlicher Sprache aufzuschreiben. Pseudocode ist deshalb auch keine Programmiersprache.

```
Definiere Klasse Rennwagen
    Geschützter Bereich:
    Attribut Name:      Typ Zeichenkette
    Attribut Farbe:     Typ Zeichenkette
    Attribut kW:        Typ Ganzzahl
    Attribut Hubraum:   Typ Gleitpunktzahl


    Öffentlicher Bereich:
    Methode SetzeName (Übergabeparameter N: Typ Zeichenkette)
        Falls N den Regeln entspricht
            Zuweisung: Name ← N
        Ende Falls
    Ende Methode


    Methode SetzeFarbe (Übergabeparameter F: Typ Zeichenkette)
        Falls F den Regeln entspricht
            Zuweisung: Farbe ← F
        Ende Falls
    Ende Methode
Ende Klasse


Bilde Objekt A vom Typ Rennwagen

A.SetzeName ("Lotus")          ⟵ Diese Werte sind sinnvoll und werden von der Methode akzeptiert.
A.SetzeFarbe ("blau")
:
A.SetzeFarbe ("&((2j38xcxc")   ⟵ Dieser Wert ist nicht sinnvoll und wird von der Methode nicht akzeptiert.

                               ⟵ Die Methode wird mithilfe des sogenannten Punktoperators aufgerufen.
```

An dem Pseudocode wird deutlich, dass die Klasse `Rennwagen` als Bauplan dient, von dem dann beliebig viele Objekte gebildet werden können. Ein einzelnes Objekt bekommt über die entsprechenden Methoden die Werte für seine Attribute. Dabei prüft die Methode, ob der Wert sinnvoll ist und dem Attribut zugewiesen werden kann. Ein Objekt kann dadurch niemals unsinnige Werte erhalten. Die Sicherheit einer Software wird damit deutlich erhöht.

1.2.2 Generalisierung und Spezialisierung

Das Konzept der Generalisierung (bzw. Spezialisierung) ist ein zentrales Thema der objektorientierten Softwareentwicklung. Durch dieses Konzept können Situationen aus der „realen" Welt oder der gegebenen Problemstellung besser in ein objektorientiertes Modell und anschließend auch in eine objektorientierte Programmiersprache umgesetzt werden. Von Spezialisierung spricht man, wenn eine bestehende Klasse ihre Attribute und Methoden an eine neue Klasse weitergibt (vererbt). Die neu entstandene Klasse kann dadurch alle Attribute und Methoden nutzen – allerdings unter gewissen Voraussetzungen, um die Kapselung der Attribute nicht zu gefährden.

Das folgende Beispiel zeigt eine solche Generalisierung bzw. Spezialisierung. Dabei wird eine bestehende Klasse `Person` mit ihren „personentypischen" Attributen und Methoden zu einer Klasse `Kunde` spezialisiert. Der Kunde **ist** eine Person, allerdings mit zusätzlichen Eigenschaften und Methoden.

Deshalb spricht man bei dieser Beziehung zwischen den Klassen von einer **Ist-Beziehung** oder auch von einer **Vererbung**.

Beispiel:

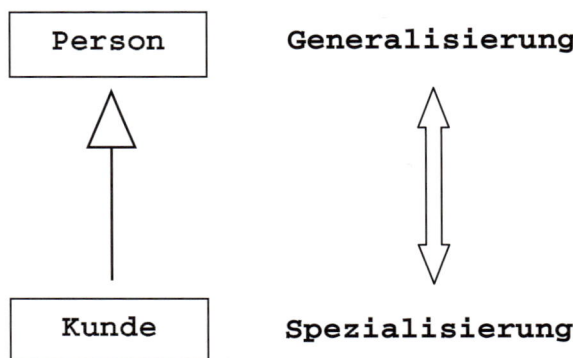

Hinweis:

Die Klasse, die vererbt (Person), wird in der Regel **Basis-Klasse** oder **Ober-Klasse** genannt. Die Klasse, die erbt (Kunde), wird **abgeleitete Klasse** oder **Unter-Klasse** genannt.

Mithilfe von Pseudocode könnte die Person-Kunde-Spezialisierung so dargestellt werden:

```
Definiere Klasse Person
    Geschützter Bereich:
    Attribut Name:    Typ Zeichenkette
    Öffentlicher Bereich:
    Methode SetzeName (Übergabeparameter N: Typ Zeichenkette)
        :
    Ende Methode
Ende Klasse


Definiere Klasse Kunde: erbt von Klasse Person
    Geschützter Bereich:
    Attribut Kundennummer:    Typ Ganzzahl
    Öffentlicher Bereich:
    Methode SetzeNummer (Übergabeparameter N: Typ Ganzzahl)
        :
    Ende Methode
Ende Klasse


Bilde Objekt A vom Typ Kunde

A.SetzeName ("Maier")
A.SetzeNummer (123456)
```

Diese Methode hat der Kunde „geerbt".

1.2.3 Polymorphie

Polymorphie bedeutet wörtlich *Vielgestaltigkeit*. In der objektorientierten Programmierung hat es damit zu tun, dass Methoden in mehreren Klassen den gleichen Namen haben, aber unterschiedliche Aufgaben erfüllen. Die Klassen gehören dabei zu einer Vererbungshierarchie. Das folgende Beispiel zeigt eine solche Vererbungshierarchie:

Beispiel:

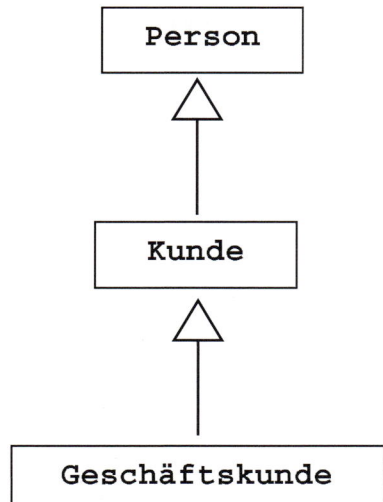

Jede dieser Klassen soll nun beispielsweise über eine Methode verfügen, die die Daten (Attributwerte) des jeweiligen Objektes auf dem Bildschirm ausgibt. Eine solche Methode könnte in jeder Klasse **Ausgabe()** heißen. Weiterhin soll es möglich sein, dass beliebige Objekte der einzelnen Klassen in einem Array (Feld) gespeichert werden. Dazu wird ein Array vom Typ der Basis-Klasse Person angelegt und mit Objekten der anderen Klassen gefüllt. Die technische Umsetzung der Polymorphie sorgt dann dafür, dass von einem Arrayelement immer die korrekte Ausgabe-Methode aufgerufen wird. Der folgende Pseudocode soll die Problematik verdeutlichen:

```
Definiere Klasse Person
   :
   Methode Ausgabe()
      Zeige Personendaten auf Bildschirm an
   Ende Methode
Ende Klasse


Definiere Klasse Kunde: erbt von Klasse Person
   :
   Methode Ausgabe()
      Zeige Kundendaten auf Bildschirm an
   Ende Methode
Ende Klasse


Definiere Klasse Geschäftskunde: erbt von Klasse Kunde
   :
   Methode Ausgabe()
      Zeige Geschäftskundendaten auf Bildschirm an
   Ende Methode
Ende Klasse
```

```
Bilde Objekt A vom Typ Person
Bilde Objekt B vom Typ Kunde
Bilde Objekt C vom Typ Geschäftskunde

Bilde Array Z mit drei Elementen vom Typ Person

Z(1) ← A
Z(2) ← B
Z(3) ← C
```

Den Arrayelementen werden verschiedene Objekte zugewiesen.

`Z(3)` ist zwar vom Typ `Person`, verweist aber auf ein Objekt vom Typ `Geschäftskunde`. Dank der Polymorphie wird trotzdem die korrekte Ausgabemethode der Klasse Geschäftskunde aufgerufen.

```
Z(3).Ausgabe()
```

Hinweis:

In den objektorientierten Programmiersprachen wie Java, C++ und C# wird die Polymorphie (oder der Polymorphismus) mithilfe von Basis-Klassen-Arrays umgesetzt. Die Elemente des Arrays verweisen dabei auf beliebige Objekte aus der zugrunde liegenden Vererbungshierarchie. In C++ geschieht die Umsetzung mit Basis-Klassen-Zeigern, denen die Adressen von Objekten aus der Vererbungshierarchie zugewiesen werden. In Java und C# erfolgt die Realisierung mit Verweisen auf dynamisch erstellte Objekte der Vererbungshierarchie.

1.2.4 Entwurfsmuster

Besonders wichtige Aspekte der Softwareentwicklung sind Sicherheit und Wiederverwendbarkeit. Eine Softwaresystem ist umso sicherer, je mehr es auf einer erprobten Struktur basiert. Solche erprobten Strukturen stehen als sogenannte Entwurfsmuster zur Verfügung und helfen dem Entwickler dabei, das Softwaresystem zu implementieren. Durch die Wiederverwendbarkeit gut strukturierter Systeme kann auch die Effizienz gesteigert werden – die Software kann kostengünstiger entwickelt werden. Ein häufig verwendetes Entwurfsmuster ist das **Observer**-Muster. Bei diesem Muster gibt es eine Klasse, deren Objekte beliebige Daten repräsentieren. Beispielsweise repräsentiert ein Objekt dieser Klasse die Datensätze aller Kunden einer Firma. Diese Daten könnten nun in verschiedenen Ansichten dargestellt werden (Liste oder Tabelle). Bei einer Änderung der Daten müssen die Ansichten informiert werden, damit sie Aktualisierungen durchführen können. Dieser Informationsfluss wird mithilfe des Observer-Konzeptes realisiert. Alle Ansichten beobachten (engl. *to observe*) das Datenobjekt und reagieren dann auf Änderungen. Technisch gesehen wird dieses Beobachten dadurch realisiert, dass sich die Ansichten bei dem Datenobjekt anmelden (in eine Liste eintragen) und bei Änderungen der Daten durch einen Methodenaufruf informiert werden.

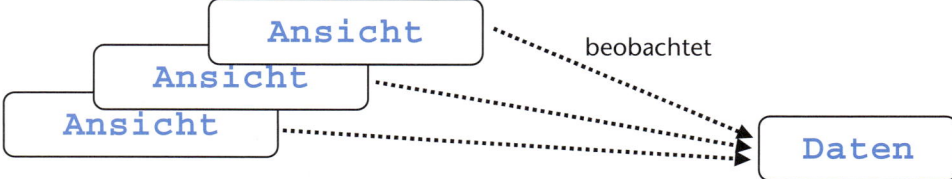

Das automatische Informieren der Ansichten ist ein großer Vorteil dieses Musters. Allerdings könnte es nachteilig sein, wenn sehr viele Ansichten das Datenobjekt beobachten. Da bei der kleinsten Änderung alle Ansichten informiert werden (auch die Ansichten, die diese Änderung möglicherweise nicht betreffen), kann es zu Performance-Problemen kommen.

1.2.5 Architekturmuster

Die oben besprochenen Entwurfsmuster dienen als Vorlage für Teilprobleme des zu entwickelnden Softwaresystems. Architekturmuster können hingegen als eine Vorlage für das ganze System betrachtet werden. Sie regeln den Aufbau der Kommunikation innerhalb des Systems und auch die Verteilung von Aufgaben an Komponenten des Softwaresystems. Beispielhaft sollen hier zwei Architekturmuster vorgestellt werden: das **Model View Controller-Konzept** (welches das Observer-Entwurfsmuster beinhaltet) und das **Schichtenmodell**.

Model View Controller (MVC)
Dieses Konzept trennt ein System in eine Modell-Klasse, eine Ansichts-Klasse (oder mehrere Ansichts-Klassen) und eine Steuerungs-Klasse. Die Modell-Klasse repräsentiert die Daten des Systems, die mithilfe der Ansichts-Klassen in verschiedenen Sichtweisen dargestellt werden können. Angenommen, es handelt sich bei den Daten um Messwerte, so könnten diese Werte beispielsweise in einer Tabellenansicht, aber auch in einer Grafik in einem Koordinatensystem angezeigt werden. Der Vorteil dieser Trennung ist die Unabhängigkeit von Datenhaltung und Sicht. Das Hinzufügen weiterer Ansichten ist unabhängig von der Modell-Klasse. Die Steuerungs-Klasse ist das Bindeglied zwischen Modell und Ansicht. Sie registriert Benutzereingaben, die über die Ansicht kommen, und kommuniziert dann mit dem Modell, um beispielsweise weitere Daten zu erhalten oder Änderungen der Daten zu initiieren.

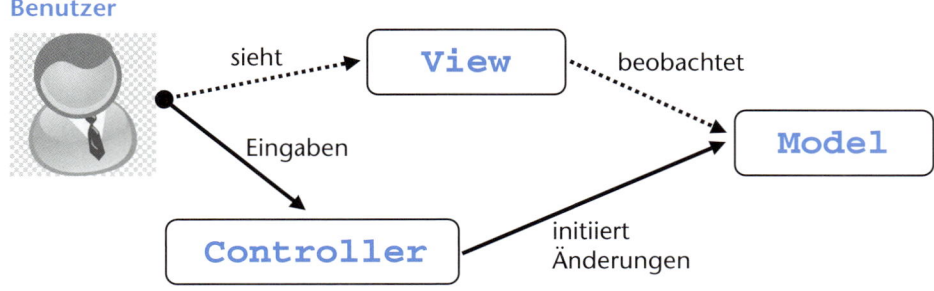

Das Schichtenmodell
Das MVC-Konzept liefert einen Entwurf für ein Softwaresystem, welches auch ein einzelnes Programm sein kann. Das Schichtenmodell geht noch einen Schritt weiter und liefert einen Entwurf für ein Softwaresystem, das über mehrere Komponenten (Schichten, engl. *tier*) verfügt, die auch physikalisch getrennt sein können und über ein Netzwerkprotokoll miteinander kommunizieren. Häufig genutzt werden das Zwei-Schichten-Modell (engl. *two tier*) und das Drei-Schichten-Modell (engl. *three tier*). Das Zwei-Schichten-Modell ist oftmals das klassische Client-Server-Modell. In der Regel ist der Client ein Programm, das eine Benutzeroberfläche und die zugehörige Geschäftslogik anbietet. Die benötigten Daten fragt der Client dann vom Server ab. Das Drei-Schichten-Modell koppelt hingegen die Geschäftlogik von der Benutzoberfläche ab – damit wird eine weitere Schicht angelegt. In der Web-Programmierung wird ein Drei-Schichten-Modell sehr oft durch einen Client in Form eines Browsers und durch die Anzeige mit HTML, XHTML oder XML umgesetzt. Die Geschäftslogik liegt dann auf einem Webserver und wird mit einer Skriptsprache wie PHP oder Perl implementiert. Die Daten werden von einem zusätzlichen Server mithilfe geeigneter Schnittstellen wie ODBC ausgelesen. Dieses System hat den großen Vorteil, dass Änderungen an einer Schicht (Ansicht, Logik oder Datenhaltung) die anderen Schichten nicht tangieren. Wartbarkeit und Erweiterbarkeit eines solchen Systems sind damit sehr gut.

Drei-Schichten-Modell:

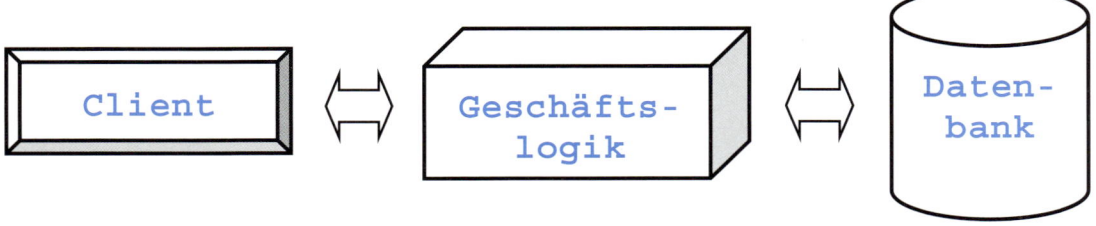

2 Das Anwendungsfalldiagramm

Anwendungsfalldiagramme (Use-Case-Diagramme) beschreiben die Funktionalitäten eines Systems. Sie zeigen die möglichen Anwendungsfälle (einzelne Funktionalitäten, Geschäftsprozesse) und die Beziehungen zwischen diesen Fällen und den beteiligten Akteuren (Personen, Maschinen). Sie werden in der Regel in einer frühen Phase der Entwicklung, bei der Formulierung der Anforderungen, eingesetzt und dann in den späteren Phasen weiter spezifiziert. Sie dienen auch als Grundlage für die Identifizierung der beteiligten Klassen an dem Softwaresystem. Weiterhin dienen Anwendungsfalldiagramme auch als Grundlage für die Erstellung von Testplänen für das zu entwickelnde Softwaresystem.

2.1 Anwendungsfälle und Akteure

2.1.1 Anwendungsfall

Ein Anwendungsfall (engl. *use case*) beschreibt eine Funktionalität eines Systems, die durch eine bestimmte Anzahl von Aktionen durchgeführt werden kann. Es wird nur beschrieben, welche Funktionalität bereitgestellt wird. Es wird nicht beschrieben, in welcher Form das System die Funktion realisiert. Anwendungsfälle werden in Ellipsen dargestellt. Ein Anwendungsfall gehört zu einem System und wird deshalb innerhalb der Systemgrenzen dargestellt.

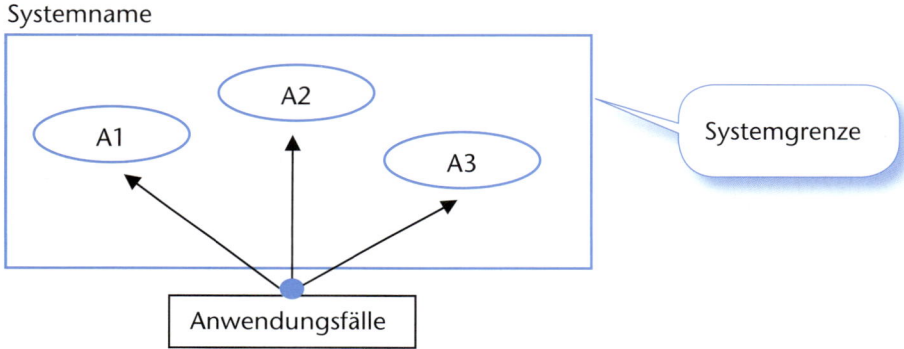

Beispiel:

In einer Firma werden Rechnungen für Kunden gedruckt und Mahnungen geschrieben, wenn offene Rechnungen bis zu einem bestimmten Datum nicht bezahlt sind. Das System ist die Firma bzw. die Buchhaltungsabteilung. Die Anwendungsfälle sind *Rechnungen drucken* und *Mahnungen schreiben*.

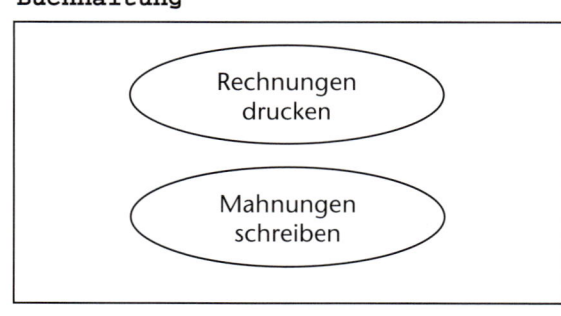

Anwendungsfälle beschreiben

Die UML sieht es nicht zwingend vor, aber es ist durchaus sinnvoll, die einzelnen Anwendungsfälle näher zu beschreiben. Das vereinfacht auch die weitere Entwicklung des Softwaresystems. Die einzelnen Anwendungsfälle können beispielsweise durch zusätzliche Anmerkungen oder durch einen angehängten UML-Kommentar beschrieben werden. Ein solcher Kommentar kann in jedem UML-Diagramm eingesetzt werden. Der oben beschriebene Anwendungsfall *Mahnungen schreiben* wird nun beispielhaft durch eine Beschreibung und alternativ durch einen Kommentar dargestellt:

Beschreibung Anwendungsfall: *Mahnungen schreiben*

- **Ziel**: Kunden, die ihre Rechnungen nicht bezahlt haben, sollen eine Mahnung erhalten.
- **Beteiligte Akteure**: der zuständige Sachbearbeiter
- **Vorbedingungen**: Prüfung der offenen Rechnungen
- **Nachbedingungen**: Kontrolle der geschriebenen Mahnung
- **Ablauf**: 1. Suche in der Datenbank nach offenen Rechnungen, 2. Sammeln der Kundenadressen, 3. Anlegen eines Serienbriefes mit dem Mahnschreiben

Darstellung mit einem UML-Kommentar

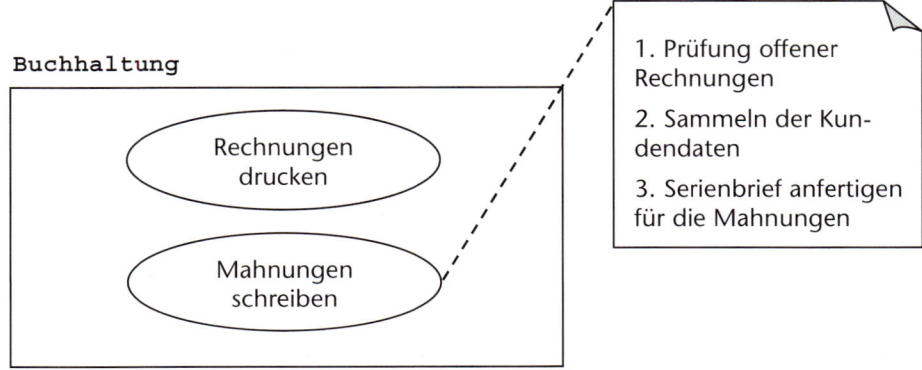

2.1.2 Akteur

In den seltensten Fällen kommt ein System ohne Kommunikation mit Benutzern oder anderen Systemen aus. Diese Kommunikation oder Interaktion mit den Anwendungsfällen wird durch die sogenannten Akteure dargestellt. Ist der Akteur eine Person, so kann er durch ein Strichmännchen dargestellt werden. Ist der Akteur ein System (Maschine o. Ä.), so wird das durch ein Rechteck oder ein geeignetes anderes Symbol dargestellt. Akteure liegen immer außerhalb der Systemgrenzen.

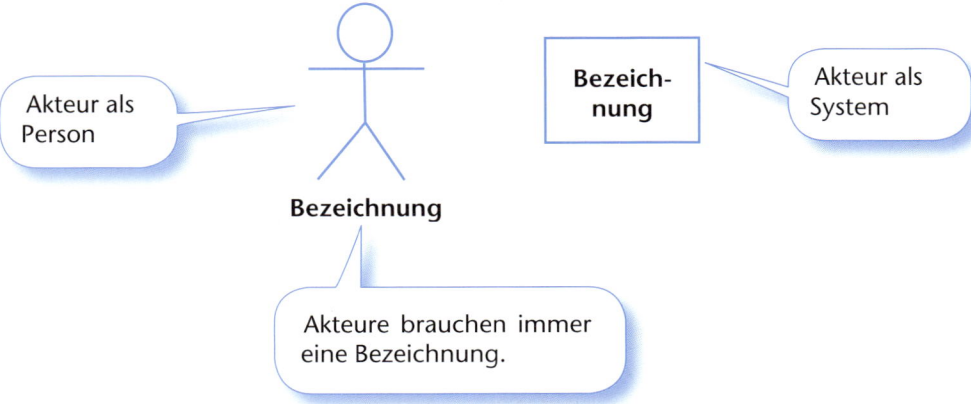

Beispiel:

Die Rechnungen werden in der Buchhaltungsabteilung vom Sachbearbeiter auf einem Laserdrucker ausgedruckt. Er schreibt ebenfalls die Mahnungen.

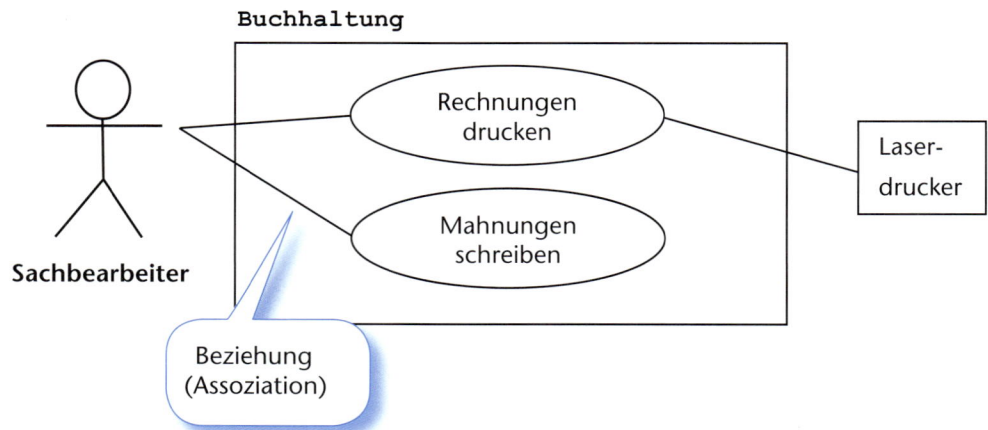

Der Akteur steht mit dem Anwendungsfall in Beziehung (Assoziation), was durch eine einfache Linie symbolisiert wird. Diese Beziehung kann einerseits bedeuten, dass der Akteur den Anwendungsfall initiiert oder zumindest daran beteiligt ist (aktiv oder passiv). Die genaue Beziehung zwischen Akteur und Anwendungsfall wird durch die Beschreibung (oder den Kommentar) näher spezifiziert. Zusätzlich bietet die UML auch die Möglichkeit, die Beziehung im Diagramm näher zu beschreiben, wie in dem folgenden Unterkapitel dargestellt wird.

2.2 Beziehungen zwischen Anwendungsfall und Akteur

2.2.1 Die ungerichtete Assoziation

Diese Beziehung wurde bereits in dem obigen Beispiel zwischen dem Akteur *Sachbearbeiter* und dem Anwendungsfall *Mahnungen schreiben* (bzw. *Rechnungen drucken*) verwendet. Sie wird durch eine einfache Linie dargestellt. Sie ist die allgemeine Form der Beziehung und lässt Freiraum bei der Interpretation. Die Kommunikation zwischen Anwendungsfall und Akteur kann in beide Richtungen erfolgen.

2.2.2 Die gerichtete Assoziation

Diese Assoziation gibt die Richtung der Kommunikation bzw. der Ausführung vor. Sie wird durch einen Pfeil am Ende der Linie gekennzeichnet. Der Pfeil zeigt dadurch die Richtung an.

Beispiel:

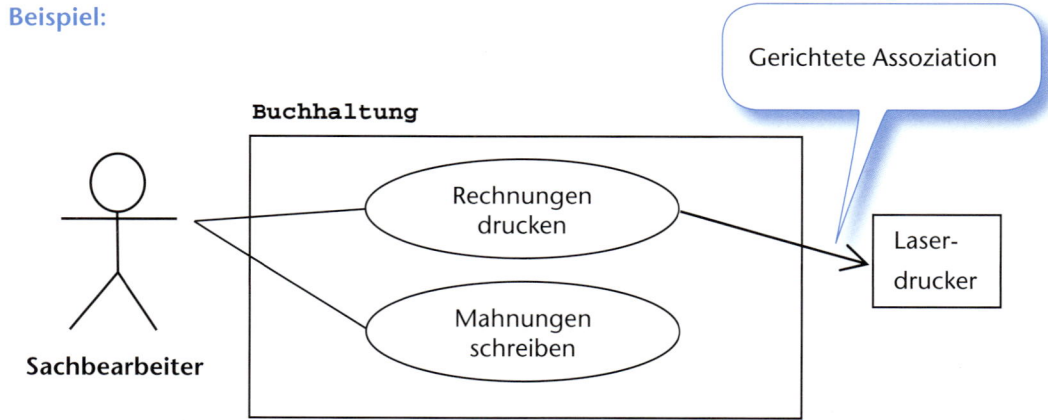

Die Kommunikation zwischen Anwendungsfall *Rechnungen drucken* und Laserdrucker geht nur in eine Richtung (der Drucker erhält die Druckdaten) – deshalb kann diese Assoziation gerichtet sein.

2.2.3 Multiplizität der Assoziation

Die einfache Assoziation sagt nichts darüber aus, ob ein Akteur mit einem oder mehreren gleichen Anwendungsfällen in Beziehung steht. Ebenso ist es unklar, ob ein Anwendungsfall mit genau einem Akteur oder verschiedenen, gleichartigen Akteuren kommuniziert. Aus diesem Grund ist es möglich, die Beziehung durch sogenannte Multiplizitäten weiter zu qualifizieren. Die Multiplizitäten geben an, wie viele Akteure mit wie vielen Anwendungsfällen in Beziehung stehen. Das folgende Beispiel zeigt die Beziehungen zwischen Sachbearbeitern, Bestellungen und Kunden.

Beispiel:

Die Multiplizitäten sind so zu lesen:

- Ein Sachbearbeiter kann keine bis beliebig viele Bestellvorgänge bearbeiten: (0..*)
- Ein Bestellvorgang wird von einem oder mehreren Sachbearbeiten bearbeitet: (1..*)
- Ein Kunde kann keine bis beliebig viele Bestellvorgänge initiieren: (0..*)
- Ein Bestellvorgang ist genau einem Kunden zugeordnet: (1)

Die Multiplizitäten werden noch einmal ausführlich bei dem Thema Klassendiagramm beleuchtet. Neben der Qualifizierung der Beziehung zwischen Akteur und Anwendungsfall dienen die Multiplizitäten auch als Hinweis für eine spätere Umsetzung der beteiligten Klassen des Softwaresystems und deren Beziehungen untereinander.

2.3 Beziehungen zwischen Anwendungsfällen

2.3.1 Generalisierung und Spezialisierung

Manchmal ist es sinnvoll, einen Anwendungsfall weiter zu verfeinern. Das bedeutet, dass der Anwendungsfall weitere Aktionen enthält und sich damit spezialisiert. Umgangssprachlich könnte man auch von einer Vererbungsbeziehung sprechen – ein Anwendungsfall vererbt einem anderen seine Funktionalität. Der erbende Anwendungsfall ergänzt die geerbte Funktionalität um weitere (spezielle) Funktionen. Diese Beziehung wird mit einem Pfeil in Richtung des generalisierten Anwendungsfalls beschrieben.

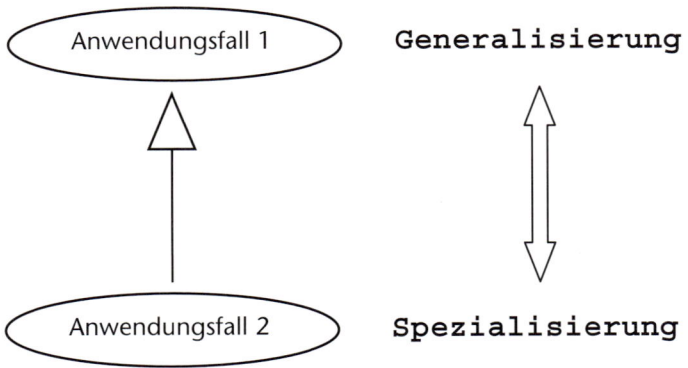

Beispiel:

Der Anwendungsfall *Bestellung bearbeiten* wird durch den Anwendungsfall *Online-Bestellung bearbeiten* spezialisiert.

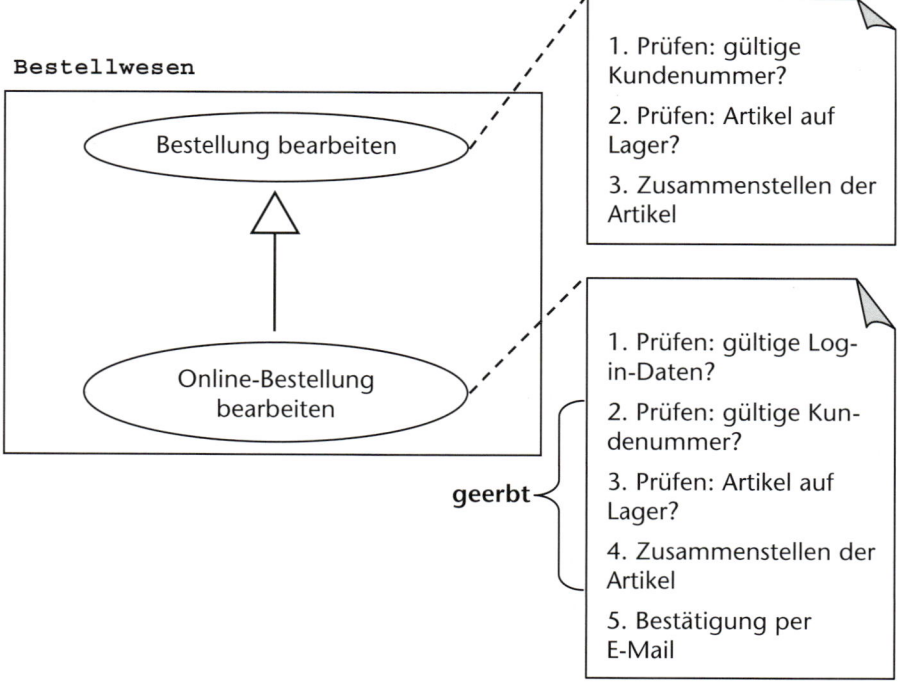

2.3.2 Die include-Beziehung

In manchen Fällen kann es sinnvoll sein, dass ein Anwendungsfall einen anderen zwingend einschließt. Tritt also ein bestimmter Anwendungsfall ein, so wird damit automatisch ein weiterer aufgerufen. Ein solches Einbinden wird durch die sogenannte `include`-Beziehung dargestellt. Diese Beziehung wird durch eine gestrichelte Linie mit einem Endpfeil auf den einzubindenden Anwendungsfall und die Bezeichung `<<include>>` symbolisiert.

Beispiel:

Der Anwendungsfall *Gespräch führen* hat zur unbedingten Folge, dass ein Protokoll verfasst wird. Der Anwendungsfall *Protokoll verfassen* ist in den Anwendungsfall *Gespräch führen* eingebunden (inkludiert).

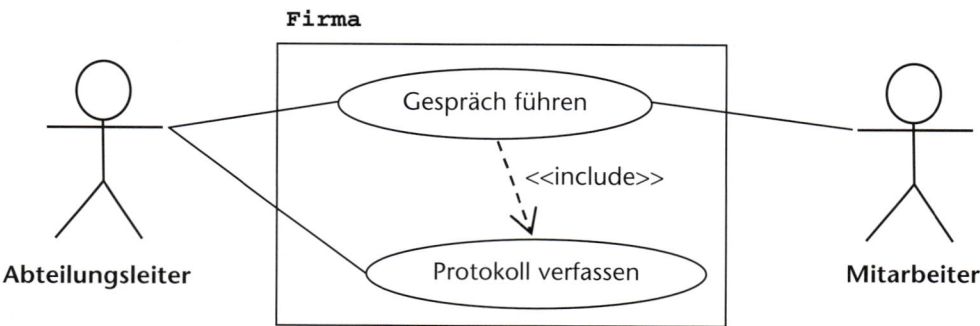

Hinweis:

Der eingebundene Anwendungsfall ist kein vollständiger Anwendungsfall, der auch alleine aufgerufen werden kann. Er muss von einem anderen Anwendungsfall eingebunden werden (also bestimmte Vorbedingungen müssen erfüllt sein). Allerdings kann er natürlich von beliebig vielen anderen Anwendungsfällen eingebunden werden. Der Anwendungsfall *Protokoll verfassen* aus dem obigen Beispiel könnte auch bei vielen anderen Gelegenheiten genutzt werden (Meeting etc.).

2.3.3 Die extend-Beziehung

Im Gegensatz zur unbedingten (automatischen) Einbindung eines weiteren Anwendungsfalls bei einer `include`-Beziehung bindet die `extend`-Beziehung einen weiteren Anwendungsfall nur unter einer bestimmten Voraussetzung (Bedingung) ein – oder anders gesagt: Die `extend`-Beziehung erweitert den Anwendungsfall nur unter einer bestimmten Bedingung. Diese Bedingung (engl. *condition*) muss zusätzlich angegeben werden. Der erweiterte Anwendungsfall ist selbstständig und kann auch alleine aufgerufen werden (im Gegensatz zum inkludierten Anwendungsfall). Diese Beziehung wird durch eine gestrichelte Linie mit einem Endpfeil auf den zu erweiternden Anwendungsfall und die Bezeichnung <<extend>> symbolisiert. Zusätzlich wird die Bedingung angegeben.

Beispiel:

Der Anwendungsfall *Gespräch führen* kann durch einen Anwendungsfall *Termin vereinbaren* erweitert werden, wenn die Bedingung erfüllt ist und keine vollständige Klärung der Angelegenheit stattgefunden hat.

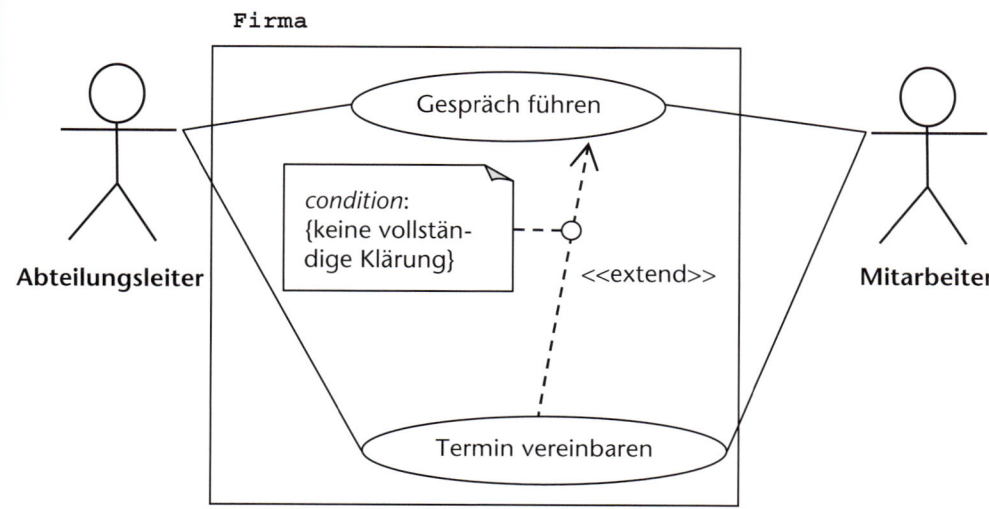

Extension points

In dem obigen Beispiel wurde der Anwendungsfall *Gespräch führen* mit einem Anwendungsfall erweitert. Es ist durchaus möglich, dass zusätzliche Erweiterungen sinnvoll sind. In solchen Fällen erhält der Anwendungsfall eine Liste der zusätzlichen Erweiterungen (engl. *extension points*), die dann auch unterhalb der einzelnen Bedingungen angegeben werden.

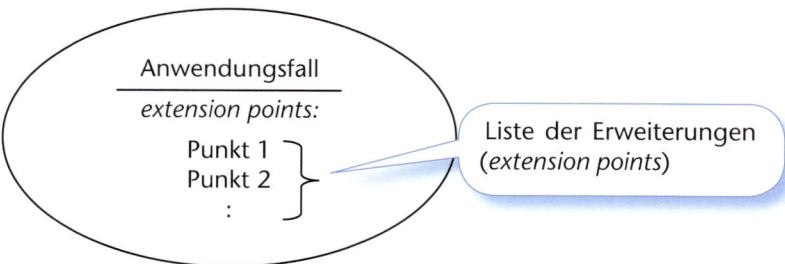

2 Das Anwendungsfalldiagramm

> **Beispiel:**
>
> Der Anwendungsfall *Gespräch führen* kann nicht nur durch den Anwendungsfall *Termin vereinbaren*, sondern auch durch die Anwendungsfälle *Betriebsrat informieren* und *Abmahnung aussprechen* erweitert werden.

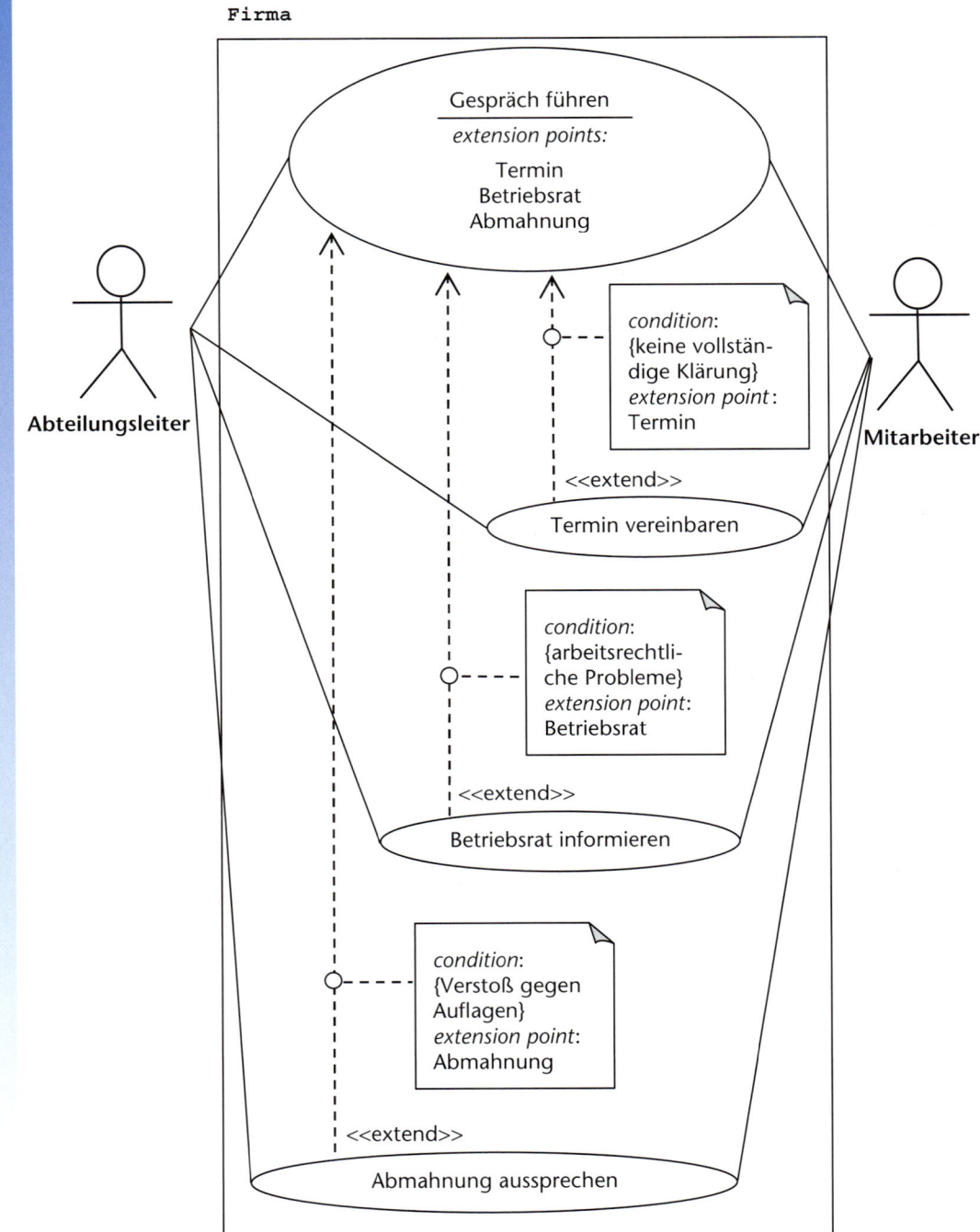

2.4 Beziehungen zwischen Akteuren

2.4.1 Generalisierung und Spezialisierung

Die Generalisierung bzw. Spezialisierung bei Akteuren erfolgt analog zu den Anwendungsfällen. Ein Akteur spezialisiert sich zu einem weiteren Akteur. Dabei ist ganz wichtig, dass der spezialisierte Akteur automatisch an allen Anwendungsfällen des generalisierten Akteurs beteiligt ist. Das bedeutet mit anderen Worten, dass der spezialisierte Akteur die Beteiligungen an den Anwendungsfällen einfach *erbt*. Die Beziehung wird wie gewohnt durch einen Pfeil in Richtung des generalisierten Akteurs beschrieben.

2 Das Anwendungsfalldiagramm

Beispiel:

Der Mitarbeiter einer Firma wird zu einem Abteilungsleiter spezialisiert, der Abteilungsleiter wiederum zu einem Niederlassungsleiter. Der Mitarbeiter führt Kundengespräche. Die beiden spezialisierten Akteure (Abteilungsleiter und Niederlassungsleiter) führen selbstverständlich auch Kundengespräche – sie *erben* diese Beziehung von dem Mitarbeiter. Zusätzlich sind sie an eigenen Anwendungsfällen beteiligt, an denen der Mitarbeiter nicht beteiligt ist.

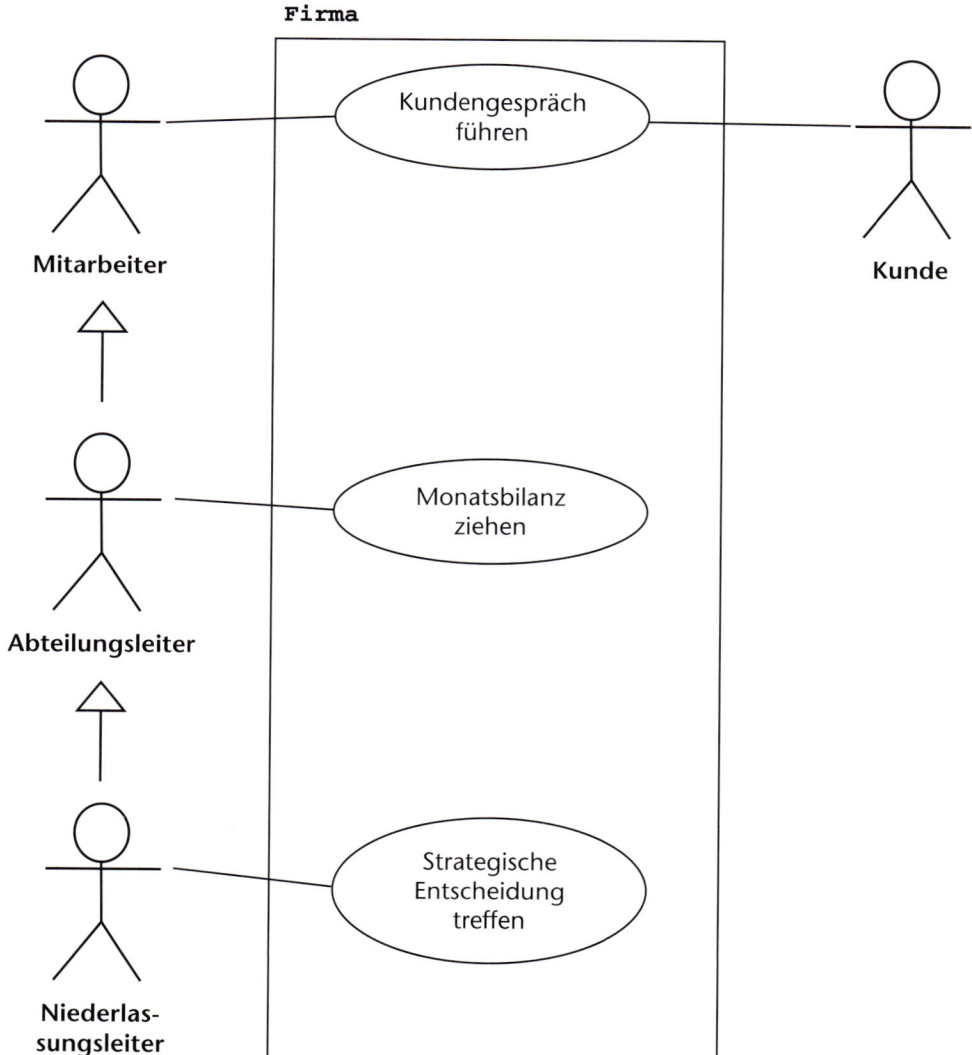

3 Das Klassendiagramm

Das Klassendiagramm ist das wichtigste Diagramm für die Analyse und das Design von Softwaresystemen. Im Klassendiagramm werden die Klassen des zu entwickelnden Systems und deren Beziehungen untereinander dargestellt. Das Klassendiagramm ist statisch, es zeigt keinen zeitabhängigen Ablauf von Operationen. Wer bereits Erfahrungen mit der Entwicklung einer Datenbank und dem **Entity-Relationship-Modell** (ERM) gesammelt hat, wird einige Analogien zwischen Klassendiagramm und ERM erkennen.

> **Hinweis:**
>
> Das Entity-Relationship-Modell (ERM) ist ein Hilfsmittel zur Datenmodellierung bei der Entwicklung von relationalen Datenbanken. Ausgehend von dem ERM kann dann sehr einfach das Datenmodell in der Datenbank implementiert werden – also die Tabellen in der Datenbank angelegt und die Beziehungen zwischen den Tabellen durch Primär- und Fremdschlüssel modelliert werden.

3.1 Die Darstellung der Klasse

3.1.1 Grundlegender Aufbau

Die Darstellung einer Klasse im Klassendiagramm besteht im Wesentlichen aus drei Teilen: dem Klassennamen, den Attributen und den Methoden. Die weiteren Details der Symbolik für die Attribute und Methoden werden in den nachfolgenden Unterkapiteln behandelt.

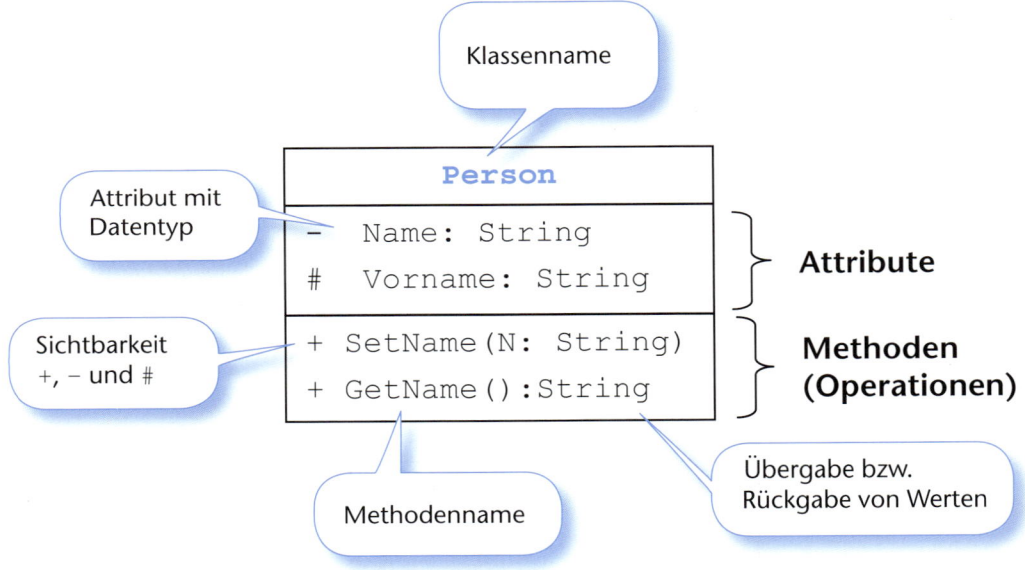

> **Hinweis:**
>
> In der UML-Fachsprache spricht man bei **Methoden** auch von **Operationen**.

3.1.2 Beschreibung der Attribute

Die Attribute einer Klasse können sehr unterschiedlich sein. Sie können privat oder öffentlich sein. Sie können mit einem Wert initialisiert werden oder nicht. Sie können ein Instanz- oder Klassenattribut sein. Das Klassendiagramm bietet für alle diese Fälle die entsprechende Symbolik bzw. Bezeichnung.

Sichtbarkeit:

Symbol	Beschreibung
-	privates (geschütztes) Attribut (engl. *private*)
+	öffentliches Attribut (engl. *public*)
#	geschütztes Attribut – spielt bei der Vererbung eine Rolle (engl. *protected*)

Beispiele:

- `- Name`
- `+ Gehalt`
- `# Kontonummer`

Ein privates Attribut ist gegen den Zugriff von außen geschützt (Kapselung). Es kann nur über entsprechende Methoden angesprochen werden. Ein öffentliches Attribut kann direkt angesprochen werden – es widerspricht deshalb auch dem Grundprinzip der objektorientierten Programmierung und wird deshalb nur in ganz seltenen Fällen angewendet. Das geschützte Attribut vom Typ `protected` (#) verhält sich nach außen wie ein privates Attribut. Innerhalb einer Vererbungshierarchie verhält es sich allerdings wie ein öffentliches Attribut. Das bedeutet, dass eine Klasse, die von einer anderen erbt, auf das `protected`-Attribut genauso zugreifen kann, als wäre es ein eigenes Attribut.

Datentyp und Multiplizität:
Möchte man das Attribut spezifizieren, so ist der Datentyp nach einem Doppelpunkt anzugeben. Es gibt keine Vorgaben für die Verwendung von Datentypnamen. Am sinnvollsten ist es jedoch, allgemein gültige Bezeichnungen für Datentypen zu verwenden oder sich an die Bezeichnungen der Implementierungssprache zu halten.

Die Multiplizität gibt an, wie viele Exemplare von diesem Attribut angelegt werden sollen. Das entspricht nichts anderem als einem Array in einer Programmiersprache wie C++, C# oder Java.

Beispiele:

- `- Werte:        Integer [1..10]`   — Arraygrenzen [von ... bis]
- `- Mittelwert:   Double`

Initialisierung eines Attributes:
Soll ein Attribut initialisiert werden, so kann das mit der Zuweisung eines Wertes kenntlich gemacht werden.

Beispiele:

- `- Provision:   Double = 0.5`
- `- Qualität:    String = "Standard"`

Besondere Eigenschaften:
Sollen Attribute über weitere besondere Eigenschaften verfügen, so wird die Eigenschaft in geschweiften Klammern dem Attribut nachgestellt.

Eigenschaft	Beschreibung
{readonly}	Das Attribut darf nach der Initialisierung nur noch gelesen werden.
{ordered}	Die Werte eines Attributes müssen geordnet sein. Ein Wert darf nur einmal vorkommen.
{bag}	Die Werte eines Attributes müssen nicht geordnet sein. Ein Wert darf mehrmals vorkommen.
{sequence}	Die Werte eines Attributes müssen geordnet sein. Ein Wert darf aber mehrmals vorkommen.

Beispiele:
- - Gehalt: Double = 1850.50 **{readonly}**
- - Werte: Integer [1..3] = { 1 , 2 , 3 } **{ordered}**

Klassen- oder Instanzattribut:
Die Unterscheidung eines Klassen- oder Instanzattributes erfolgt über die Unterstreichung. Ein unterstrichenes Attribut ist ein Klassenattribut.

Beispiel:
- - Gehalt: Double = 1850.50 **{readonly}**
- - <u>Objektzähler:</u>   <u>Integer = 0</u>

Ein Klassenattribut wird im Gegensatz zu einem Instanzattribut nur einmal im Speicher angelegt. Jedes Objekt (Instanz) der Klasse kann auf das Klassenattribut zugreifen. Ein Instanzattribut wird hingegen für jedes Objekt neu angelegt. Die Objekte können auch nur auf ihre eigenen Attribute zugreifen. Ein klassisches Beispiel für ein Klassenattribut ist ein Objektzähler (Instanzzähler). Bei jeder Erstellung eines Objektes wird dieser Zähler automatisch inkrementiert – damit kann jederzeit die Anzahl der instanzierten Objekte abgefragt werden.

3.1.3 Beschreibung der Methoden
Bei Methoden ist es vor allem wichtig, ob sie von außen aufrufbar sind und welche Werte sie übernehmen bzw. zurückgeben können.

Sichtbarkeit:

Symbol	Beschreibung
-	private Methode (von außen nicht aufrufbar)
+	öffentliche Methode (von außen aufrufbar, Schnittstelle nach außen)
#	geschützte Methode – spielt bei der Vererbung eine Rolle

Beispiele:
- - Berechnung ()
- + Initialisierung()
- # InterneMethode()

Eine private Methode kann nur von den Methoden der eigenen Klasse verwendet werden. Private Methoden dienen deshalb oft als Hilfsmethoden, die zwar innerhalb der Klasse sinnvoll genutzt werden, aber von außen nicht sinnvoll zu verwenden sind. Ein Beispiel dazu wäre eine Methode, die Attributwerte vertauscht und damit als Hilfsmethode für eine öffentliche Sortiermethode dient. Ähnlich verhält es sich auch mit einer protected-Methode. Innerhalb einer Vererbungshierarchie kann eine protected-Methode so benutzt werden, als wäre sie in der eigenen Klasse als privat deklariert worden. Eine private Methode wäre innerhalb einer Vererbungshierarchie nicht aufrufbar.

Die öffentlichen Methoden können hingegen als die Schnittstellen der Klasse nach außen beschrieben werden. Mithilfe dieser Methoden kann mit einem Objekt der Klasse kommuniziert werden.

Übergabeparameter:
Methoden können Werte übernehmen und Werte zurückgeben. Bei der Übergabe kann in einen sogenannten Wertaufruf *(call by value)* und einen Referenzaufruf *(call by reference)* unterschieden werden. Bei dem Wertaufruf wird nur ein Wert in den Übergabeparameter kopiert. Beim Referenzaufruf wird eine Referenz auf eine Variable übergeben – damit sind Änderungen der Variablen innerhalb der Methode nachhaltig, denn sie beziehen sich auf die (per Referenz) übergebene Variable. Um die Übergaben zu spezifizieren, werden die Schlüsselworte in, out und inout benutzt:

Modus	Beschreibung
in	Der Parameter darf nur gelesen werden (*call by value*).
out	Der Parameter darf nur geschrieben werden (spezieller *call by reference* bzw. mit einem Rückgabewert vergleichbar).
inout	Der Parameter darf gelesen und geschrieben werden (*call by reference*).

Beispiele:

- `+ Methode_CBV(in X : int)`
  Diese Methode übernimmt einen Wert mit einem *call by value*. In dem Parameter X wird der per Kopie übergebene Wert gespeichert.

- `+ Methode_CBR_1(out X : int)`
  Diese Methode übernimmt einen Wert mit einem speziellen *call by reference*. In der Methode wird dem Parameter X ein Wert zugewiesen, der dann auch für die per Referenz übergebene Variable gültig ist.

- `+ Methode_CBR_2(inout X : int)`
  Diese Methode übernimmt einen Wert mit einem *call by reference*. In der Methode kann der Parameter X gelesen und geschrieben werden. Das Schreiben hat dann selbstverständlich eine Änderung der per Referenz übergebenen Variable zur Folge.

Hinweis:

Wird kein Modus angegeben, so wird der Modus `in` vorausgesetzt.

Rückgabewert:
Der Rückgabewert einer Methode wird durch die Angabe des Rückgabedatentyps nach einem Doppelpunkt kenntlich gemacht.

Beispiele:

- `- Berechnung (): Double`   *(Diese Berechnungsmethode gibt einen Wert vom Datentyp Double zurück.)*
- `+ GetName(): String`

3.1.4 Umsetzung eines Klassendiagramms in eine objektorientierte Programmiersprache

Nach den eher theoretischen Beschreibungen der Notation einer Klasse in UML soll nun ein konkretes Beispiel in die Programmiersprachen C++ und C# umgesetzt werden.

Beispiel einer Klasse im UML-Klassendiagramm:

```
              Test
─────────────────────────────────────
- zaehler: Integer
- wert: Integer = 50
- konstante: Double = 3.14 {readonly}
─────────────────────────────────────
+ Test()
+ Test(W: Integer)
+ ~Test()
+ SetWert(W: Integer)
+ GetWert():Integer
+ GetKonstante():Double
- Berechnung()
+ GetAnzahl(): int
```

Die Klasse **Test** verfügt über drei Attribute, von denen eines ein Klassenattribut ist. Ein weiteres Attribut darf nur gelesen werden.

Neben den Standard-Get- und Set-Methoden gibt es einen Standard- sowie einen Parameterkonstruktor, der einen Wert übernimmt. Zusätzlich führt eine private Methode eine Berechnung durch.

Umsetzung der Klasse in die Sprache C++

```cpp
class CTest
{
private:
    static int zaehler;        // Deklaration des Klassenattributes
    int wert;                  // Attribut Wert
    const double konstante;    // Attribut konstante mit {readonly}
    void Berechnung();         // private Methode
public:
    CTest();                   // Standardkonstruktor
    CTest(int);                // Parameterkonstruktor
    ~CTest();                  // Destruktor
    void SetWert(int);         // Set-Methode
    int GetWert();             // Get-Methode
    double GetKonstante();     // Get-Methode
    static int GetAnzahl();    // statische Get-Methode
};
int CTest::zaehler = 0;        // Initialisierung des Klassen-Attributes
CTest::CTest() : wert(50) , konstante(3.14)
{
    zaehler++;
}
CTest::CTest(int W) : konstante(3.14)
{
    SetWert(W);
    zaehler++;
}
CTest::~CTest(){ }             // Der Destruktor (hier ohne Funktionalität)

void CTest::SetWert(int W)
{
    if ( W > 0 && W < 9999 )
    {
        wert = W;
        Berechnung();          // Aufruf einer privaten Methode
    }
}
int CTest::GetWert()
{
    return wert;
}
double CTest::GetKonstante()
{
    return konstante;
}
```

> Einmalige Zuweisung des Wertes für die Konstante (readonly)

```cpp
void CTest::Berechnung()
{
   wert = 2 * wert;
}
int CTest::GetAnzahl()
{
   return zaehler;
}

int main()
{
   CTest obj_1(5);
   CTest obj_2(20);
   cout << "Wert von Objekt 1: " << obj_1.GetWert() << endl;
   cout << "Anzahl der Objekte: " << CTest::GetAnzahl() << endl;
   return 0;
}
```

> In einem Hauptprogramm werden zwei Objekte der Klasse instanziert und einmal der Wert eines Objektes und einmal die Anzahl der instanzierten Objekte ausgegeben.

Nach dem Starten sieht die Bildschirmausgabe dann so aus:

Hinweis:

Konstruktoren sind Methoden, die bei der Instanzierung eines Objektes automatisch aufgerufen werden – sie dienen der Initialisierung des Objektes.

Umsetzung der Klasse in die Sprache C#

```csharp
using System;

namespace UML_IT_BERUFE
{
   class CTest
   {
        private static int zaehler = 0;
        int wert = 50;
        const double konstante = 3.14;

        public CTest()
        {
           zaehler++;
        }
```

> In C# sind direkte Zuweisungen (Initialisierungen) möglich.

```csharp
public CTest(int W)
{
SetWert(W);
zaehler++;
}

public void SetWert(int W)
{
if ( W > 0 && W < 9999 )
{
wert = W;
Berechnung();
}
}

public int GetWert()
{
return wert;
}

public double GetKonstante()
{
return konstante;
}

public static int GetAnzahl()
{
return zaehler;
}
private void Berechnung()
{
wert = 2 * wert;
}
}
```

> Alternativ könnten die Get- und Set-Methoden auch durch die Eigenschaften in C# ersetzt werden.
>
> **Beispiel**:
> ```csharp
> public int WERT
> {
>  set
>  {
>    if (value > 0
>            &&
>      value < 9999)
>    {
>      wert = value;
>      Berechnung();
>    }
>  }
>  get
>  {
>    return wert;
>  }
> }
> ```

```csharp
class Program
{
    static void Main(string[] args)
    {
        CTest obj_1 = new CTest(5);
        CTest obj_2 = new CTest(20);
        Console.WriteLine("Wert von Objekt 1:"
          + obj_1.GetWert());
        Console.WriteLine("Anzahl der Objekte:"
          + CTest.GetAnzahl());
    }
}
```

Nach dem Starten sieht die Bildschirmausgabe dann so aus:

3.2 Beziehungen zwischen Klassen

Das Klassendiagramm für ein Softwaresystem besteht natürlich nicht nur aus einer Klasse. Bei komplexen Systemen können es 20 oder mehr Klassen sein, die auch miteinander in Beziehung stehen können. Das wichtige Ziel der objektorientierten Softwareentwicklung ist es ja gerade, die Realität bzw. die Problemstellung in ein adäquates softwaretechnisches Modell abzubilden. Zwischen den Klassen bestehen deshalb auch unterschiedliche Beziehungen, die aus diesem Abbildungsprozess entstanden sind.

Das folgende Beispiel zeigt die Umsetzung einer Problemstellung (Realität) in ein Klassendiagramm. Auf Attribute und Methoden wird zuerst verzichtet. Es geht erst einmal um die Klassen und deren Beziehungen.

 Beispiel einer Problemstellung:

Die Filiale einer großen deutschen Bank möchte ihre Kunden und Mitarbeiter EDV-technisch erfassen. Die Kunden können bis zu fünf Konten bei der Bank haben. Weiterhin haben die Kunden einen Mitarbeiter der Filiale als Betreuer.

Umsetzung in ein Klassendiagramm

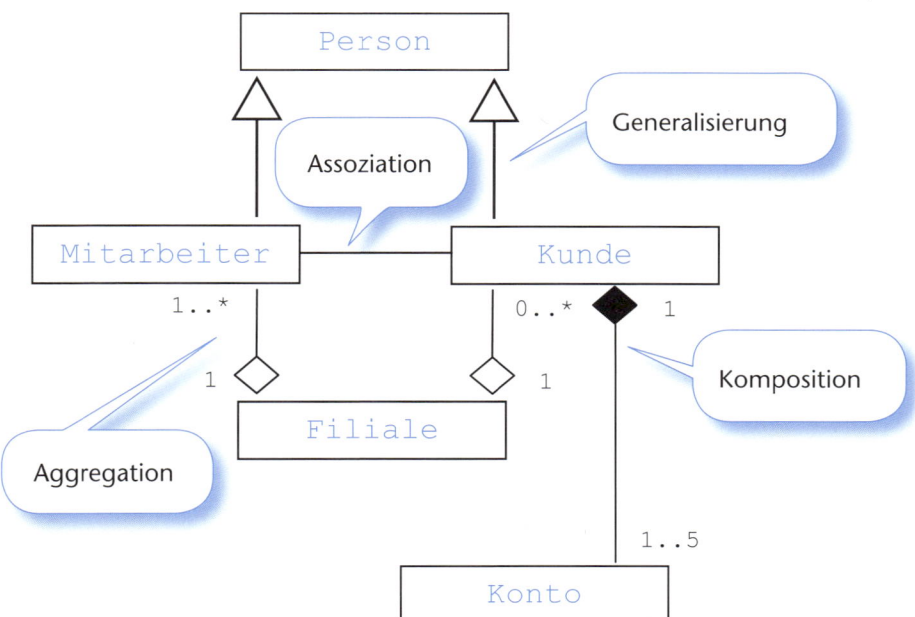

Das obige Beispiel zeigt die Umsetzung der Problemstellung. Die nötigen Klassen wurden identifiziert und die Beziehungen der Klassen untereinander wurden angelegt. Es handelt sich um die Beziehungen Generalisierung (Vererbung), Assoziation, Aggregation und Komposition. Diese verschiedenen Beziehungen werden in den nächsten Unterkapiteln beleuchtet. Dabei werden auch jeweils konkrete Beispiele in C++ und C# umgesetzt.

3.3 Die Assoziation

Die Assoziation ist eine Beziehung zwischen zwei Klassen. Beide Klassen sind auf eine bestimmte Weise miteinander verknüpft, sodass die eine Klasse die andere kennt und die andere Klasse die eine kennt (das kann allerdings auch explizit durch die sogenannte Navigierbarkeit eingeschränkt werden). Ebenso kann es aber auch sein, dass eine Klasse zu sich selbst eine Beziehung hat. Neben dem Kennen der anderen Klasse kann aber auch das Aufrufen einer Methode (Operation) der anderen Klasse die Beziehung ausmachen. Es folgen jetzt zwei Beispiele für Assoziationen, die die obigen etwas theoretischen Ausführungen veranschaulichen sollen.

Beispiel 1:

Ein Angestellter einer Firma betreut die Lieferanten der Firma. Jeder Lieferant hat genau einen Angestellten als Ansprechpartner.

Beispiel 2:

Eine Schulklasse hat einen Klassensprecher. Der Klassensprecher ist nur für diese eine Klasse zuständig.

3.3.1 Allgemeiner Aufbau einer Assoziation

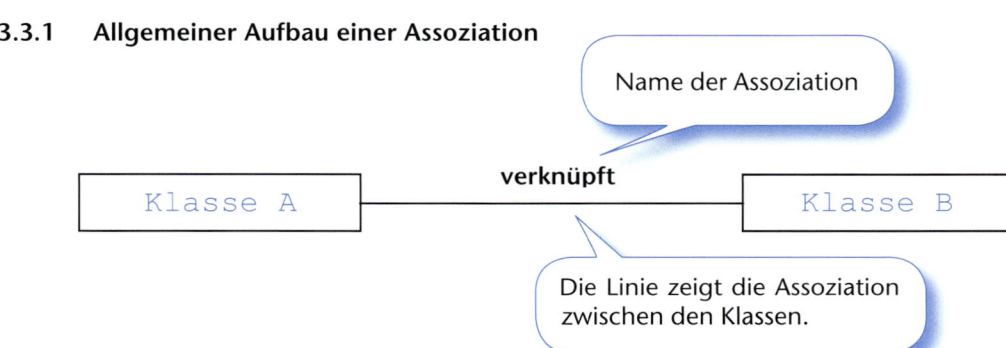

Leserichtung einer Assoziation

Um eine Assoziation näher zu spezifizieren, kann eine Leserichtung (durch einen Richtungspfeil) hinzugefügt werden.

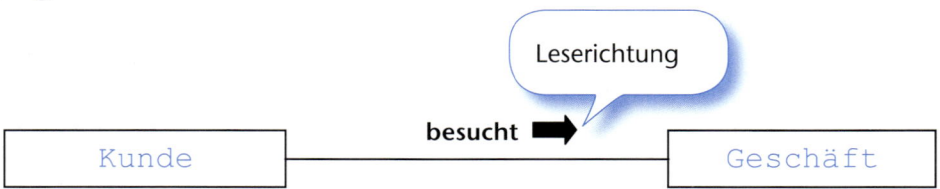

Multiplizitäten einer Assoziation

Die Multiplizitäten einer Assoziation geben an, wie viele Objekte der einen Klasse mit wie vielen der anderen Klasse in Verbindung stehen.

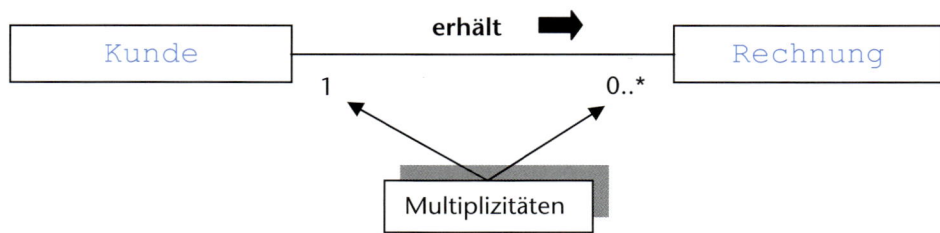

Hinweis:

Die Multiplizitäten sind so zu lesen:

- Ein Kunde erhält keine oder beliebig viele Rechnungen.
- Eine Rechnung gehört genau zu einem Kunden.

Mögliche Multiplizitäten:

Multiplizität	Beschreibung
0	keins
1	genau eins
*	beliebig viele
0..*	keins oder beliebig viele (wie *)
1..*	eins oder beliebig viele
1..3	eins, zwei oder drei
4..20	4 bis 20
1,5,7	eins, fünf oder sieben

Rollen einer Assoziation

Es ist möglich, dass eine Klasse mit mehreren anderen Klassen verknüpft ist. In jeder Assoziation spielt die Klasse jedoch eine andere Rolle.

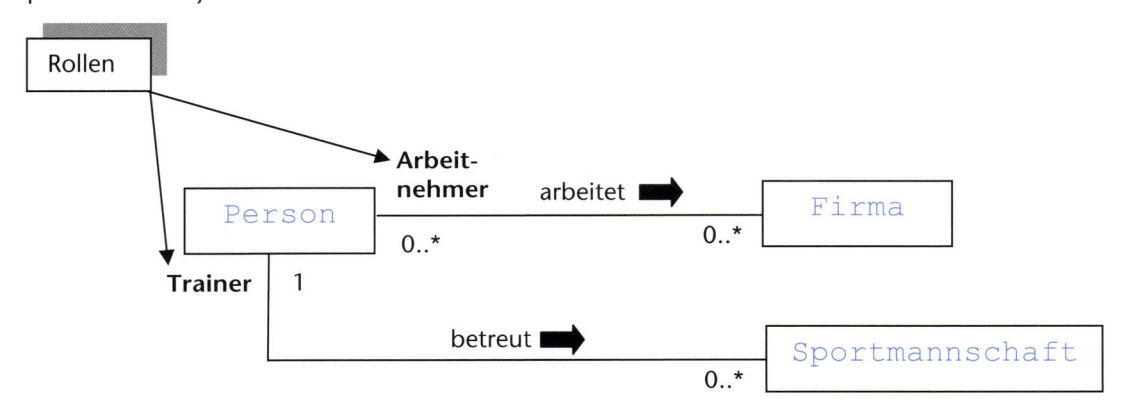

Navigierbarkeit

Mit Navigierbarkeit ist die Kenntnis der anderen Klasse gemeint. Man spricht dann von einer **gerichteten Assoziation**. Die Navigierbarkeit (Kenntnis) wird durch einen Pfeil am Ende der Assoziationslinie ausgedrückt.

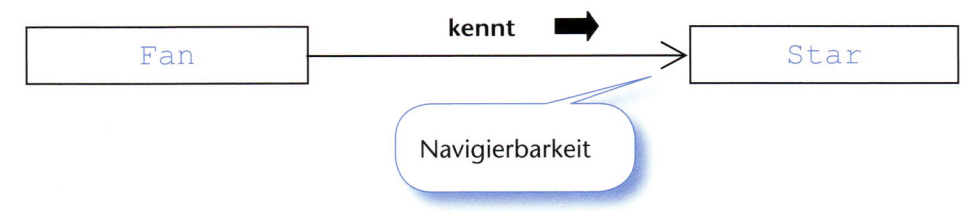

Der Fan kennt seinen Star, aber der Star kennt seinen Fan in der Regel nicht. Man spricht in diesem Fall von einer **unidirektionalen Navigierbarkeit**.

Ein Kind kennt seinen Vater, der natürlich auch sein Kind kennt. Man spricht in diesem Fall von einer **bidirektionalen Navigierbarkeit**.

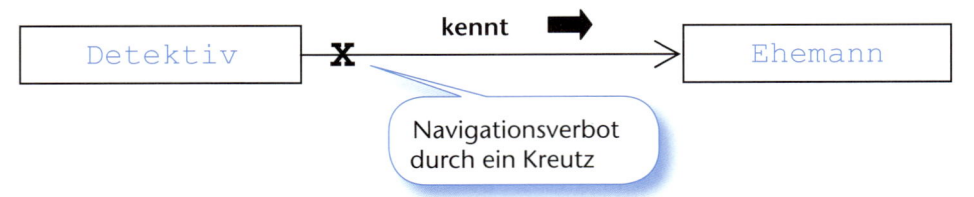

```
                              kennt
    ┌──────────────┐                        ┌──────────────┐
    │  Detektiv    ├──x─────────────▶       │   Ehemann    │
    └──────────────┘                        └──────────────┘
```
Navigationsverbot durch ein Kreutz

Der Detektiv kennt den Ehemann, den er im Auftrag seiner Frau beschatten soll. Der Ehemann darf aber den Detektiv nicht kennen (**Navigationsverbot**).

> **Hinweis:**
> Wird weder eine Navigierbarkeit noch ein Verbot angegeben, so wird von einer **bidirektionalen** Navigierbarkeit ausgegangen. Beide Klassen kennen sich dann.

3.4 Umsetzung von Assoziationen

Das Umsetzen von Assoziationen in eine objektorientierte Programmiersprache würde im Rahmen der Softwareentwicklung erst nach der Phase des objektorientierten Designs erfolgen. Die eher theoretischen Ausführungen zu den Assoziationen werden aber durch konkrete Umsetzungen besser greifbar. Deshalb werden nun verschiedene Assoziationen in die Programmiersprachen C++ und C# umgesetzt.

3.4.1 Umsetzung einer bidirektionalen Assoziation in C++

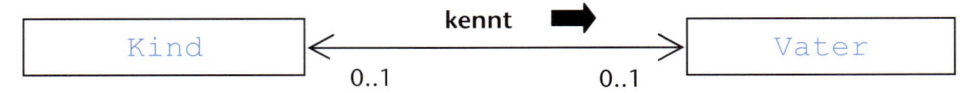

```
                              kennt
    ┌──────────────┐                        ┌──────────────┐
    │     Kind     │◀───────────────▶       │    Vater     │
    └──────────────┘  0..1            0..1  └──────────────┘
```

Die Umsetzung erfolgt mithilfe von **Beziehungsattributen**. Es wird in jeder Klasse ein Attribut mit dem Namen der anderen Klasse der Assoziation angelegt. Das Attribut wird als Zeiger auf die andere Klasse deklariert.

```cpp
#include <iostream>
using namespace std;
class CVater;
class CKind
{
private:
    CVater * pVater;
public:
    CKind();
    void SetpVater(CVater *);
};

CKind::CKind()
{
    pVater = NULL;
}

void CKind::SetpVater(CVater * pV)
{
    pVater = pV;
}
```

Durch diese `forward`*-Deklaration wird die Vater-Klasse bekannt gegeben und kann in der Kind-Klasse verwendet werden.*

Umsetzung des Kennens durch einen Zeiger

Noch keine Kenntnis

Das Kind kennt jetzt seinen Vater.

```cpp
class CVater
{
    private:
        CKind * pKind;        // Umsetzung des Kennens durch einen Zeiger
    public:
        CVater ();
        void SetpKind (CKind *);
};
CVater::CVater()
{
    pKind = NULL;             // Noch keine Kenntnis
}

void CVater::SetpKind(CKind * pK)
{
    pKind = pK;               // Der Vater kennt jetzt sein Kind.
}

int main()
{
                              // Vater und Kind instanzieren.
    CVater herrMaier;
    CKind caroline;

    herrMaier.SetpKind (&caroline);   // Umsetzung des Kennens
    caroline.SetpVater(&herrMaier);
    return 0;
}
```

3.4.2 Umsetzung der bidirektionalen Assoziation in C#

Die Umsetzung erfolgt ebenfalls mithilfe von **Beziehungsattributen**. Das Attribut wird als Verweis auf die andere Klasse deklariert (ein Verweis in C# ist im Prinzip das Gegenstück zu einem Zeiger in C++).

```csharp
using System;
namespace UML_IT_BERUFE
{
    class CVater
    {
        private CKind vKind = null;   // Umsetzung des Kennens durch einen Verweis, der mit null initialisiert wird.

        public void SetvKind(CKind vK)
        {
            vKind = vK;               // Der Vater kennt jetzt sein Kind.
        }
    }
```

```
class CKind
{
    private CVater vVater = null;          // Noch keine Kenntnis

    public void SetvVater(CVater vV)
    {
        vVater = vV;                        // Das Kind kennt jetzt seinen Vater.
    }
}

class Program
{
    static void Main(string[] args)
    {
        CVater herrMaier = new CVater();    // Vater und Kind instanzieren.
        CKind caroline = new CKind();

        herrMaier.SetvKind(caroline);       // Umsetzung des Kennens
        caroline.SetvVater(herrMaier);
    }
}
```

3.4.3 Umsetzung einer unidirektionalen Assoziation in C++

Der Kunde einer Bücherei darf beliebig viele Bücher ausleihen. Ein Buch ist entweder von einem Kunden ausgeliehen oder befindet sich in der Bibliothek.

Buch	⟵ leiht	Kunde
0..*		0..1

Die Umsetzung in C++ ist nun ähnlich dem Primär-Fremdschlüssel-Prinzip bei der Entwicklung von relationalen Datenbanken bzw. deren Tabellen. Der Bücherei-Kunde hinterlässt seine Ausweis-Nummer bei dem Buch, das er ausleiht. Das Objekt `Buch` merkt sich also selbst seinen Ausleiher.

```cpp
#include <iostream>
#include <string>
using namespace std;
class CBuch
{
private:
    string titel;
    int ausweis;                    // Ähnlich einem Fremdschlüssel
public:
    CBuch();
    void SetAusweis(int);
    int GetAusweis();
    void SetTitel(string);
```

```cpp
    string GetTitel();
    void Zurueck();
};
CBuch::CBuch()
{
    ausweis = -1 ;        // Nicht ausgeliehen
}

void CBuch::SetAusweis(int a)
{
    if ( a >= 0  &&  a <= 9999 ) ausweis = a;
}
int CBuch::GetAusweis()
{
    return ausweis;
}
void CBuch::SetTitel(string t)
{
    titel = t;
}
string CBuch::GetTitel()
{
    return titel;
}
void CBuch::Zurueck()
{
    ausweis = -1;
}


class CKunde
{
private:
    string name;
    int ausweis;          // Ähnlich einem Primärschlüssel
    static int zaehler;   // Eine Art auto_increment
public:
    CKunde ();
    int GetAusweis();
    void SetName(string);
    string GetName();
};

int CKunde::zaehler = 0;
```

```cpp
CKunde::CKunde ()
{
   ausweis = zaehler;            // Automatische Ausweis-Nr.
   zaehler++;
}
int CKunde::GetAusweis()
{
   return ausweis;
}
void CKunde::SetName(string n)
{
   name = n;
}
string CKunde::GetName()
{
   return name;
}

int main()
{
   const int MAX_KUNDEN = 3;
   const int MAX_BUECHER = 5;
   int i,j;
   CKunde kunden[MAX_KUNDEN];
   CBuch buecher[MAX_BUECHER];

   kunden[0].SetName("Hansen");          // Kunden anlegen
   kunden[1].SetName("Maier");
   kunden[2].SetName("Mueller");

   buecher[0].SetTitel("Einfuehrung in C++");
   buecher[1].SetTitel("Einfuehrung in C#");     // Bücher anlegen
   buecher[2].SetTitel("Datenbanken");
   buecher[3].SetTitel("Einfuehrung in UML");
   buecher[4].SetTitel("OOA und OOP");

   buecher[0].SetAusweis(kunden[0].GetAusweis());
   buecher[1].SetAusweis(kunden[0].GetAusweis());
   buecher[2].SetAusweis(kunden[1].GetAusweis());    // Realisierung der Assoziation
   buecher[3].SetAusweis(kunden[2].GetAusweis());
   buecher[4].SetAusweis(kunden[2].GetAusweis());
```

```cpp
      cout << "Buecherliste:" << endl <<endl;
      for (i=0; i < MAX_BUECHER ; i++)
      {
         cout << "Das Buch: " << buecher[i].GetTitel() << endl;
         cout << "wurde ausgeliehen von Kunde: ";
         for (j=0; j < MAX_KUNDEN; j++)
         {
            if (buecher[i].GetAusweis()==kunden[j].GetAusweis())
            {
               cout << kunden[j].GetName();
            }
         }
         cout << endl << endl;
      }

      for (i=0; i < MAX_BUECHER ; i++)
      {                                          // Alle Bücher
         buecher[i].Zurueck();                   // wieder zurück
      }
      return 0;
}
```

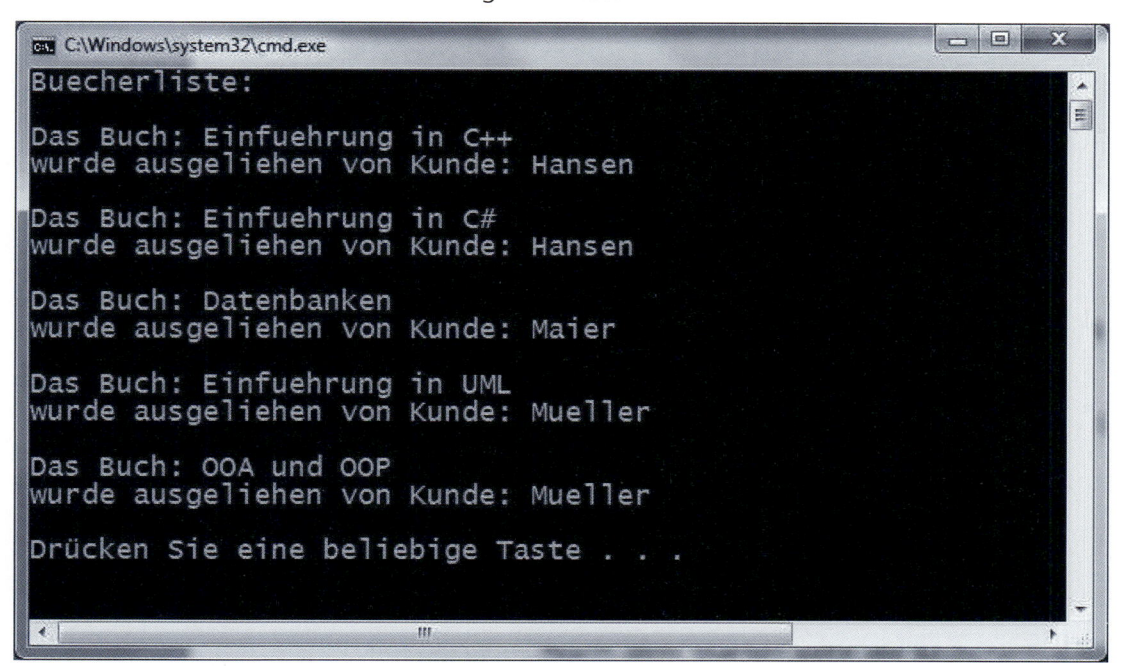

Nach dem Starten sieht die Bildschirmausgabe so aus:

```
Buecherliste:

Das Buch: Einfuehrung in C++
wurde ausgeliehen von Kunde: Hansen

Das Buch: Einfuehrung in C#
wurde ausgeliehen von Kunde: Hansen

Das Buch: Datenbanken
wurde ausgeliehen von Kunde: Maier

Das Buch: Einfuehrung in UML
wurde ausgeliehen von Kunde: Mueller

Das Buch: OOA und OOP
wurde ausgeliehen von Kunde: Mueller

Drücken Sie eine beliebige Taste . . .
```

Die Realisierung der Assoziation geschieht im Prinzip durch die Weitergabe der Ausweis-Nummer des Kunden an das Buchobjekt. Dadurch wird eine Art Primärschlüssel-Fremdschlüssel-Prinzip umgesetzt. Ein Nachteil dieses Beispiels ist, dass beispielsweise alle Kunden überprüft werden müssen, wenn nach dem Namen des Ausleihers eines Buches gefragt wird.

3.4.4 Umsetzung der unidirektionalen Assoziation in C#

Die Umsetzung soll nun mit einer anderen Variante realisiert werden. Das Buch speichert dabei nicht mehr seinen Ausleiher, sondern nur die Information, ob es ausgeliehen wurde. Der Kunde speichert die ausgeliehenen Bücher in einer eigenen Liste.

```
                                    ← leiht
           ┌─────────┐                          ┌─────────┐
           │  Buch   │◁──────────────────────── │  Kunde  │
           └─────────┘  0..*              0..1  └─────────┘
```

```csharp
using System;
using System.Collections;
namespace UML_IT_BERUFE
{
    class CBuch
    {
        private string titel;
        private bool ausgeliehen = false;         // Das Attribut gibt den Leihzustand an.

        public CBuch(){}
        public void Ausleihen()
        {
            ausgeliehen = true;
        }
        public void Zurueck()
        {
            ausgeliehen = false;
        }
        public bool Status()
        {
            return ausgeliehen;
        }
        public void SetTitel(string t)
        {
            titel = t;
        }
        public string GetTitel()
        {
            return titel;
        }
    }

    class CKunde
    {
        private string name;
        private ArrayList liste = new ArrayList();   // Eine dynamische Liste für die ausgeliehenen Bücher

        public CKunde (){}
        public void SetName(string n)
        {
            name = n;
        }
```

```csharp
public string GetName()
{
    return name;
}
public void BuchLeihen(CBuch buch)
{
    if (buch.Status() == false)
    {
       liste.Add(buch);
        buch.Ausleihen();
    }
    else Console.WriteLine("Das Buch: " + buch.GetTitel()
        + " ist bereits verliehen!");
}
public void BuchZurueckgeben(CBuch buch)
{
    bool zurueck = false;
    foreach (CBuch b in liste)
    {

       if (b==buch)
       {
         Console.WriteLine("Das Buch: " +
         buch.GetTitel() + " wurde zurueckgegeben!");
         buch.Zurueck();
         liste.Remove(buch);
         zurueck = true;
         break;
       }
    }
    if (!zurueck)
    Console.WriteLine("Das Buch war nicht ausgeliehen!");
}
public void ListeAusgeben()
{
    foreach (CBuch b in liste)
    {
        Console.WriteLine(b.GetTitel());
    }
}
}
```

> Das Buch wird nur in die Liste eingetragen, wenn es ausleihbar ist.

> Die Rückgabe eines Buches wird *simuliert*.

```csharp
class Program
{

   static void Main(string[] args)
   {
      CKunde [] kunden = new CKunde [3];
      CBuch [] buecher = new CBuch [5];
      for (int i = 0; i < 3; i++) kunden[i] = new CKunde();
      for (int i = 0; i < 5; i++) buecher[i] = new CBuch();

      kunden[0].SetName("Hansen");           // Kunden benennen
      kunden[1].SetName("Maier");
      kunden[2].SetName("Mueller");

      buecher[0].SetTitel("Einfuehrung in C++");
      buecher[1].SetTitel("Einfuehrung in C#");    // Bücher benennen
      buecher[2].SetTitel("Datenbanken");
      buecher[3].SetTitel("Einfuehrung in UML");
      buecher[4].SetTitel("OOA und OOP");
      kunden[0].BuchLeihen(buecher[0]);
      kunden[0].BuchLeihen(buecher[1]);
      kunden[1].BuchLeihen(buecher[2]);            // Realisierung der Assoziation
      kunden[1].BuchLeihen(buecher[3]);
      kunden[2].BuchLeihen(buecher[4]);

      Console.WriteLine("Buecherliste: \n");
      for (int i=0; i < 3 ; i++)
      {
         Console.WriteLine("Kunde " + kunden[i].GetName() + "  
                  hat folgende Buecher:");
         kunden[i].ListeAusgeben();                // Ein Leihversuch!
      }
      kunden[2].BuchLeihen(buecher[2]);
      Console.WriteLine();                          // Zuerst die Rückgabe
      kunden[1].BuchZurueckgeben(buecher[2]);
      Console.WriteLine("Kunde " + kunden[1].GetName() + " hat
                  nun folgende Buecher:");
      kunden[1].ListeAusgeben();
      Console.WriteLine();                          // Neuer Leihversuch!
      kunden[2].BuchLeihen(buecher[2]);
      Console.WriteLine("Kunde " + kunden[2].GetName() + " hat
                  nun folgende Buecher:");
      kunden[2].ListeAusgeben();
   }

}
```

Nach dem Starten sieht die Bildschirmausgabe so aus:

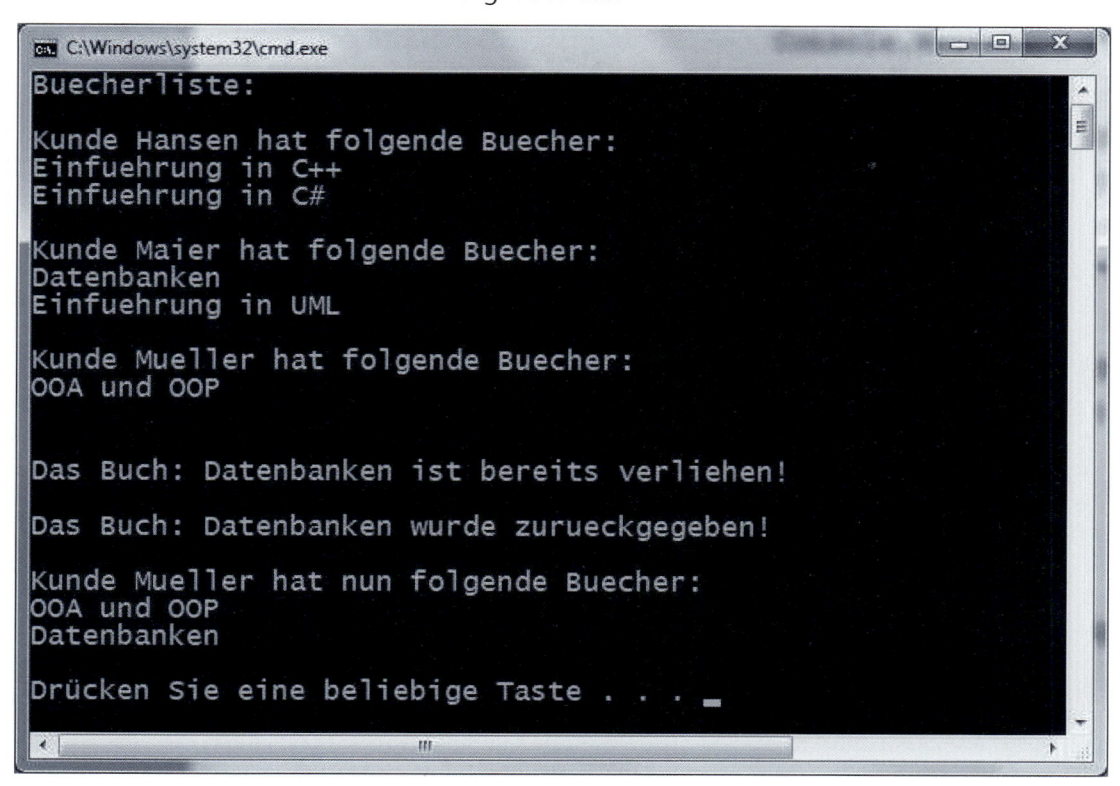

```
Buecherliste:

Kunde Hansen hat folgende Buecher:
Einfuehrung in C++
Einfuehrung in C#

Kunde Maier hat folgende Buecher:
Datenbanken
Einfuehrung in UML

Kunde Mueller hat folgende Buecher:
OOA und OOP


Das Buch: Datenbanken ist bereits verliehen!

Das Buch: Datenbanken wurde zurueckgegeben!

Kunde Mueller hat nun folgende Buecher:
OOA und OOP
Datenbanken

Drücken Sie eine beliebige Taste . . .
```

3.5 Die Aggregation

Die Aggregation ist eine spezielle Assoziation. Die miteinander verknüpften Klassen beschreiben dabei eine **Ganzes-Teile-Beziehung**. Das bedeutet, dass eine Klasse das Ganze verkörpert und die andere Klasse einen Teil davon. Das Ganze hat den Teil als Komponente. Man spricht auch von einer **Hat-Beziehung**. Im Gegensatz dazu wird bei der Generalisierung bzw. Spezialisierung (oder auch Vererbung) eine **Ist-Beziehung** modelliert.

Die Aggregation wird dadurch gekennzeichnet, dass sie eine Raute an dem Ganzen besitzt.

3.5.1 Allgemeiner Aufbau einer Aggregation

Ganzes ◇─────── Teil

Die Raute kennzeichnet die Aggregation

Für eine Aggregation gelten folgende Eigenschaften:
▶ Sowohl das Ganze als auch die Teile können unabhängig voneinander existieren. Auch wenn Teile entfernt werden, kann das Ganze existieren.
▶ Teile können in verschiedenen Ganzen verwendet werden.

Multiplizitäten einer Aggregation
Ebenso wie bei einer Assoziation kann die Aggregation mit Multiplizitäten versehen werden.

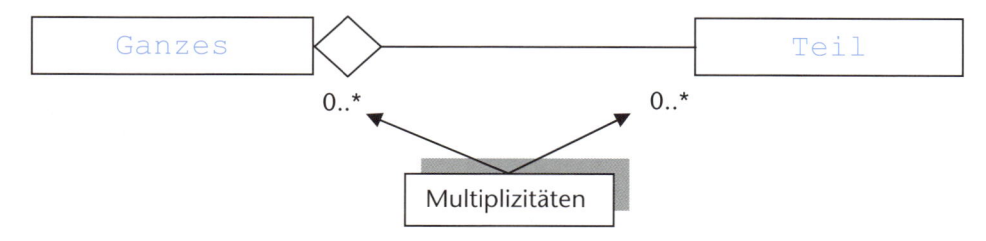

Ganzes ◇ 0..*   0..* Teil

Multiplizitäten

Beispiele

- Ein Notebook hat eine Festplatte. Eine Festplatte ist entweder nicht oder in genau einem Notebook eingebaut.

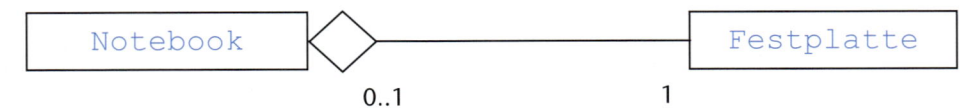

```
┌──────────┐◇──────────────┌───────────┐
│ Notebook │               │ Festplatte│
└──────────┘               └───────────┘
      0..1                       1
```

- In einer Firma arbeiten beliebig viele Mitarbeiter. Die Mitarbeiter können aber auch bei beliebig vielen anderen Firmen arbeiten (zumindest theoretisch).

```
┌───────┐◇──────────────┌─────────────┐
│ Firma │               │ Mitarbeiter │
└───────┘               └─────────────┘
   0..*                      0..*
```

3.5.2 Umsetzung einer *0..1:1*-Aggregation in C++

Das Beispiel mit dem Notebook und der Festplatte soll umgesetzt werden.

```
┌──────────┐◇──────────────┌───────────┐
│ Notebook │               │ Festplatte│
└──────────┘               └───────────┘
      0..1                       1
```

Bei der Umsetzung ist zu beachten, dass sowohl das Ganze als auch die Teile für sich existent sein müssen. Allerdings muss ein Notebook über eine Festplatte verfügen (Eins-Multiplizität). Das muss bei der Konstruktion eines Notebooks beachtet werden. Ein Ausbau der Festplatte kann nur unter gleichzeitigem Einbau einer anderen Festplatte geschehen. Die Aufnahme einer Festplatte erfolgt mittels eines Verweises, was in der Umsetzung in C++ mit einem Zeiger geschieht. Die Umsetzung der Notebook-Festplatte-Aggregation ähnelt der Umsetzung der Assoziation mit einem Beziehungsattribut – eine Aggregation ist ja auch eine spezielle Assoziation.

```cpp
#include <iostream>
using namespace std;

class CFestplatte
{
private:
    bool eingebaut;      // Dieses Attribut zeigt, ob die Festplatte eingebaut ist.
public:
    CFestplatte ();
    void Einbau();
    void Ausbau();
    bool GetStatus();
};

CFestplatte::CFestplatte ()
{
    eingebaut = false;   // Zu Beginn ist die Festplatte nicht eingebaut.
}
void CFestplatte::Einbau ()
{
    eingebaut = true;
}
```

```cpp
void CFestplatte::Ausbau ()
{
   eingebaut = false;
}


bool CFestplatte::GetStatus ()
{
   return eingebaut;
}


class CNotebook
{
private:                              // Ein Verweis (Zeiger)
                                      // auf die Festplatte
   CFestplatte * pFestplatte;

public:                               // Es gibt nur einen Kon-
                                      // struktor, der sofort eine
   CNotebook(CFestplatte *);          // Festplatte „übernimmt".
   void WechselFestplatte (CFestplatte *);
};


CNotebook::CNotebook (CFestplatte *pF)
{                                     // Prüfen, ob die
                                      // Festplatte bereits
   if (pF->GetStatus() == false)      // eingebaut ist.
   {                                  // Festplatte
                                      // einbauen
      pFestplatte = pF;
      pFestplatte->Einbau();
   }                                  // Botschaft
   else                               // senden
   {
      cout << "Keine korrekte Erstellung moeglich - ";
      cout << "Festplatte fehlt!!!" << endl;
      pFestplatte = NULL;
   }
}


void CNotebook::WechselFestplatte (CFestplatte * pF)
{
   if (pF->GetStatus() == false)
   {
                                      // Festplatte
      pFestplatte->Ausbau();          // wechseln
      pFestplatte = pF;
      pFestplatte->Einbau();
      cout << "Festplatte gewechselt" << endl;
   }
   else cout << "Kein Wechsel moeglich!" << endl;
}
```

```cpp
int main()
{
    CFestplatte f1;           // Zwei Festplatten anlegen
    CFestplatte f2;

    CNotebook n1(&f1);        // Ein Notebook mit Festplatte 1 instanzieren
    CNotebook n2(&f1);        // Der Versuch, ein zweites Notebook mit Festplatte 1 zu instanzieren, scheitert.

    cout << endl;

    n1.WechselFestplatte(&f2);  // Notebook 1 wechselt die Festplatte.

    cout << endl;

    return 0;
}
```

Nach dem Starten sieht die Bildschirmausgabe so aus:

```
C:\Windows\system32\cmd.exe
Keine korrekte Erstellung moeglich - Festplatte fehlt!!!
Festplatte gewechselt
Drücken Sie eine beliebige Taste . . .
```

3.5.3 Umsetzung der *0..1:1*-Aggregation in C#
Die Umsetzung in C# ist der Umsetzung in C++ sehr ähnlich, nur das Aggregationsattribut wird wieder mit einem Verweis realisiert.

```csharp
using System;
using System.Collections;
namespace UML_IT_BERUFE
{
    class CFestplatte
    {
        private bool eingebaut = false;   // Dieses Attribut zeigt, ob die Festplatte eingebaut ist. Zu Beginn natürlich nicht.

        public CFestplatte() { }
        public void Einbau() { eingebaut = true; }
        public void Ausbau() { eingebaut = false; }
        public bool GetStatus() { return eingebaut; }
    }
```

```csharp
class CNotebook                                    // Ein Verweis auf die Festplatte
{
    private CFestplatte vFestplatte = null;

    public CNotebook(CFestplatte vF)               // Prüfen, ob die Festplatte bereits eingebaut ist.
    {
        if (vF.GetStatus() == false)
        {                                           // Festplatte einbauen
            vFestplatte = vF;
            vFestplatte.Einbau();                   // Botschaft senden
        }
        else
        Console.WriteLine("Keine korrekte Erstellung moeglich
                    - Festplatte fehlt!!!");
    }


    public void WechselFestplatte(CFestplatte vF)
    {
        if (vF.GetStatus() == false)
        {                                           // Festplatte wechseln
            vFestplatte.Ausbau();
            vFestplatte = vF;
            vFestplatte.Einbau();
            Console.WriteLine("Festplatte gewechselt");
        }
        else Console.WriteLine("Kein Wechsel moeglich!");
    }

}


class Program
{
    static void Main(string[] args)
    {                                               // Zwei Festplatten anlegen
        CFestplatte f1 = new CFestplatte();
        CFestplatte f2 = new CFestplatte();         // Ein Notebook mit Festplatte 1 instanzieren

        CNotebook n1 = new CNotebook(f1);
        CNotebook n2 = new CNotebook(f1);           // Der Versuch, ein zweites Notebook mit Festplatte 1 zu instanzieren, scheitert.

        Console.WriteLine();
        n1.WechselFestplatte(f2);                   // Notebook 1 wechselt die Festplatte.
        Console.WriteLine();
    }
}
```

Nach dem Starten sieht die Bildschirmausgabe dann so aus:

```
C:\Windows\system32\cmd.exe
Keine korrekte Erstellung moeglich - Festplatte fehlt!!!
Festplatte gewechselt
Drücken Sie eine beliebige Taste . . .
```

3.5.4 Umsetzung einer *:*-Aggregation in C++

Das Beispiel mit der Firma und den Mitarbeitern soll umgesetzt werden.

```
┌─────────┐         ◇────────────┌──────────────┐
│  Firma  │                      │ Mitarbeiter  │
└─────────┘                      └──────────────┘
            0..*              0..*
```

Die Umsetzung dieser Aggregation ist aufwendiger. In der Firmen-Klasse wird eine dynamische Liste verwaltet, die in der Lage ist, Mitarbeiter aufzunehmen und auch wieder abzugeben. Die Aufnahme geschieht ebenfalls durch Verweise, die in C++ wieder mit Zeigern umgesetzt werden.

```cpp
#include <iostream>
using namespace std;

class CMitarbeiter
{
private:
   string name;
public:
   CMitarbeiter();
   void SetName(string);
   string GetName();
};

CMitarbeiter::CMitarbeiter ()
{
   name = "NN";
}

void CMitarbeiter::SetName(string n)
{
   name = n;
}
string CMitarbeiter::GetName()
{
   return name;
}
```

```cpp
class CFirma
{
private:
    CMitarbeiter** pListe;    // Eine Liste von Mitarbeitern mit dynamischer Speicherreservierung
    int anzahl;

public:
    CFirma();
    ~CFirma();
    void Einfuegen(CMitarbeiter* );
    void Loeschen(int);
    void Ausgabe();
};

CFirma::CFirma()
{
    anzahl=0;
}
CFirma::~CFirma()                 // WICHTIG: Der Destruktor gibt den Speicher frei.
{
    if (anzahl > 1) delete [] pListe;
    else if (anzahl == 1) delete pListe;
}
void CFirma::Einfuegen(CMitarbeiter *pM)
{
    if (anzahl == 0)              // Der erste Mitarbeiter wird eingepflegt.
    {
        pListe = new CMitarbeiter*;
        pListe[0] = pM;
        anzahl = 1;
    }
    else
    {
        CMitarbeiter ** pDummy = pListe;
        pListe = new CMitarbeiter*[anzahl+1];

        for (int i=0; i<anzahl; i++)      // Die Liste wird erweitert.
            pListe[i]=pDummy[i];

        if (anzahl>1) delete [] pDummy;
        else delete pDummy;
        pListe[anzahl]= pM;
        anzahl++;
    }
}
```

```cpp
void CFirma::Ausgabe()
{
   cout << "Auflistung der Mitarbeiter:" << endl;
   for (int i = 0 ; i < anzahl ; i++)
   {
      cout << "Mitarbeiter " << i+1 << ": ";
      cout << pListe[i]->GetName().c_str();
      cout << endl;
   }
}
void CFirma::Loeschen(int nummer)
{
   if ((anzahl>1) && (nummer <=anzahl))
   {
      CMitarbeiter ** pDummy = new CMitarbeiter*[anzahl-1];

      for (int i=0,j=0; i<anzahl; i++)
      {
         if ((i+1) == nummer)
         {
            cout << "Mitarbeiter ";
            cout <<  pListe[i]->GetName().c_str();
            cout << " verlaesst die Firma." <<endl;
         }
         else
         {
            pDummy[j] = pListe[i];
            j++;
         }
      }
   delete [] pListe;
   anzahl--;
   pListe = pDummy;
   }
   else
   {
        if (anzahl == 1 && nummer == 1)
        delete pListe;
        anzahl = 0;
   }
}
```

```cpp
int main()
{
CMitarbeiter mitarbeiter[3];

mitarbeiter[0].SetName("Maier");
mitarbeiter[1].SetName("Hansen");
mitarbeiter[2].SetName("Mueller");
```
Drei Mitarbeiter anlegen

```cpp
CFirma firma1;
CFirma firma2;
```
Zwei Firmen anlegen

```cpp
firma1.Einfuegen(&mitarbeiter[0]);
firma1.Einfuegen(&mitarbeiter[1]);
firma1.Einfuegen(&mitarbeiter[2]);

firma2.Einfuegen(&mitarbeiter[0]);
firma2.Einfuegen(&mitarbeiter[2]);
```
Mitarbeiter zuweisen

```cpp
cout << "Firma 1:" << endl;
firma1.Ausgabe();
cout << endl;
cout << "Firma 2:" << endl;
firma2.Ausgabe();
cout << endl;
cout << "Firma 1:" << endl;
firma1.Loeschen(1);
firma1.Ausgabe();
cout << endl;
return 0;
}
```
Einen Mitarbeiter entlassen

Nach dem Starten sieht die Bildschirmausgabe dann so aus:

```
Firma 1:
Auflistung der Mitarbeiter:
Mitarbeiter 1: Maier
Mitarbeiter 2: Hansen
Mitarbeiter 3: Mueller

Firma 2:
Auflistung der Mitarbeiter:
Mitarbeiter 1: Maier
Mitarbeiter 2: Mueller

Firma 1:
Mitarbeiter Maier verlaesst die Firma.
Auflistung der Mitarbeiter:
Mitarbeiter 1: Hansen
Mitarbeiter 2: Mueller

Drücken Sie eine beliebige Taste . . .
```

3.5.5 Umsetzung der *:*-Aggregation in C#

Die Umsetzung in C# arbeitet mit der `ArrayList`-Klasse. Damit sind sowohl dynamische Reservierung von Speicher als auch Freigabe automatisiert.

```csharp
using System;
using System.Collections;
namespace UML_IT_BERUFE
{
    class CMitarbeiter
    {
        private string name = "NN";
        public CMitarbeiter() { }
        public void SetName(string n) { name = n; }
        public string GetName() { return name; }
    }

    class CFirma
    {
        private ArrayList liste = new ArrayList();   // Liste für die Mitarbeiter

        public CFirma() { }
        public void Einfuegen(CMitarbeiter vM)
        {
            liste.Add(vM);   // Einfügen eines Mitarbeiters
        }

        public void Loeschen(int nummer)
        {                                              // Entlassen eines Mitarbeiters
            liste.RemoveAt(nummer - 1);
        }
        public void Ausgabe()
        {
            int i = 1;
            foreach (CMitarbeiter vM in liste)
            {
                Console.WriteLine("Mitarbeiter " + i + ": "
                        + vM.GetName());
                i++;
            }
        }
    }
}
```

```csharp
class Program
{
    static void Main(string[] args)
    {
        CMitarbeiter[] mitarbeiter = new CMitarbeiter[3];
        mitarbeiter[0] = new CMitarbeiter();         // Drei Mitarbeiter anlegen
        mitarbeiter[1] = new CMitarbeiter();
        mitarbeiter[2] = new CMitarbeiter();
        mitarbeiter[0].SetName("Maier");
        mitarbeiter[1].SetName("Hansen");
        mitarbeiter[2].SetName("Mueller");
        CFirma firma1 = new CFirma();                 // Zwei Firmen anlegen
        CFirma firma2 = new CFirma();
        firma1.Einfuegen(mitarbeiter[0]);             // Mitarbeiter zuweisen
        firma1.Einfuegen(mitarbeiter[1]);
        firma1.Einfuegen(mitarbeiter[2]);
        firma2.Einfuegen(mitarbeiter[0]);
        firma2.Einfuegen(mitarbeiter[2]);
        Console.WriteLine("Firma 1:");
        firma1.Ausgabe();
        Console.WriteLine();
        Console.WriteLine("Firma 2:");
        firma2.Ausgabe();
        Console.WriteLine();
        Console.WriteLine("Firma 1:");
        firma1.Loeschen(1);                           // Einen Mitarbeiter entlassen
        firma1.Ausgabe();
    }
}
```

Nach dem Starten sieht die Bildschirmausgabe dann so aus:

```
Firma 1:
Mitarbeiter 1: Maier
Mitarbeiter 2: Hansen
Mitarbeiter 3: Mueller

Firma 2:
Mitarbeiter 1: Maier
Mitarbeiter 2: Mueller

Firma 1:
Mitarbeiter 1: Hansen
Mitarbeiter 2: Mueller

Drücken Sie eine beliebige Taste . . .
```

3.6 Die Komposition

Die Komposition ist eine Aggregation, die eine zusätzliche besondere Eigenschaft hat. Es gibt eine starke Abhängigkeit zwischen dem Ganzen und den Teilen, sodass die Teile nicht ohne das Ganze existieren können. Ebenso wie bei der Aggregation spricht man von einer **Hat-Beziehung**. Die Komposition wird dadurch gekennzeichnet, dass sie eine ausgefüllte Raute an dem Ganzen besitzt.

3.6.1 Allgemeiner Aufbau einer Komposition

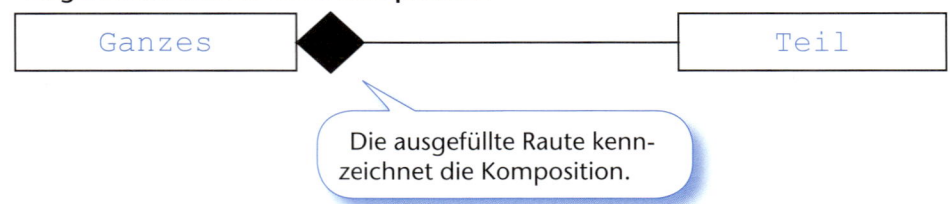

```
Ganzes ◆──────── Teil
```
Die ausgefüllte Raute kennzeichnet die Komposition.

Multiplizitäten einer Komposition

Ebenso wie bei der Assoziation und der Aggregation kann die Komposition mit Multiplizitäten versehen werden.

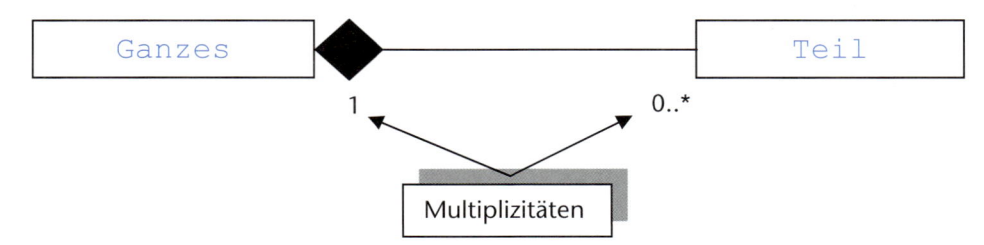

```
Ganzes ◆──────── Teil
        1      0..*
          Multiplizitäten
```

Hinweise:

Die Multiplizität auf der Seite des Ganzen **darf immer nur 1** sein, sonst würde das der starken Bindung des Teils an das Ganze widersprechen. Wenn das Ganze gelöscht wird, so werden auch automatisch alle Teile gelöscht. Teile können auch gelöscht werden, bevor das Ganze seine Gültigkeit verliert. Ein Teil kann aber vor dem Löschen des Ganzen noch von einem anderen Ganzen aufgenommen werden, sodass das Teil in einem anderen Ganzen weiter existieren kann.

Beispiele

- Ein Kunde hat bis zu fünf Konten. Ein Konto ist aber immer nur mit einem Kunden verbunden. Wird der Kunde gelöscht, so werden auch seine Konten gelöscht.

```
Kunde ◆──────── Konto
       1      1..5
```

- In einer Firma arbeiten beliebig viele Mitarbeiter. Die Mitarbeiter sind aber (vertraglich festgelegt) nur in genau einer Firma tätig. Würde die Firma nicht mehr existieren, so könnten die Mitarbeiter vorher zu einer anderen Firma wechseln.

```
Firma ◆──────── Mitarbeiter
       1      0..*
```

3.6.2 Umsetzung einer *1:1..5*-Komposition in C++

Das Beispiel mit den Kunden und ihren Konten soll umgesetzt werden. Die Umsetzung ähnelt natürlich der Aggregation, allerdings gibt es einen entscheidenden Unterschied – die Konten können ohne den Kunden nicht existieren. Zusätzlich ist zu beachten, dass ein Kunde mindestens über ein Konto verfügen muss. Das bedeutet, dass bereits bei der Erstellung des Kunden ein Konto angelegt werden muss.

3 Das Klassendiagramm

```
               Kunde  ◆────────────  Konto
                      1        1..5
```

```cpp
#include <iostream>
using namespace std;

class CKonto
{
private:
   int nummer;
public:
   CKonto();
   bool SetNummer(int);
   int GetNummer();
};
CKonto::CKonto() {   nummer = -1; }
```
Noch keine Kontonummer

```cpp
bool CKonto::SetNummer(int n)
{
   if (n > 0 && n < 9999)
   {
      nummer = n;
      return true;
   }
   return false;
}
int CKonto::GetNummer()
{
    return nummer;
}
```
Prüfung auf korrekte Kontonummer

```cpp
class CKunde
{
private:
   string name;
   CKonto konten[5];
   int anzahl;
public:
   CKunde();
   void SetName(string);
   string GetName();
   void NeuesKonto();
   void Ausgabe();
};
```
Hier erfolgt die Komposition. Wird der Kunde gelöscht, werden automatisch alle seine Konten gelöscht.

```cpp
CKunde::CKunde()
{
    anzahl = 0;
    NeuesKonto();
}
```

Umsetzung der 1..5-Beziehung. Ein Konto wird immer angelegt.

```cpp
void CKunde::SetName(string n)
{
    name = n;
}
string CKunde::GetName()
{
    return name;
}
void CKunde::NeuesKonto()
{
    if (anzahl==5) return;
```

Maximal fünf Konten sind erlaubt.

```cpp
    bool ok;
    int nr;
    do
    {
        cout << "Bitte die Nummer fuer Konto ";
        cout << anzahl+1 << " angeben: ";
        cin >> nr;
        ok = konten[anzahl].SetNummer(nr);
        if (!ok) cout << "Fehlerhafte Kontonummer!" << endl;
    }
    while (!ok);
    anzahl++;
}
void CKunde::Ausgabe()
{
    cout << "Kunde " << name.c_str();
    cout << " hat folgende Konten:" << endl;
    for (int i=0; i < anzahl; i++)
    {
        cout << "Kontonummer: " << konten[i].GetNummer() << endl;
    }
}

int main()
{
    CKunde kunde;
    kunde.SetName("Maier");
    cout << endl;
    kunde.NeuesKonto();
    cout << endl;
```

```
            kunde.NeuesKonto();
            cout << endl;
            kunde.Ausgabe();
            cout << endl;
            return 0;
}
```

Nach dem Starten könnte die Bildschirmausgabe so aussehen:

```
C:\Windows\system32\cmd.exe
Bitte die Nummer fuer Konto 1 angeben: 12345
Fehlerhafte Kontonummer!
Bitte die Nummer fuer Konto 1 angeben: 1234

Bitte die Nummer fuer Konto 2 angeben: 4321

Bitte die Nummer fuer Konto 3 angeben: 1122

Kunde Maier hat folgende Konten:
Kontonummer: 1234
Kontonummer: 4321
Kontonummer: 1122

Drücken Sie eine beliebige Taste . . .
```

3.6.3 Umsetzung der 1:1..5-Komposition in C#

Die Umsetzung in C# arbeitet wieder mit der Klasse `ArrayList`. Damit werden die Konten dynamisch angelegt – in der C++-Umsetzung wurde dies der Einfachheit halber mit einem statischen Array realisiert.

```csharp
using System;
using System.Collections;
namespace UML_IT_BERUFE
{
    class CKonto
    {
        private int nummer;

        public CKonto() { nummer = -1; }
        public bool SetNummer(int n)
        {
            if (n > 0 && n < 9999)
            {
                nummer = n;
                return true;
            }
            return false;
        }
        public int GetNummer()
        {
            return nummer;
        }
    }
```

```csharp
class CKunde
{
    private string name;                              // Die ArrayList konten verwaltet die fünf Konten.
    private ArrayList konten = new ArrayList();

    public CKunde()                                   // Umsetzung der 1..5-Beziehung. Ein Konto wird immer angelegt.
    {
        NeuesKonto();
    }
    public void SetName(string n)
    {
        name = n;
    }
    public string GetName()
    {
        return name;
    }
    public void NeuesKonto()                          // Maximal fünf Konten sind erlaubt.
    {
        if (konten.Count==5) return;
        CKonto k = new CKonto();
        bool ok;
        int nr;
        do
        {
            Console.Write("Bitte die Nummer fuer Konto " +
                    (konten.Count + 1) + " angeben: ");
            nr = Convert.ToInt32(Console.ReadLine());
            ok = k.SetNummer(nr);
            if (!ok)
                Console.WriteLine("Fehlerhafte Kontonummer!");
        }
        while (!ok);                                  // Hinzufügen eines neuen Kontos
        konten.Add(k);
    }
    public void Ausgabe()
    {
        Console.WriteLine("Kunde " + name
                        + " hat folgende Konten:");
        foreach (CKonto k in konten)
        {
            Console.WriteLine("Kontonummer: " + k.GetNummer());
        }
    }
}
```

```
class Program
{
    static void Main(string[] args)
    {
        CKunde kunde = new CKunde ();
        kunde.SetName("Maier");
        Console.WriteLine();
        kunde.NeuesKonto();
        Console.WriteLine();
        kunde.NeuesKonto();
        Console.WriteLine();
        kunde.Ausgabe();
    }
}
```

Nach dem Starten könnte die Bildschirmausgabe so aussehen:

```
Bitte die Nummer fuer Konto 1 angeben: 12345
Fehlerhafte Kontonummer!
Bitte die Nummer fuer Konto 1 angeben: 1234

Bitte die Nummer fuer Konto 2 angeben: 4321

Bitte die Nummer fuer Konto 3 angeben: 1122

Kunde Maier hat folgende Konten:
Kontonummer: 1234
Kontonummer: 4321
Kontonummer: 1122

Drücken Sie eine beliebige Taste . . .
```

3.7 Die Generalisierung und Spezialisierung

Das Konzept der Generalisierung (bzw. Spezialisierung oder auch Vererbung) ist ein zentrales Thema in der objektorientierten Softwareentwicklung. Durch dieses Konzept können Situationen aus der realen Welt besser in einem Modell abgebildet werden. Zusätzlich hat dieses Konzept auch sehr praktische Vorteile, denn bereits existierender Programmcode (in Form von Klassen) kann durch dieses Konzept sehr gut wiederverwendet werden. Die Softwareentwicklung wird dadurch auch effizienter und sicherer. Bei der Generalisierung spricht man von einer sogenannten **Ist-Beziehung**, im Gegensatz zur bereits bekannten **Hat-Beziehung** bei der Aggregation und Komposition.

> **Beispiel:**
>
> Die Klasse `Kunde` ist eine spezielle Klasse `Person`. Die Klasse `Person` ist eine Verallgemeinerung der Klasse `Kunde`. Aus diesem Grund spricht man auch von Generalisierung und Spezialisierung. 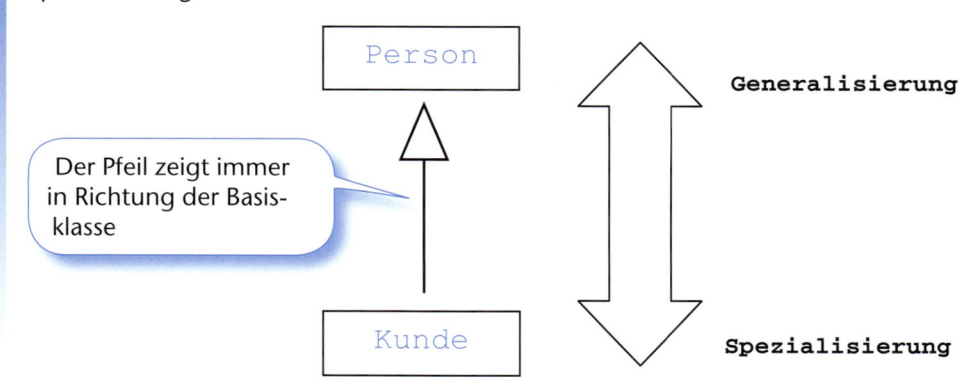
>
> ```
>              Person
>                ▲
>                │          ⇕  Generalisierung
>                │             Spezialisierung
>              Kunde
> ```
> (Der Pfeil zeigt immer in Richtung der Basisklasse)
>
> Die Basis-Klasse `Person` vererbt an die Klasse `Kunde`. Der Kunde ist eine Person (Ist-Beziehung). Der Kunden-Klasse stehen nun alle Elemente der Basis-Klasse zur Verfügung (mit gewissen Einschränkungen, siehe später). Wenn beispielsweise die Personen-Klasse ein Attribut `name` hat, so *erbt* der Kunde dieses Attribut.

> **Hinweis:**
>
> Die Klasse, die vererbt (`Person`), wird in der Regel Basis-Klasse oder Ober-Klasse genannt. Die Klasse, die erbt (`Kunde`), wird abgeleitete Klasse oder Unter-Klasse genannt.

3.7.1 Sichtbarkeit von Attributen

In einer spezialisierten (vererbten) Klasse können alle öffentlichen Elemente der Basis-Klasse so genutzt werden, als wären sie in der Klasse selbst angelegt. Der direkte Zugriff auf private Elemente ist hingegen gesperrt und nur über Methoden möglich. Innerhalb einer Vererbungshierachie ist es allerdings meistens gewünscht, dass auf die Attribute in den spezialisierten Klassen direkt zugegriffen werden kann. Aus diesem Grund gibt es einen weiteren Zugriffsmodifizierer (Sichtbarkeitsmodifizierer), und zwar den `protected`-Modifizierer. Alle Attribute, die mit diesem Modifizierer versehen sind, verhalten sich nach außen wie private Attribute, aber innerhalb der Vererbungshierarchie wie öffentliche Attribute.

> **Beispiel:**
>
> ```
>           Person
>    # Name: String
>    # Vorname: String
>
>    + SetName(N: String)
>    + GetName():String
> ```
> (Protected-Modifizierer #)

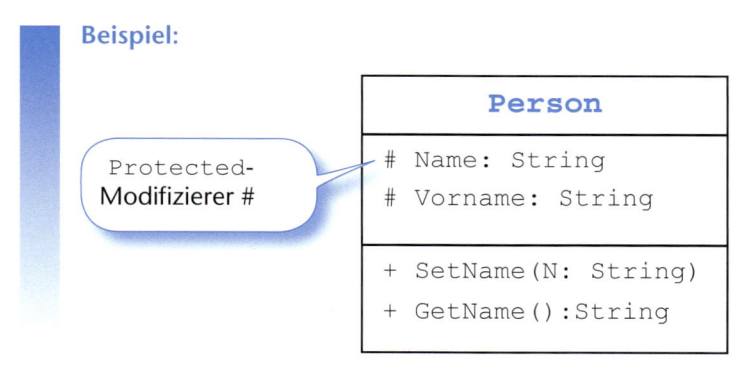

3.7.2 Mehrfachgeneralisierung

Die Mehrfachgeneralisierung (Mehrfachvererbung) unterscheidet sich von der einfachen Generalisierung (Vererbung) dadurch, dass eine Klasse mehrere Klassen generalisiert. Dadurch kann ein Softwaresystem noch realitätsnäher umgesetzt werden. Die Mehrfachgeneralisierung hat aber den Nachteil, dass sie deutlich komplexer als die einfache Generalisierung ist. Bei der Umsetzung müssen deshalb mehr Aspekte beachtet werden. Eine Programmiersprache wie C# (oder auch Java) wurde aus diesem Grund ohne die Technik der Mehrfachgeneralisierung entworfen. Das schränkt zwar den Entwickler etwas ein, führt aber zu mehr Sicherheit bei der Programmentwicklung.

Beispiel:

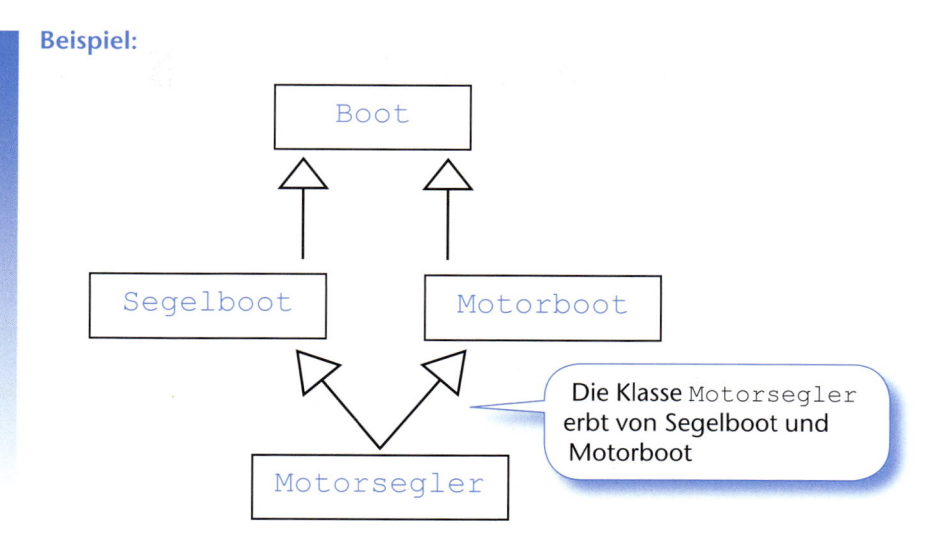

```
         Boot
         / \
        /   \
   Segelboot  Motorboot
        \   /
         \ /
      Motorsegler
```

Die Klasse `Motorsegler` erbt von Segelboot und Motorboot

3.7.3 Umsetzung einer einfachen Generalisierung in C++

Das Beispiel mit der Person und der Spezialisierung als Kunde soll in C++ umgesetzt werden. Das Attribut `Name` ist mit dem `protected`-Modifizierer versehen. Damit ist der Zugriff in der Kunden-Klasse leichter.

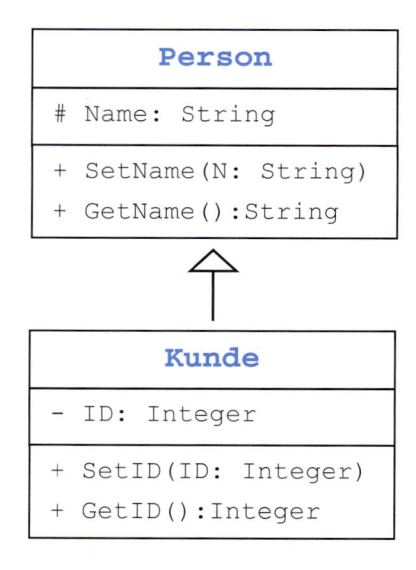

Person
| # Name: String |
| + SetName(N: String) |
| + GetName():String |

Kunde
| - ID: Integer |
| + SetID(ID: Integer) |
| + GetID():Integer |

```cpp
#include <iostream>
using namespace std;
class CPerson
{
protected:
    string name;
public:
    CPerson();
    void SetName(string);
    string GetName();
};
CPerson::CPerson ()
{
    name = "NN";
}
```

Attribut `name` wird `protected`.

```cpp
void CPerson::SetName(string n)
{
   name = n;
}
string CPerson::GetName()
{
   return name;
}

class CKunde: public CPerson
{
private:
   int id;
public:
   CKunde();
   void SetID(int);
   int GetID();
   void Ausgabe();
};
CKunde::CKunde(): CPerson()
{
   id = 0;
}
void CKunde::SetID(int i)
{
   if (i > 0 && i < 9999) id = i;
}
int CKunde::GetID()
{
   return id;
}
void CKunde::Ausgabe()
{
   cout << "Kundenname: " << name.c_str() << endl;
   cout << "Kunden-ID:  " << id << endl;
}


int main()
{
   CKunde kunde;

   kunde.SetName("Maier");
   kunde.SetID(10);
   kunde.Ausgabe();
}
```

> Hier findet die Spezialisierung (Vererbung) statt. Standardmäßig wird die `public`-Vererbung angewendet. Es gibt aber in C++ auch andere Formen.

> Expliziter Aufruf des Basisklassen-Konstruktors

> Direkter Zugriff auf das Attribut `name` möglich – dank `protected`.

Nach dem Starten sieht die Bildschirmausgabe so aus:

```
C:\Windows\system32\cmd.exe
Kundenname: Maier
Kunden-ID:  10
Drücken Sie eine beliebige Taste . . .
```

3.7.4 Umsetzung einer einfachen Generalisierung in C#

Im Gegensatz zu C++ gibt es in C# nur eine Art der Vererbung – und zwar implizit die `public`-Vererbung. Da C# keine Mehrfachvererbung unterstützt (und damit nicht mehr als eine Basis-Klasse möglich ist), wird die Basis-Klasse einfach mit dem Schlüsselwort `base` angesprochen.

```csharp
using System;
namespace UML_IT_BERUFE
{
    class CPerson
    {
        protected string name;          // Attribut name wird protected.

        public CPerson() { name = "NN"; }
        public void SetName(string n) { name = n; }
        public string GetName() { return name; }
    }
    class CKunde: CPerson              // Implizite public-Vererbung
    {
        private int id;
                                        // Aufruf des Basisklassen-Konstruktors
        public CKunde() : base() { id = 0; }
        public void SetID(int i)
        {
            if (i > 0 && i < 9999) id = i;
        }
        public int GetID() { return id; }
        public void Ausgabe()           // Direkter Zugriff auf das Attribut name möglich – dank protected.
        {
            Console.WriteLine("Kundenname: " + name);
            Console.WriteLine("Kunden-ID:  " + id);
        }
    }
    class Program
    {
        static void Main(string[] args)
        {
            CKunde kunde = new CKunde();
```

```
        kunde.SetName("Maier");
        kunde.SetID(10);
        kunde.Ausgabe();
    }
  }
}
```

Nach dem Starten sieht die Bildschirmausgabe so aus:

```
Kundenname: Maier
Kunden-ID:  10
Drücken Sie eine beliebige Taste . . .
```

3.7.5 Abstrakte Basis-Klassen

Eine abstrakte Basis-Klasse ist eine Klasse, von der keine Objekte instanziert werden können. Sie dient als Grundlage für die weiteren Klassen einer Vererbungshierarchie. In einer abstrakten Basis-Klasse können Methoden als abstrakt deklariert werden. Diese Methoden sind nicht implementiert, müssen aber in der erbenden Klasse implementiert werden.

> **Beispiel:**
>
> Ein Anwendungsbeispiel für abstrakte Basis-Klassen ist eine Klassenhierarchie zur Speicherung von grafischen Objekten (Kreise, Dreiecke, Rechtecke usw.). Jedes Objekt soll auf dem Bildschirm gezeichnet werden können. Deshalb ist es sinnvoll, eine abstrakte Basis-Klasse `Graphikobjekt` zu entwerfen, die über eine abstrakte Methode `Zeichnen()` verfügt. Alle Klassen, die von dieser Klasse abgeleitet werden, müssen die Methode `Zeichnen()` implementieren.

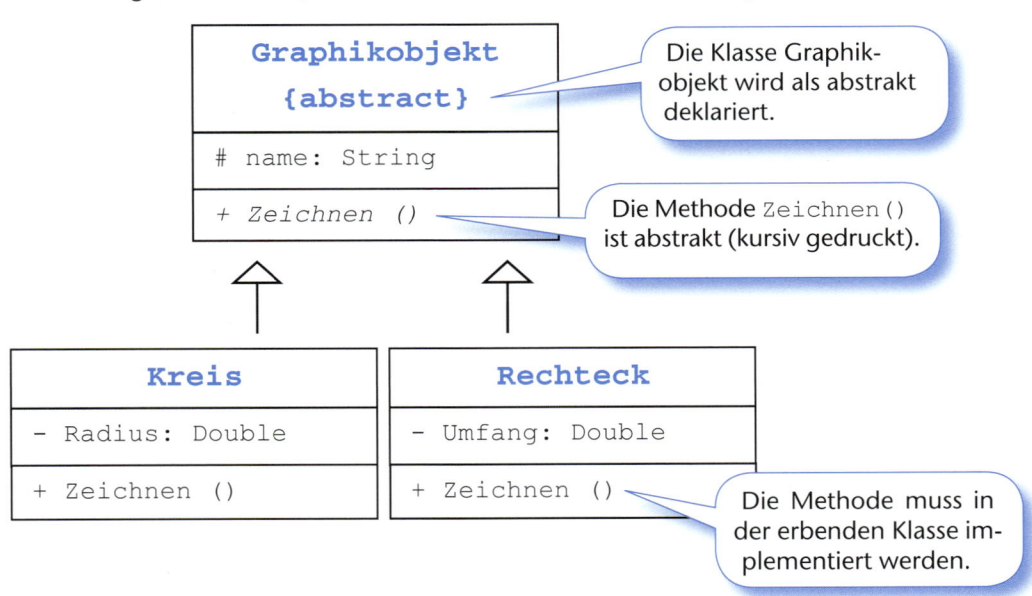

```
        Graphikobjekt
          {abstract}                  Die Klasse Graphik-
                                      objekt wird als abstrakt
                                      deklariert.
    # name: String
    + Zeichnen ()                     Die Methode Zeichnen()
                                      ist abstrakt (kursiv gedruckt).

         Kreis                Rechteck
    - Radius: Double      - Umfang: Double
    + Zeichnen ()         + Zeichnen ()          Die Methode muss in
                                                 der erbenden Klasse im-
                                                 plementiert werden.
```

3.8 Stereotype

Mithilfe von Stereotypen kann die Bedeutung einer Klasse weiter spezifiziert werden. Dadurch soll noch deutlicher werden, in welchem Zusammenhang eine Klasse genutzt werden soll. Zusätzlich sind damit auch Implementierungsregeln verbunden. Das Stereotyp gibt dann vor, wie eine Klasse umzusetzen ist. Neben einigen vordefinierten Stereotypen in der UML können auch eigene Stereotypen entwickelt werden, um neue Bedeutungen für das zu entwickelnde Softwaresystem zu erschaffen. An dieser Stelle sollen allerdings nur drei wichtige vordefinierte Stereotypen vorgestellt werden. Die Definition eigener Stereotypen empfiehlt sich eher für fortgeschrittene Entwickler. Das Stereotyp wird mithilfe der *französischen Anführungsstriche* << >> über dem Klassennamen angegeben.

Beispiel:

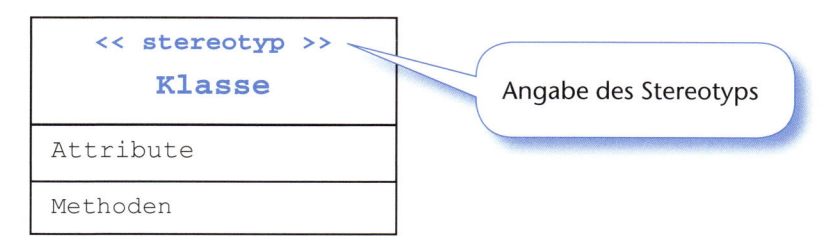

```
    << stereotyp >>
       Klasse
─────────────────────
    Attribute
─────────────────────
    Methoden
```
Angabe des Stereotyps

3.8.1 Primitive und einfache Datentypen

Die bisher verwendeten Attribute in den Klassendiagrammen haben alle einen bestimmten Datentyp (beispielsweise `Integer` oder `String`). Die UML stellt dafür die sogenannten **primitiven Datentypen** bereit. Diese elementaren Datentypen werden in (fast) allen Programmiersprachen unterstützt. Die meisten Programmiersprachen besitzen natürlich noch weitere Typen.

Die vier primitiven Datentypen der UML lauten:

- `Integer (ganzzahlige Werte)`
- `String (Zeichenketten)`
- `Boolean (boolesche Werte true oder false)`
- `UnlimitedNatural (natürliche Zahlen)`

Die **einfachen Datentypen** in der UML sind hingegen eine Erweiterung der primitiven Datentypen und mit dem Konzept der Struktur (Verbund, Record) in einer Programmiersprache vergleichbar. Ein einfacher Datentyp besitzt beliebig viele Attribute von primitiven Datentypen oder auch von anderen einfachen Datentypen. Ein einfacher Datentyp kann auch Methoden enthalten. **Ein einfacher Datentyp ist aber trotzdem keine Klasse.**

Beispiel:

Die Adresse einer Person besteht aus mehreren Komponenten primitiver Datentypen. Sie kann deshalb zu einem einfachen Datentyp zusammengefasst werden.

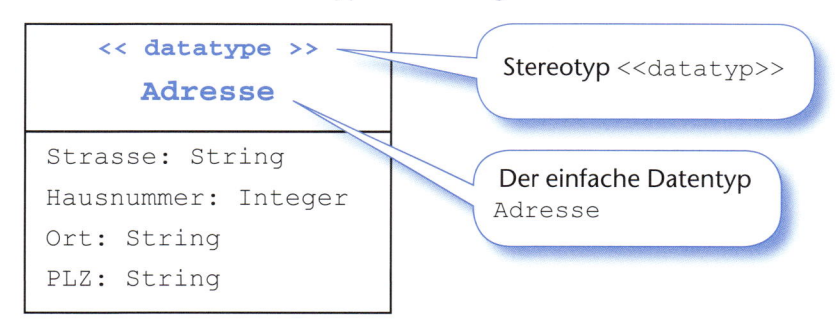

```
    << datatype >>
       Adresse
─────────────────────
    Strasse: String
    Hausnummer: Integer
    Ort: String
    PLZ: String
```
Stereotyp <<datatyp>>

Der einfache Datentyp Adresse

3.8.2 Umsetzung eines einfachen Datentyps in C++

Das Beispiel mit der Adresse einer Person soll in C++ umgesetzt werden. Dazu wird eine Struktur `TAdresse` angelegt, welche die Komponenten der Adresse enthält. Das vorangestellte „`T`" soll deutlich machen, dass es sich um einen neuen Datentyp handelt – im Gegensatz zu dem vorangestellten „`C`" bei der Umsetzung einer Klasse.

```cpp
#include <iostream>
using namespace std;

struct TAdresse          // Datentyp TAdresse wird angelegt.
{
   string strasse;
   int hausnummer;
   string ort;
   string plz;
};
int main()
{
   TAdresse eineAdresse;

   eineAdresse.strasse = "Meisenweg";    // Eine Variable des neuen Typs wird mit Werten gefüllt.
   eineAdresse.hausnummer = 15;
   eineAdresse.ort = "Koeln";
   eineAdresse.plz = "50000";
   return 0;
}
```

3.8.3 Umsetzung eines einfachen Datentyps in C#

Fast identisch mit der Umsetzung in C++ ist die Realisierung in C#.

```csharp
struct TAdresse          // Datentyp TAdresse wird angelegt.
{
   public string strasse;
   public int hausnummer;
   public string ort;
   public string plz;
}
class Program
{
   static void Main(string[] args)
   {
      TAdresse eineAdresse = new TAdresse();
      eineAdresse.strasse = "Meisenweg";
      eineAdresse.hausnummer = 15;      // Eine Variable des neuen Typs wird mit Werten gefüllt.
      eineAdresse.ort = "Koeln";
      eineAdresse.plz = "50000";
   }
}
```

3.8.4 Aufzählungen

In manchen Fällen hat ein Attribut nur ganz bestimmte (und endlich viele) Werte. Beispielsweise kann das Attribut Anrede (bei einer Person) die Werte „Herr", „Frau", „Dr." oder auch „Prof." annehmen. Dann ist es sinnvoll, dafür einen eigenen Datentyp anzulegen – eine sogenannte Aufzählung (engl. *enumeration*). In dieser Aufzählung werden dann die möglichen Werte aufgezeigt. Eine Aufzählung wird durch das Stereotyp <<enumeration>> gekennzeichnet.

Beispiel:

Die Aufzählung `Anrede` wird definiert und anschließend in einer Klasse `Person` genutzt.

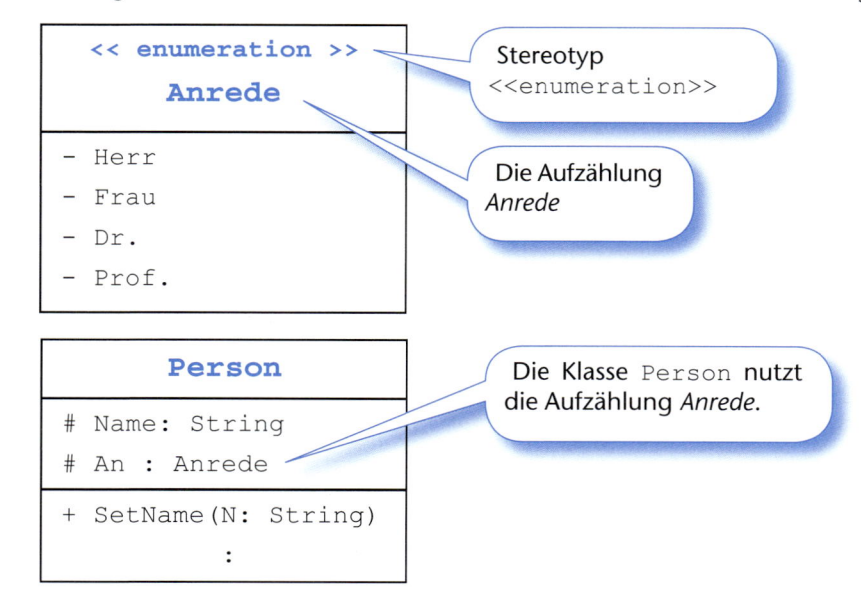

```
        << enumeration >>
            Anrede
     ─────────────────────
      - Herr
      - Frau
      - Dr.
      - Prof.
```

Stereotyp `<<enumeration>>`

Die Aufzählung *Anrede*

```
             Person
     ─────────────────────
      # Name: String
      # An : Anrede
     ─────────────────────
      + SetName(N: String)
                :
```

Die Klasse `Person` nutzt die Aufzählung *Anrede*.

Hinweis:

Die Aufzählungen werden in C++ und C# relativ identisch umgesetzt:

```
enum Anrede {HERR, FRAU, DR, PROF};
Anrede an = HERR;
```
Umsetzung in C++

```
public enum Anrede { HERR, FRAU, DR, PROF }
Anrede an = Anrede.HERR;
```
Umsetzung in C#

3.8.5 Schnittstellen

Das Prinzip der Schnittstellen (engl. *interfaces*) hat viel Ähnlichkeit mit dem Konzept der abstrakten Basis-Klassen. Eine Schnittstelle sieht aus wie eine Klasse, aber ohne jegliche Implementierungen. Die Schnittstelle legt nur fest, welche Attribute und Methoden genutzt werden sollen. Eine Klasse, die eine Schnittstelle implementiert, muss diese Attribute und Methoden dann auch definieren. Eine Klasse kann beliebig viele Schnittstellen implementieren. Schnittstellen müssen aber nicht immer implementiert, sondern können auch einfach nur genutzt werden. Damit sind nutzende und implementierende Klasse in der Lage zu kommunizieren – die Schnittstelle gibt dabei vor, wie die Kommunikation aussieht. Eine Schnittstelle wird durch das Stereotyp `<<interface>>` gekennzeichnet.

Beispiel:

Eine Person möchte einen Traktor nutzen. Dabei soll diese Nutzung über eine Schnittstelle `Maschine` realisiert werden. Die Traktor-Klasse implementiert dabei die Schnittstelle und die Personen-Klasse nutzt die Schnittstelle.

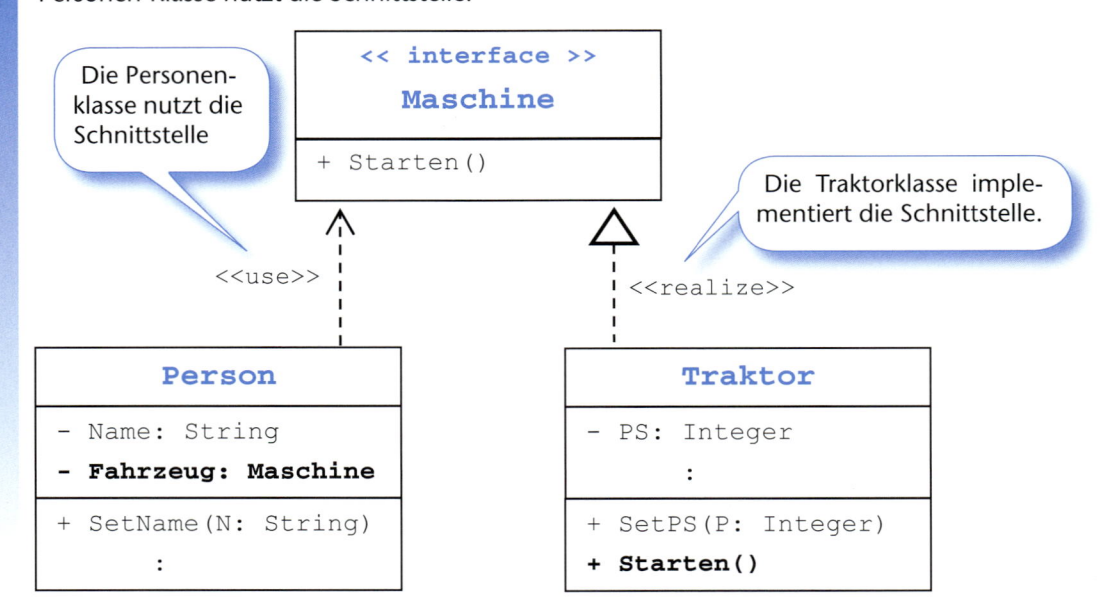

```
                    << interface >>
                       Maschine
                    ─────────────────
                    + Starten()
```

- Die Personenklasse nutzt die Schnittstelle (<<use>>)
- Die Traktorklasse implementiert die Schnittstelle (<<realize>>)

```
Person                          Traktor
─────────────────               ─────────────────
- Name: String                  - PS: Integer
- Fahrzeug: Maschine              :
─────────────────               ─────────────────
+ SetName(N: String)            + SetPS(P: Integer)
  :                             + Starten()
```

Hinweis:

Die Darstellung der Schnittstelle kann alternativ über das sogenannte `Ball and Socket`-Symbol geschehen:

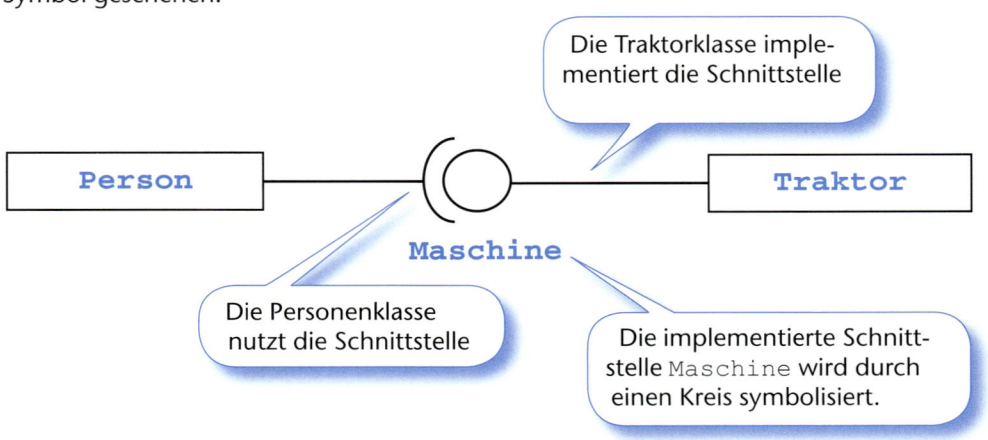

```
Person ───────( )─────── Traktor
              Maschine
```

- Die Traktorklasse implementiert die Schnittstelle
- Die Personenklasse nutzt die Schnittstelle
- Die implementierte Schnittstelle `Maschine` wird durch einen Kreis symbolisiert.

Hinweis:

Viele Programmiersprachen verfügen inzwischen über das Konzept der Schnittstellen (Java, C# und auch PHP). Die Sprache C++ verfügt nicht über dieses Konzept, obwohl es Ergänzungen gibt, die Schnittstellen simulieren (über `#define`-Anweisungen). Das obige Beispiel wird deshalb nur in C# umgesetzt.

3.8.6 Umsetzung einer Schnittstelle in C#

Das Person-Maschine-Traktor-Beispiel soll nun in C# umgesetzt werden.

```csharp
using System;
namespace UML_IT_BERUFE
{
    interface IMaschine
    {
        void Starten();
    }
```

Das Interface (Schnittstelle) wird angelegt. Es verfügt (der Einfachheit halber) nur über die Methode `Starten()`.

```csharp
class CTraktor: IMaschine
{
    protected int ps;
    public CTraktor() { ps = 0; }
    public void SetPS(int p) { ps = p; }
    public int GetPS() { return ps; }
    public void Starten()
    {
        Console.WriteLine("Der Traktor laeuft....");
    }
}

class CPerson
{
    protected string name;
    protected IMaschine traktor;
    public CPerson() { name = "NN"; }
    public void SetName(string n) { name = n; }
    public string GetName() { return name; }
    public void NutzeTraktor()
    {
        traktor = new CTraktor();
        traktor.Starten();
    }
}
class Program
{
    static void Main(string[] args)
    {
        CPerson einePerson = new CPerson();
        einePerson.NutzeTraktor();
    }
}
```

- So wie bei der Vererbung wird das zu implementierende Interface hinter dem Klassennamen angegeben.
- Implementierung der Methode Starten()
- Die Personen-Klasse nutzt das Interface, indem es einen Verweis traktor anlegt.
- Dem Interface-Verweis wird nun eine Traktor-Instanz zugewiesen.
- Die Person nutzt den Traktor – dank Interface.

Nach dem Starten sieht die Bildschirmausgabe so aus:

```
Der Traktor laeuft....
Drücken Sie eine beliebige Taste . . .
```

4 Das Objektdiagramm

Das Klassendiagramm bietet eine statische Sicht auf das zu entwickelnde Softwaresystem. Die entsprechenden Klassen und ihre Beziehungen werden dargestellt. Einzelne Objekte und ihre Zustände (Attributwerte) können vom Klassendiagramm allerdings nicht angezeigt werden. Hier kommt das Objektdiagramm ins Spiel. Das **Objektdiagramm** ist eine Art **Schnappschuss** des Softwaresystems und zeigt damit konkrete Objekte und ihren aktuellen Zustand. Das Objektdiagramm ist deshalb eine sinnvolle Ergänzung des Klassendiagramms, um einen zeitlich begrenzten Zustand des Systems abzubilden.

4.1 Die Darstellung eines Objektes

4.1.1 Grundlegender Aufbau

Die Darstellung eines Objektes sieht der Darstellung einer Klasse im Klassendiagramm ähnlich. Nur die Methoden werden nicht mehr angezeigt, denn es geht um einen Schnappschuss des Systems und damit um die aktuellen Attributwerte eines Objektes. Das Objekt wird konkret benannt und zusätzlich wird nach einem Doppelpunkt der zugehörige Klassenname angegeben. Der Klassenname kann entfallen, wenn es beispielsweise nur Objekte einer Klasse gibt.

Beispiel:

Das Objekt `Peter` der Klasse `Person` wird dargestellt.

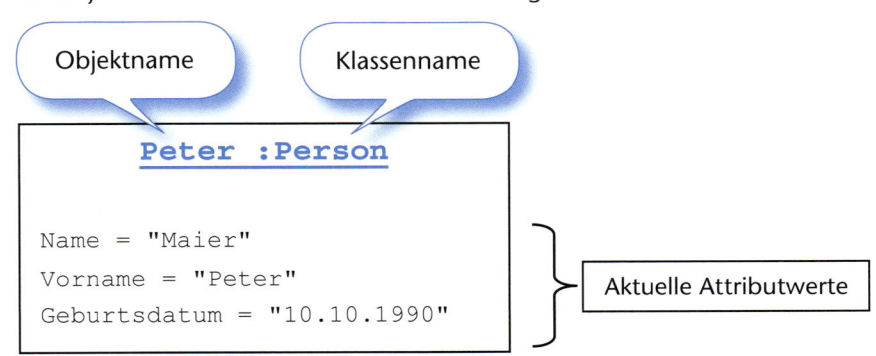

```
      Peter :Person

  Name = "Maier"
  Vorname = "Peter"
  Geburtsdatum = "10.10.1990"
```

(Objektname, Klassenname, Aktuelle Attributwerte)

Hinweis:

Bei den Attributen muss der Datentyp nicht mit angegeben werden, denn diese Informationen liegen bereits detailliert im Klassendiagramm vor. Es kann aber sein, dass ein Objektdiagramm vor einem Klassendiagramm erstellt wird, und dann könnte es sinnvoll sein, die Datentypen anzugeben (beispielsweise `Name: String = "Maier"`).

4.1.2 Klassen und Objekte gemeinsam darstellen

Neben der Darstellung einer Klasse im Klassendiagramm und einem Objekt in einem Objektdiagramm können auch beide gemeinsam dargestellt werden. Das bietet sich an, wenn zum Klassendiagramm ein charakteristischer Schnappschuss des Systems gezeigt werden soll. Das Objekt (als Instanz) der Klasse wird durch einen Pfeil und das Schlüsselwort <<instantiate>> dargestellt.

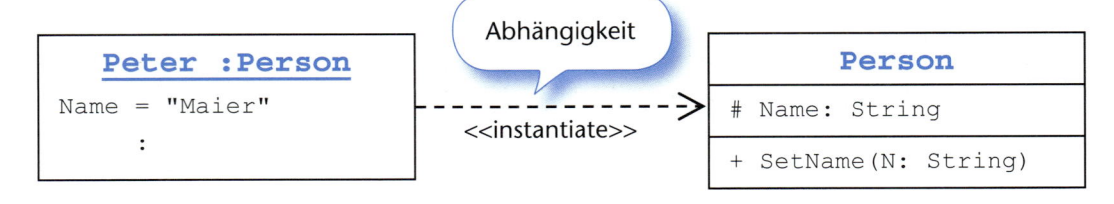

```
  Peter :Person                          Person
  Name = "Maier"       ----------->    # Name: String
         :             <<instantiate>>  + SetName(N: String)
```

(Abhängigkeit)

4.2 Beziehungen zwischen Objekten

Alle Beziehungen, die zwischen Klassen modelliert werden, gelten natürlich auch für die entsprechenden Objekte. Der große Unterschied zu den Klassen besteht aber darin, dass zur Zeit des

Schnappschusses immer genau ein Objekt der Klasse instanziert ist. Damit sind die Beziehungen zwischen den Objekten immer 1:1-Beziehungen – ein konkretes Objekt steht immer nur mit einem anderen konkreten Objekt in Beziehung.

4.2.1 Der Link

Klassen können durch Assoziationen, Aggregationen und Kompositionen in Beziehung stehen. Bei den konkreten Objekten ist es einfacher – sie stehen durch einen **Link** in Beziehung. Dieser Link entspricht im Prinzip der Assoziation bei Klassen mit einer Einschränkung der Multiplizitäten – es gibt immer nur eine implizite 1:1-Multiplizität.

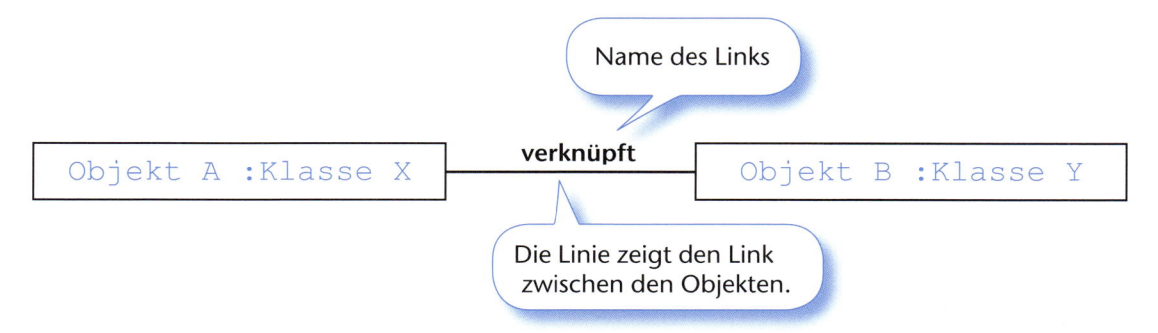

```
                        ( Name des Links )
                              
  Objekt A :Klasse X ──verknüpft── Objekt B :Klasse Y
                              
                    ( Die Linie zeigt den Link
                      zwischen den Objekten. )
```

Leserichtung eines Links

Um einen Link näher zu spezifizieren, kann eine Leserichtung (durch einen Richtungspfeil) hinzugefügt werden.

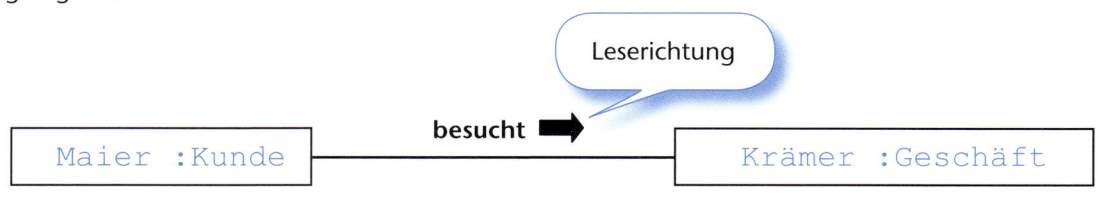

```
                        ( Leserichtung )
                              
  Maier :Kunde ──besucht ➡── Krämer :Geschäft
```

Rollen eines Links

Die Assoziationen bei Klassen können durch sogenannte Rollennamen spezifiziert werden. Eine Klasse kann je nach Assoziation eine andere Rolle spielen. Das Objekt kann natürlich nur eine Rolle spielen. Das folgende Beispiel zeigt ein Klassendiagramm, in dem die Personen-Klasse verschiedene Rollen spielt. Das Objektdiagramm zeigt dann unterschiedliche Objekte mit ihren Rollen.

Beispiel:

Ein Klassendiagramm mit verschiedenen Rollen

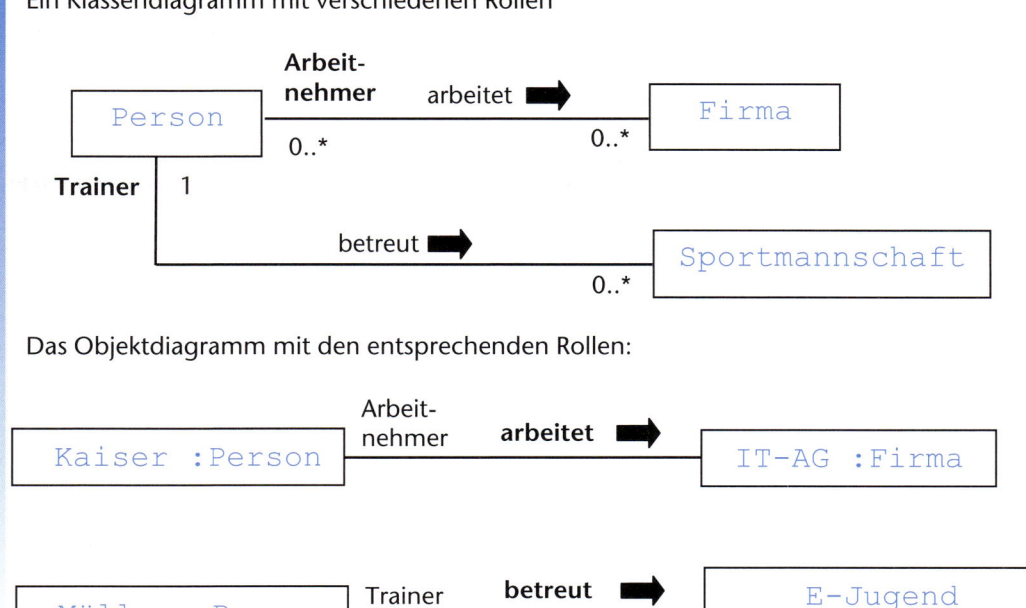

```
              Arbeit-
              nehmer    arbeitet ➡
     Person ─────────────────────── Firma
              0..*              0..*
  Trainer │ 1
          │         betreut ➡
          └─────────────────────── Sportmannschaft
                              0..*
```

Das Objektdiagramm mit den entsprechenden Rollen:

```
                  Arbeit-
                  nehmer    arbeitet ➡
  Kaiser :Person ─────────────────── IT-AG :Firma


                              betreut ➡      E-Jugend
  Müller :Person ──Trainer────────── :Sportmannschaft
```

Navigierbarkeit

Mit Navigierbarkeit ist die Kenntnis des anderen Objektes gemeint. Man spricht dann von einem **gerichteten Link**. Die Navigierbarkeit (Kenntnis) wird durch einen Pfeil am Ende der Linklinie ausgedrückt.

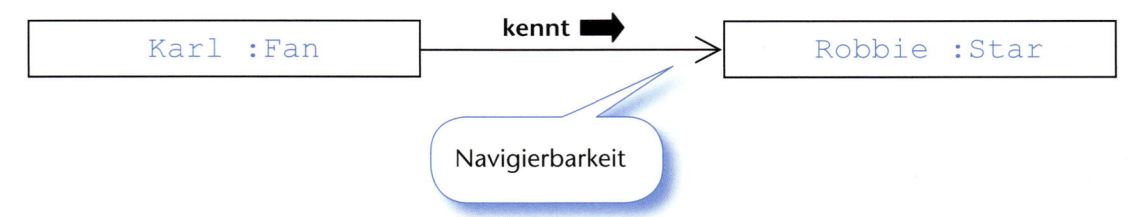

```
┌──────────────┐      kennt ▶      ┌──────────────┐
│  Karl :Fan   │──────────────────▶│ Robbie :Star │
└──────────────┘                   └──────────────┘
                    Navigierbarkeit
```

Der Fan kennt seinen Star, aber der Star kennt seinen Fan in der Regel nicht. Man spricht in diesem Fall von einer **unidirektionalen Navigierbarkeit**.

```
┌──────────────┐      kennt ▶      ┌──────────────┐
│ Klaus :Kind  │◀─────────────────▶│ Peter :Vater │
└──────────────┘                   └──────────────┘
```

Ein Kind kennt seinen Vater, der natürlich auch sein Kind kennt. Man spricht in diesem Fall von einer **bidirektionalen Navigierbarkeit**.

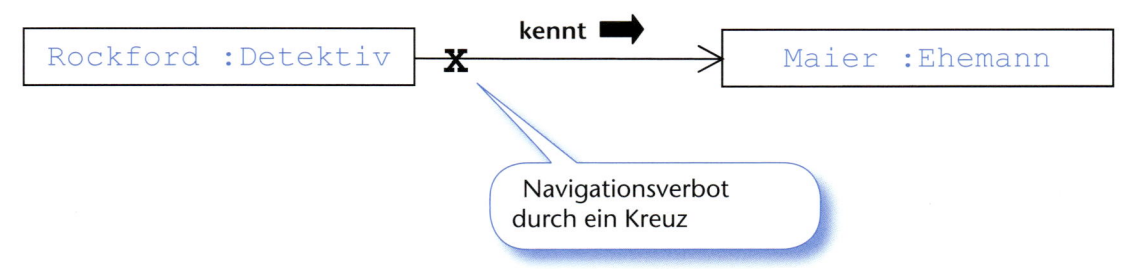

```
┌────────────────────┐      kennt ▶      ┌────────────────┐
│ Rockford :Detektiv │──X───────────────▶│ Maier :Ehemann │
└────────────────────┘                   └────────────────┘
              Navigationsverbot
              durch ein Kreuz
```

Der Detektiv kennt den Ehemann, den er im Auftrag seiner Frau beschatten soll. Der Ehemann darf aber den Detektiv nicht kennen (**Navigationsverbot**).

> **Hinweis:**
>
> Wird weder eine Navigierbarkeit noch ein Verbot angegeben, so wird von einer **bidirektionalen** Navigierbarkeit ausgegangen. Beide Objekte kennen sich dann.

4.3 Umsetzung eines Objektdiagramms

Es soll nun beispielhaft ein Objektdiagramm in C++ und C# umgesetzt werden. Als Ausgangsbasis dient dazu das folgende Klassendiagramm: Kunden können beliebig viele Aufträge erteilen, aber ein Auftrag gehört immer zu genau einem Kunden. Die 1-Multiplizität bei der Kunden-Seite sagt zusätzlich aus, dass bei der Instanzierung eines Auftrags immer ein Verweis auf den entsprechenden Kunden stattfinden muss. Ähnlich ist es bei den Mitarbeitern. Sobald ein Kunde angelegt wird, muss ein Verweis auf einen betreuenden Mitarbeiter stattfinden.

4 Das Objektdiagramm

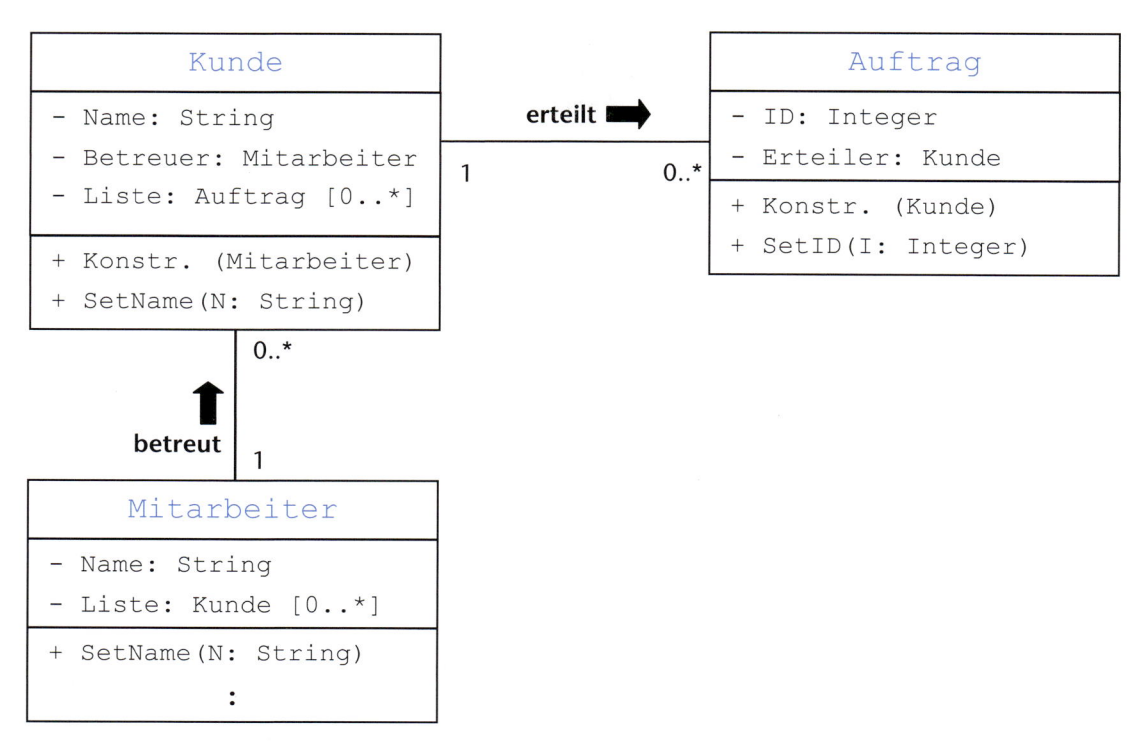

```
┌─────────────────────────────────┐                    ┌─────────────────────────────────┐
│           Kunde                 │                    │          Auftrag                │
├─────────────────────────────────┤    erteilt ▶       ├─────────────────────────────────┤
│ - Name: String                  │                    │ - ID: Integer                   │
│ - Betreuer: Mitarbeiter         │   1        0..*    │ - Erteiler: Kunde               │
│ - Liste: Auftrag [0..*]         │                    ├─────────────────────────────────┤
├─────────────────────────────────┤                    │ + Konstr. (Kunde)               │
│ + Konstr. (Mitarbeiter)         │                    │ + SetID(I: Integer)             │
│ + SetName(N: String)            │                    └─────────────────────────────────┘
└─────────────────────────────────┘
              ▲  0..*
              │
         betreut │ 1
┌─────────────────────────────────┐
│         Mitarbeiter             │
├─────────────────────────────────┤
│ - Name: String                  │
│ - Liste: Kunde [0..*]           │
├─────────────────────────────────┤
│ + SetName(N: String)            │
│              :                  │
└─────────────────────────────────┘
```

Ein mögliches Objektdiagramm könnte dazu so aussehen:

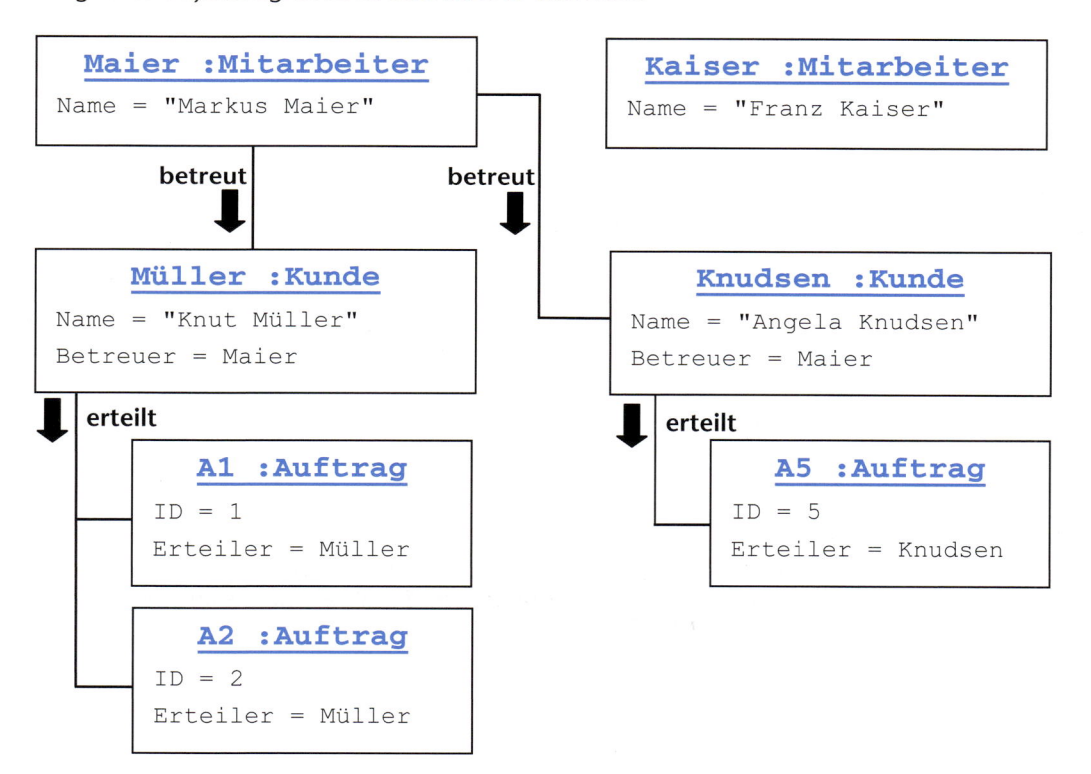

```
┌─────────────────────────────┐              ┌─────────────────────────────┐
│    Maier :Mitarbeiter       │              │   Kaiser :Mitarbeiter       │
├─────────────────────────────┤              ├─────────────────────────────┤
│ Name = "Markus Maier"       │              │ Name = "Franz Kaiser"       │
└─────────────────────────────┘              └─────────────────────────────┘
         │ betreut          │ betreut
         ▼                  ▼
┌─────────────────────────────┐              ┌─────────────────────────────┐
│     Müller :Kunde           │              │    Knudsen :Kunde           │
├─────────────────────────────┤              ├─────────────────────────────┤
│ Name = "Knut Müller"        │              │ Name = "Angela Knudsen"     │
│ Betreuer = Maier            │              │ Betreuer = Maier            │
└─────────────────────────────┘              └─────────────────────────────┘
      │ erteilt                                     │ erteilt
      ▼                                             ▼
    ┌─────────────────────────┐                   ┌─────────────────────────┐
    │      A1 :Auftrag        │                   │      A5 :Auftrag        │
    ├─────────────────────────┤                   ├─────────────────────────┤
    │ ID = 1                  │                   │ ID = 5                  │
    │ Erteiler = Müller       │                   │ Erteiler = Knudsen      │
    └─────────────────────────┘                   └─────────────────────────┘
    ┌─────────────────────────┐
    │      A2 :Auftrag        │
    ├─────────────────────────┤
    │ ID = 2                  │
    │ Erteiler = Müller       │
    └─────────────────────────┘
```

4.3.1 Umsetzungen eines Beispiels in C++ und C#

Die folgenden Umsetzungen konzentrieren sich darauf, das Objektdiagramm als einen Schnappschuss des Systems darzustellen. Die benötigten Klassen werden deshalb als implementiert vorausgesetzt (entsprechende Implementierungsbeispiele dazu sind in Kapitel 3 zu finden). Es findet nur die Darstellung einer Hauptfunktion bzw. Hauptmethode statt.

Hauptfunktion in C++

```cpp
#include <iostream>
using namespace std;

int main()
{
    CMitarbeiter Kaiser;
    Kaiser.SetName("Franz Kaiser");

    CMitarbeiter Maier;
    Maier.SetName("Markus Maier");

    CKunde Mueller( &Maier );
    Mueller.SetName("Knut Müller");
    Maier.Add( &Mueller );


    CKunde Knudsen( &Maier );
    Knudsen.SetName("Angela Knudsen");
    Maier.Add( &Knudsen );

    CAuftrag A1(&Mueller);
    A1.SetID(1);
    Mueller.Add( &A1 );


    CAuftrag A2(&Mueller);
    A2.SetID(2);
    Mueller.Add( &A1 );


    CAuftrag A5(&Knudsen);
    A5.SetID(5);
    Knudsen.Add( &A5 );

    return 0;
}
```

- Der Mitarbeiter `Kaiser` wird angelegt. Er hat aktuell keinen Kunden zu betreuen.
- Der Mitarbeiter `Maier` wird angelegt. Er hat aktuell keinen Kunden zu betreuen.
- Der Kunde `Mueller` wird angelegt. Er bekommt einen Betreuer (`Maier`) zugewiesen. Das geschieht über die Übergabe der Adresse von Objekt `Maier` an den Parameterkonstruktor von Kunde `Mueller`.
- Der Kunde `Müller` wird in die Liste von Betreuer `Maier` *eingetragen*.
- Analog zu `Mueller`
- Der Auftrag `A1` wird angelegt. Er bekommt einen Kunden (`Mueller`) zugewiesen. Das geschieht über die Übergabe der Adresse von Objekt `Mueller` an den Parameterkonstruktor von Auftrag `A1`.
- Der Auftrag `A1` wird in die Liste von Kunde `Mueller` *eingetragen*.
- Analog zu `A1`
- Analog zu `A1`

Hauptmethode in C#

```csharp
class Program
{

    static void Main(string[] args)
    {
        CMitarbeiter Kaiser = new CMitarbeiter();
        Kaiser.SetName("Franz Kaiser");



        CMitarbeiter Maier = new CMitarbeiter();
        Maier.SetName("Markus Maier");


        CKunde Mueller = new CKunde( Maier );
        Mueller.SetName("Knut Müller");
        Maier.Add( Mueller );




        CKunde Knudsen = new CKunde( Maier );
        Knudsen.SetName("Angela Knudsen");
        Maier.Add( Knudsen );



        CAuftrag A1 = new CAuftrag( Mueller );
        A1.SetID(1);
        Mueller.Add( A1 );




        CAuftrag A2 = new CAuftrag( Mueller );
        A2.SetID(2);
        Mueller.Add( A1 );



        CAuftrag A5 = new CAuftrag( Knudsen );
        A5.SetID(5);
        Knudsen.Add( A5 );
    }

}
```

- Der Mitarbeiter `Kaiser` wird angelegt. Er hat keinen Kunden zu betreuen.
- Der Mitarbeiter `Maier` wird angelegt. Er hat noch keinen Kunden zu betreuen.
- Der Kunde `Mueller` wird angelegt. Er bekommt einen Betreuer (`Maier`) zugewiesen. Das geschieht über die Übergabe des Verweises von Objekt `Maier` an den Parameterkonstruktor von Kunde `Mueller`.
- Der Kunde `Müller` wird in die Liste von Betreuer `Maier` *eingetragen*.
- Analog zu `Mueller`
- Der Auftrag `A1` wird angelegt. Er bekommt einen Kunden (`Mueller`) zugewiesen. Das geschieht über die Übergabe des Verweises von Objekt `Mueller` an den Parameterkonstruktor von Auftrag `A1`.
- Der Auftrag `A1` wird in die Liste von Kunde `Mueller` *eingetragen*.
- Analog zu `A1`
- Analog zu `A1`, nur mit Kunde `Knudsen`.

5 Das Sequenzdiagramm

Mit Sequenzdiagrammen wird die Kommunikation zwischen Objekten eines Softwaresystems dargestellt. Diese Kommunikation besteht in der Regel aus Nachrichten, die ein Objekt an ein anderes sendet. Sequenzdiagramme werden auch schon in der frühen Planungsphase eines Softwaresystems eingesetzt, um beispielsweise die Kommunikation eines Benutzers mit einer Benutzeroberfläche darzustellen. Ebenso können Sequenzdiagramme als zusätzliche Beschreibungen zu Anwendungsfällen und Klassendiagrammen dienen. Die Beschreibung eines Softwaresystems mit UML-Diagrammen ist deshalb auch ein Zusammenspiel der verschiedenen Diagrammtypen, welche sich gegenseitig ergänzen. Das statische Klassendiagramm ist eine hervorragende Basis für die Umsetzung in eine Programmiersprache, bietet jedoch wenig Informationen über dynamische Abläufe zwischen den Klassen bzw. Objekten. Diese Lücke kann das Sequenzdiagramm schließen.

5.1 Allgemeine Darstellung

5.1.1 Der Interaktionsrahmen

Ein Sequenzdiagramm wird in der Regel innerhalb eines Interaktionsrahmen gezeichnet. Es bekommt einen eindeutigen Namen. Der Vorteil eines Interaktionsrahmens ist die Weiterverwendung in einem anderen Sequenzdiagramm, in welchem der Interaktionsrahmen einfach eingebettet wird (ähnlich dem Aufruf eines Unterprogramms oder Moduls).

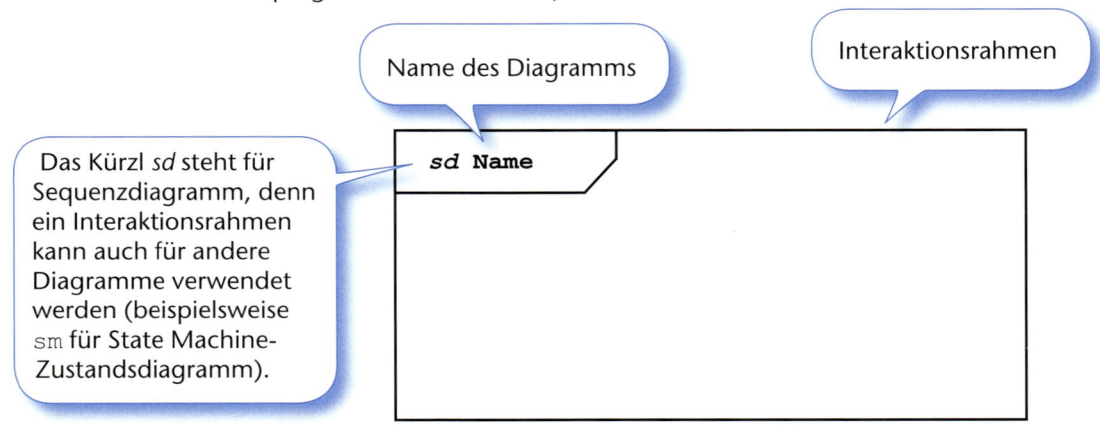

- Name des Diagramms
- Interaktionsrahmen
- Das Kürzl *sd* steht für Sequenzdiagramm, denn ein Interaktionsrahmen kann auch für andere Diagramme verwendet werden (beispielsweise `sm` für State Machine-Zustandsdiagramm).

`sd Name`

5.1.2 Lebenslinien

In einem Sequenzdiagramm werden Objekte, deren Lebenszeit und die Kommunikation untereinander in einem zeitlichen Ablauf betrachtet. Jedes Objekt hat dementsprechend eine Lebenslinie, welche durch eine gestrichelte Linie dargestellt wird. Die verschiedenen Objekte sind nebeneinander angeordnet. Wie im Anwendungsfalldiagramm werden Personen als Strichmännchen und Systeme (bzw. Objekte von Klassen) als Rechtecke dargestellt. Der Typ des Objektes (in der Regel die Klasse) wird unter der Objektbezeichnung mit einem vorangestellten Doppelpunkt angegeben. Die Gültigkeit (Lebenszeit) eines Objektes endet mit dem Stoppzeichen (einem Kreuz) am Ende der Lebenslinie.

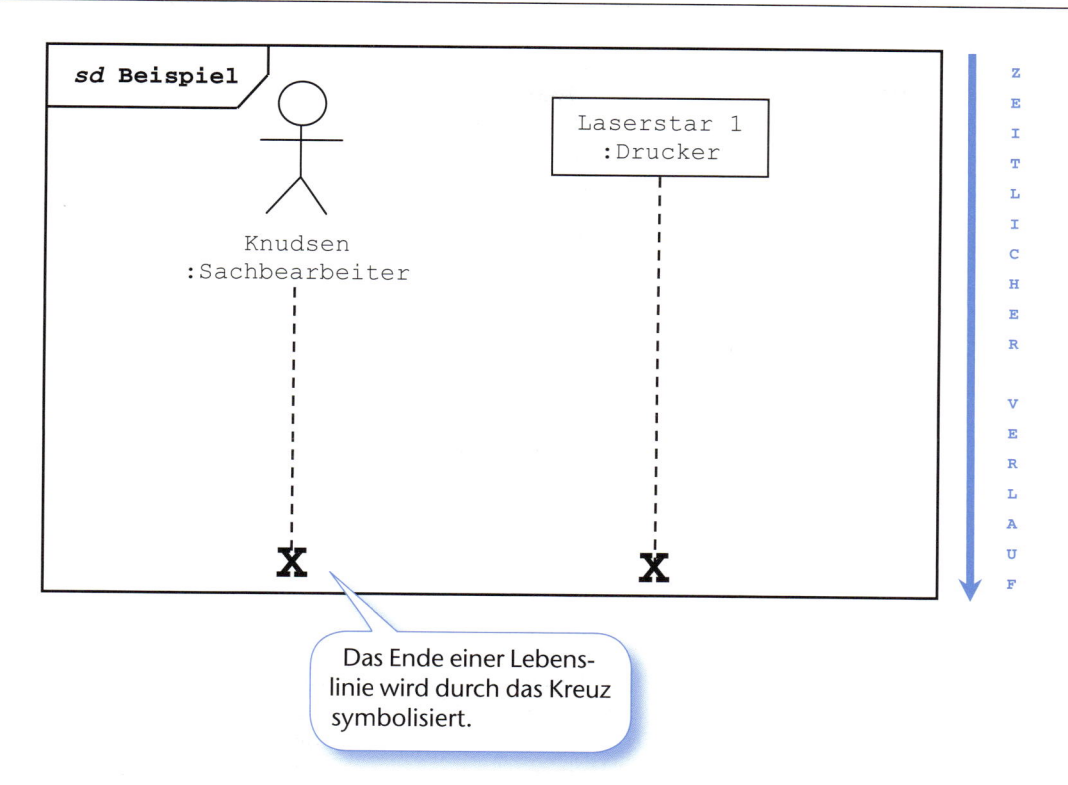

Das Ende einer Lebenslinie wird durch das Kreuz symbolisiert.

5.1.3 Aktivitäten

Ein Objekt hat Gültigkeit, solange seine Lebenslinie nicht durch das Stoppzeichen (Kreuz) beendet wird. Wenn das Objekt allerdings Aktivitäten durchführt, dann ist das durch sogenannte Aktivitätsbalken kenntlich zu machen. Die restliche Zeit (nur gestrichelte Linie) ist sogenannte passive Zeit.

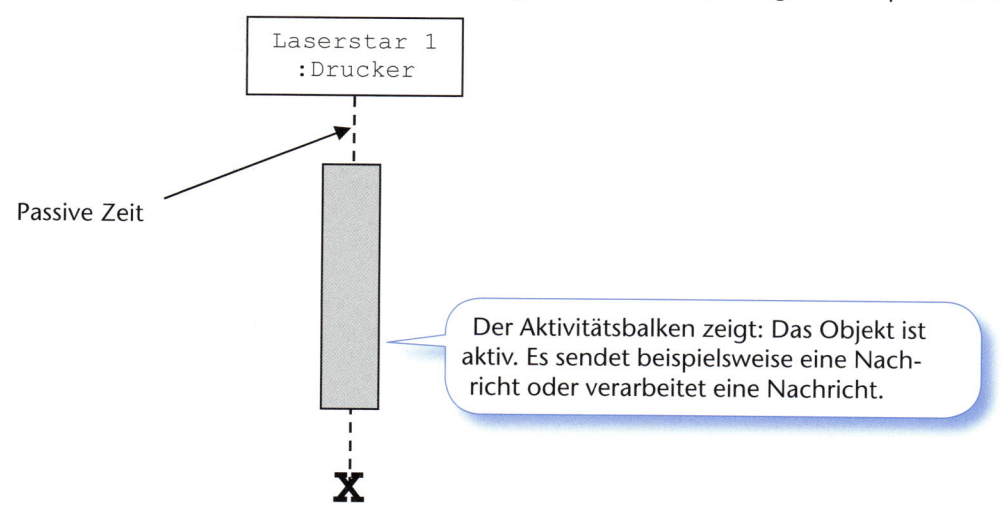

Der Aktivitätsbalken zeigt: Das Objekt ist aktiv. Es sendet beispielsweise eine Nachricht oder verarbeitet eine Nachricht.

5.1.4 Nachrichten

Die Kommunikation zwischen den Objekten geschieht durch Nachrichten. Die Nachricht hat dabei eine Richtung. Das bedeutet, dass es eindeutig ist, von welchem Objekt eine Nachricht gesendet wird und wer der Empfänger der Nachricht ist. Man unterscheidet die Nachrichten weiterhin in **synchrone** und **asynchrone** Nachrichten. Bei den synchronen Nachrichten wartet der Sender auf eine Antwort, bevor er in seinen Aktionen fortfährt. Bei der asynchronen Nachricht wartet der Sender nicht auf die Antwort, sondern führt seine Aktivitäten weiter durch. Ein Objekt kann auch eine Nachricht an sich selbst senden (im Prinzip der Aufruf einer eigenen Methode).

Synchrone Nachrichten

Die synchrone Nachricht wird durch eine Linie mit einer geschlossenen Pfeilspitze symbolisiert.

In dem folgenden Sequenzdiagramm sendet der Sachbearbeiter die Nachricht „Drucken" an den Laserdrucker. Der Drucker antwortet mit der Meldung „Druck beendet". Bis zu dieser Rückmeldung muss der Sachbearbeiter warten und kann keine weiteren Aktionen durchführen. Die Rückmeldung wird durch eine gestrichelte Linie mit einer geschlossenen Pfeilspitze symbolisiert. Im Anschluss sendet der Drucker sich selbst die Nachricht, in den „Stand by"-Modus zu wechseln.

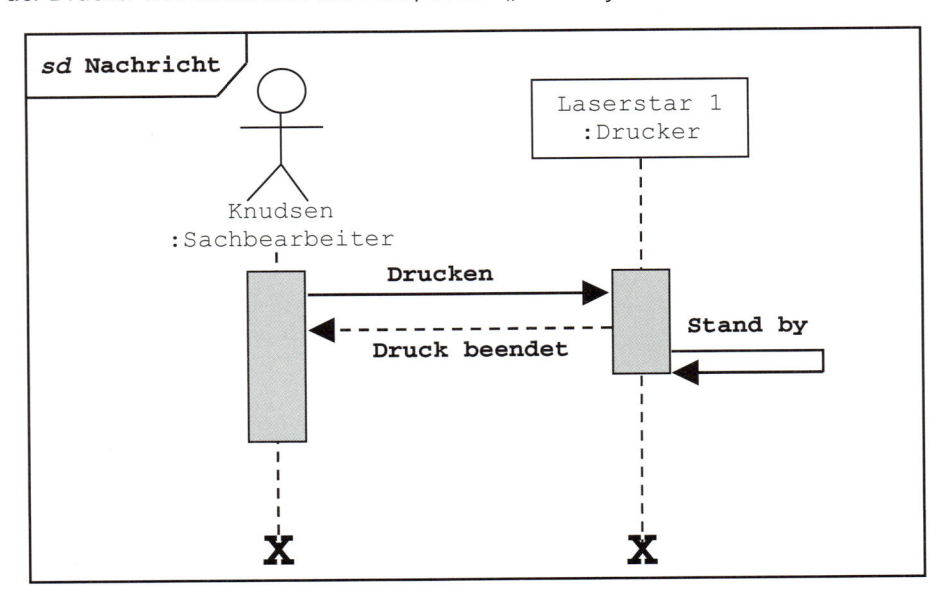

Hinweis:

Nachrichten können weiter spezifiziert werden, indem Übergabeparameter angegeben werden. Auch die Antworten können Rückgabewerte enthalten. Beispielsweise sollen die Seiten 1..10 gedruckt werden. Bei erfolgreichem Druck wird „`true`" zurückgegeben, ansonsten „`false`".

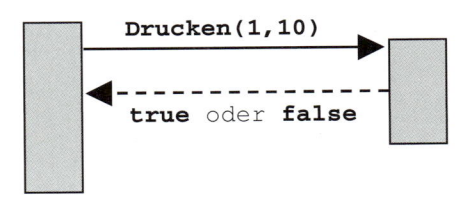

Asynchrone Nachrichten

Die asynchrone Nachricht wird durch eine Linie mit einer offenen Pfeilspitze symbolisiert. Der Sender der Nachricht wartet nicht auf eine Antwort, sondern führt seine Aktionen weiter durch.

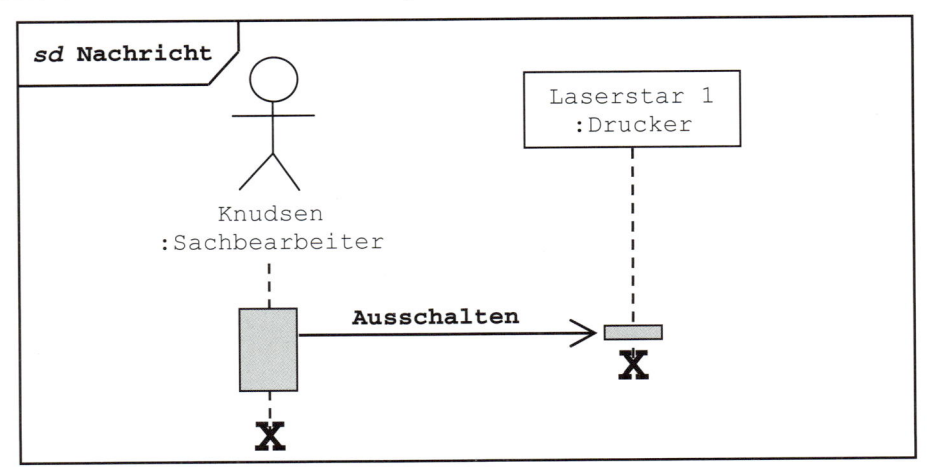

5.2 Fragmente

Innerhalb des Sequenzdiagramms können durch sogenannte Fragmente die Interaktionen zwischen den Akteuren (Objekten) zusätzlich mit Bedingungen oder Optionen versehen werden. Dazu wird ein Teil des Diagramms mit einem Interaktionsrahmen und mit einem Namen versehen. Im Folgenden werden die wichtigsten Fragmente vorgestellt.

5.2.1 Alternativen

Die Alternative bietet zwei Möglichkeiten, die an eine bestimmte Bedingung geknüpft sind. Je nach Zutreffen der Bedingung wird die eine oder die andere Möglichkeit ausgeführt. Die Bedingung wird dabei in eckigen Klammern formuliert. In der Programmierung ist die Alternative mit der zweiseitigen Selektion (`if-else`-Logik) vergleichbar. Die beiden Alternativen werden innerhalb des Interaktionsrahmens durch eine gestrichelte Linie getrennt. In dem folgenden Beispiel wird geprüft, ob das Ergebnis eines Druckauftrags in Ordnung war. Falls ja, so wird die Nachricht „Ausschalten" an den Drucker gesendet. Falls nein, so wird der Auftrag wiederholt.

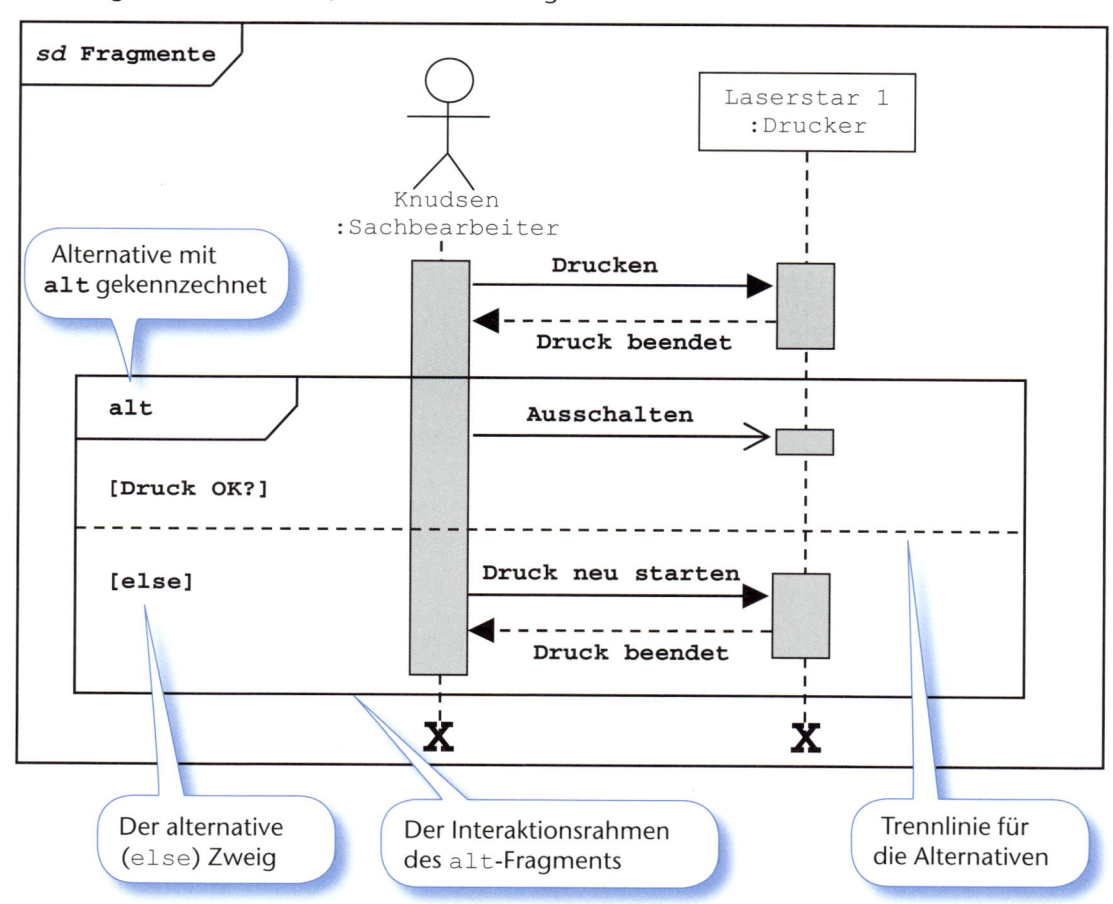

> **Hinweis:**
>
> In manchen Fällen ist der `else`-Zweig der Alternative nicht erforderlich. Es soll nur eine Bedingung geprüft werden und entweder kommt es zur Ausführung oder nicht. Ein solches Fragment nennt sich **Option** (gekennzeichnet mit `opt`).

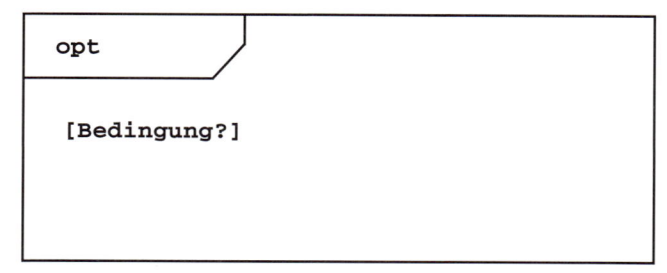

5.2.2 Parallele Ausführung

Die Aktionen (Nachrichten senden) in einem Sequenzdiagramm laufen in der zeitlich festgelegten Reihenfolge hintereinander ab. In manchen Fällen ist es allerdings nicht wichtig, ob eine Nachricht vor einer anderen gesendet wird. Die Nachrichten können parallel (oder in beliebiger Reihenfolge) gesendet werden. In einem Sequenzdiagramm dient das Fragment **par** (für parallel) dazu, diese Prozesse darzustellen. In dem folgenden Beispiel sendet der Sachbearbeiter einen Druckauftrag und parallel dazu soll eine Lieferung vorbereitet werden.

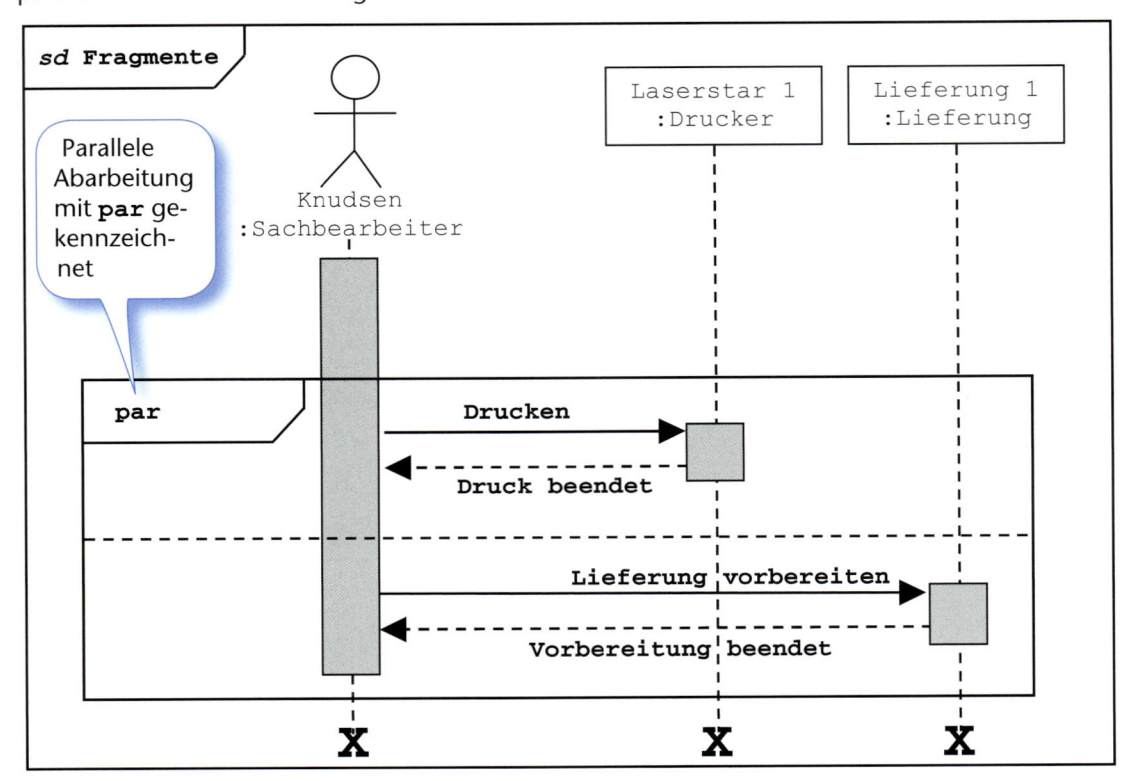

*Parallele Abarbeitung mit **par** gekennzeichnet*

Hinweis:

Das Senden der Nachricht „Drucken" bzw. „Lieferung vorbereiten" kann in beliebiger Reihenfolge oder auch parallel stattfinden. Allerdings muss die Reihenfolge innerhalb der Fragmentabschnitte eingehalten werden. Die Antwort „Druck beendet" muss natürlich nach der Nachricht „Drucken" erfolgen.

5.2.3 Schleifen

In manchen Fällen ist es sinnvoll, Abschnitte zu wiederholen (in der Programmierung durch Schleifen umgesetzt). Dazu dient das Fragment `loop` (Schleife). Dieses Fragment kann entweder eine bestimmte festgelegte Anzahl von Wiederholungen durchführen oder so lange wiederholen, bis eine Bedingung nicht mehr erfüllt ist.

Beispiele:

- `loop (*)`   Beliebig viele Wiederholungen
- `loop (10)`   Genau zehn Wiederholungen
- `loop (1 , 5)`   Mindestens eine und maximal fünf Wiederholungen
- `loop ( Bedingung )`   Solange die Bedingung wahr ist, wird wiederholt.

In dem folgenden Sequenzdiagramm wird der Druckauftrag so lange gesendet, bis das Ergebnis des Drucks zufriedenstellend ist.

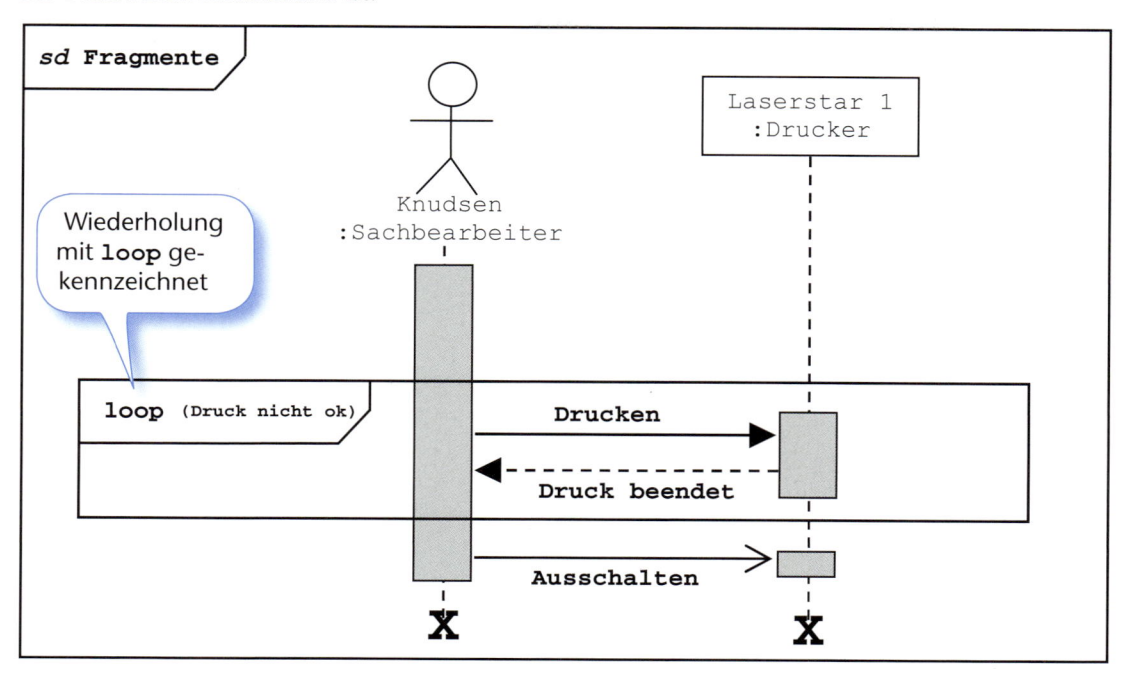

Wiederholung mit `loop` gekennzeichnet

5.2.4 Weitere Fragmente
Die folgende Tabelle zeigt weitere Fragmente und deren Verwendung.

Bezeichnung	Schlüsselwort	Beschreibung
Zusicherung	`assert`	Alle Nachrichten in einem `assert`-Fragment müssen unbedingt in der angegebenen Reihenfolge ablaufen.
Abbruchfragment	`break`	Dieses Fragment kann innerhalb eines anderen Fragments eingesetzt werden, um einen Abbruch zu erreichen (beispielsweise eine Schleife abbrechen).
Kritischer Bereich	`critical`	Alle Nachrichten in einem kritischen Bereich dürfen auf keinen Fall unterbrochen werden.

5.3 Umsetzung eines Sequenzdiagramms

Als Beispiel eines Sequenzdiagramms soll das oben beschriebene Diagramm mit dem `loop`-Fragment dienen. In der Umsetzung werden dazu die Klassen `CSachbearbeiter` und `CDrucker` implementiert. Der Sachbearbeiter kennt dabei den Drucker (unidirektionale Assoziation), sonst könnten keine Nachrichten gesendet werden. Das Ergebnis des Drucks wird hier der Einfachheit halber mit einem Zufallsgenerator simuliert. Der Druck ist dann zufriedenstellend, wenn bestimmte Zufallszahlen generiert werden (Simulation einer Wahrscheinlichkeit von 80 %, dass der Druck zufriedenstellend ist).

5.3.1 Umsetzung eines Sequenzdiagramms in C++

```cpp
#include <iostream>
#include <ctime>
using namespace std;
class CDrucker
{
    private:
        bool ein;
```

Simuliert den Einschaltzustand des Druckers

```cpp
public:
    CDrucker();
    bool Drucken();
    void Ausschalten();
};

CDrucker::CDrucker()
{
    ein = true;         // Drucker ist eingeschaltet.
}

bool CDrucker::Drucken()
{
    int wahrscheinlichkeit = 0;
    cout << "Drucken...." << endl;
    // Die Methode simuliert eine 80 %-Wahrscheinlichkeit, dass der Druck zufriedenstellend ist.
    wahrscheinlichkeit = rand( ) % 1000 + 1;

    if ( wahrscheinlichkeit > 200) return true;
    return false;       // Die Methode antwortet mit der Nachricht true oder false.
}

void CDrucker::Ausschalten()
{
    ein = false;        // Drucker ist ausgeschaltet.
}

class CSachbearbeiter
{
private:
    CDrucker * pDrucker;   // Umsetzung der unidirektionalen Assoziation
public:
    CSachbearbeiter();
    void SetpDrucker(CDrucker *);
    void StarteDruck();
    void DruckerAusschalten();
};

CSachbearbeiter::CSachbearbeiter()
{
    pDrucker = NULL;    // Noch kein Drucker bekannt
}

void CSachbearbeiter::SetpDrucker(CDrucker * pD)
{
    pDrucker = pD;      // Jetzt ist der Drucker bekannt.
}
```

```cpp
void CSachbearbeiter::StarteDruck()
{
   bool ok = false;
   int anzahl = 1;

   while (ok ==false)
   {
      cout << "Druckvorgang: " << anzahl++ << endl;

      ok = pDrucker->Drucken();     // Hier wird die Nachricht „Drucken"
                                    // gesendet. Die Antwort des Druckers
                                    // wird in der Variablen ok gespeichert.
                                    // Die Nachrichten laufen synchron.


      if(!ok) cout << "Fehlerhafter Druck!" << endl;
   }

   cout << endl;
   cout << "Drucken beendet!" << endl << endl;
}

void CSachbearbeiter::DruckerAusschalten()
{
   pDrucker->Ausschalten();         // Senden der asynchronen
                                    // Nachricht „Ausschalten"
}

int main()
{
   // initialisiert den Zufallsgenerator
   srand( (unsigned) time( NULL ) );

   CDrucker LaserStar1;             // Drucker und Sach-
   CSachbearbeiter Knudsen;         // bearbeiter anlegen

   Knudsen.SetpDrucker(&LaserStar1); // Umsetzung
                                     // der Assoziation

   Knudsen.StarteDruck();            // Initiierung des
                                     // Druckvorgangs

   Knudsen.DruckerAusschalten();     // Initiierung des
   return 0;                         // Ausschaltens
}
```

Nach dem Starten könnte die Bildschirmausgabe so aussehen:

```
C:\Windows\system32\cmd.exe
Druckvorgang: 1
Drucken....

Drucken beendet!

Drücken Sie eine beliebige Taste . . .
```

oder auch so (ein fehlerhafter Druckversuch):

```
C:\Windows\system32\cmd.exe
Druckvorgang: 1
Drucken....
Fehlerhafter Druck!
Druckvorgang: 2
Drucken....

Drucken beendet!

Drücken Sie eine beliebige Taste . . .
```

5.3.2 Umsetzung des Sequenzdiagramms in C#

```csharp
using System;
namespace UML_IT_BERUFE
{
    class CDrucker
    {
        private bool ein = true;   // Simuliert den Einschaltzustand des Druckers
        public CDrucker() { }
        public bool Drucken()
        {
            int wahrscheinlichkeit = 0;   // Die Methode simuliert eine 80 %-Wahrscheinlichkeit, dass der Druck zufriedenstellend ist.
            Random r = new Random();

            Console.WriteLine("Drucken....");
            wahrscheinlichkeit = r.Next(1, 1000);
            if (wahrscheinlichkeit > 200) return true;

            return false;   // Die Methode antwortet mit der Nachricht true oder false.
        }
        public void Ausschalten()
        {
            ein = false;   // Drucker ist ausgeschaltet.
        }
    }
}
```

```csharp
class CSachbearbeiter
{
    private CDrucker vDrucker = null;      // Umsetzung der unidirek-
                                           // tionalen Assoziation
    public CSachbearbeiter() { }
    public void SetvDrucker(CDrucker vD)
    {
        vDrucker = vD;                     // Jetzt ist der Drucker
                                           // bekannt.
    }
    public void StarteDruck()
    {
        bool ok = false;
        int anzahl = 1;

        while (ok == false)
        {
            Console.WriteLine("Druckvorgang: " + anzahl++); ;

            ok = vDrucker.Drucken();       // Hier wird die Nachricht „Drucken"
                                           // gesendet. Die Antwort des Druckers
                                           // wird in der Variablen ok gespeichert.
                                           // Die Nachrichten laufen synchron.

            if (!ok) Console.WriteLine("Fehlerhafter Druck!");
        }
        Console.WriteLine();
        Console.WriteLine("Drucken beendet!\n");
    }
    public void DruckerAusschalten()
    {
        vDrucker.Ausschalten();            // Senden der asynchronen
                                           // Nachricht „Ausschalten"
    }
}
class Program
{
    static void Main(string[] args)
    {                                      // Drucker und Sach-
                                           // bearbeiter anlegen
        CDrucker LaserStar1 = new CDrucker();
        CSachbearbeiter Knudsen = new CSachbearbeiter();
        Knudsen.SetvDrucker(LaserStar1);   // Umsetzung der
                                           // Assoziation

        Knudsen.StarteDruck();             // Initiierung des
                                           // Druckvorgangs

        Knudsen.DruckerAusschalten();      // Initiierung des
                                           // Ausschaltens
    }
}
```

6 Das Aktivitätsdiagramm

Mit Aktivitätsdiagrammen wird das Verhalten eines Softwaresystems dargestellt. Dabei geht es um Prozesse (oder auch Aktionen) und deren Reihenfolge (Ablauf). Das Aktivitätsdiagramm ähnelt deshalb auch einem **Programmablaufplan** (**PAP**), allerdings mit deutlich verfeinerten Darstellungsmöglichkeiten. Das Aktivitätsdiagramm kann in allen Phasen der Softwareentwicklung eingesetzt werden. Beispielsweise können in der Planungsphase die Geschäftsprozesse des zu entwickelnden Systems mit dem Aktivitätsdiagramm gut dargestellt werden. Das Aktivitätsdiagramm hat deshalb auch einige Gemeinsamkeiten mit den **ereignisgesteuerten Prozessketten** (**EPK**).

6.1 Allgemeine Darstellung

6.1.1 Die Aktion

Das zentrale Element des Aktivitätsdiagramms ist die Aktion. Eine Aktion ist eine Funktionalität des Systems, die atomar ist – also nicht weiter aufteilbar. Das kann die Berechnung eines Wertes oder der Aufruf einer Methode bzw. das Senden einer Nachricht sein. Die Aktion wird in ein Rechteck mit abgerundeten Ecken geschrieben.

Beispiele:

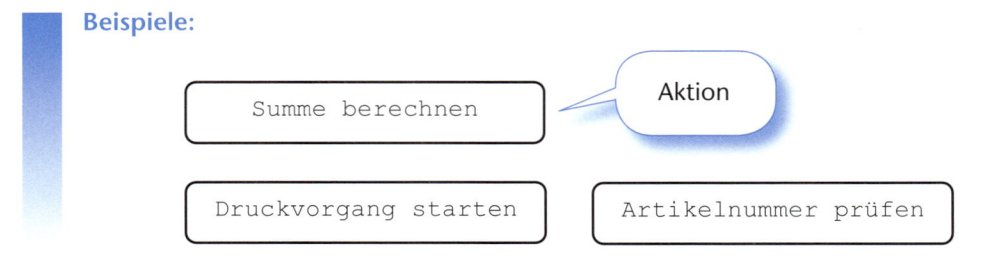

```
  Summe berechnen           Aktion

  Druckvorgang starten      Artikelnummer prüfen
```

6.1.2 Steuerungsfluss

Der Ablauf der einzelnen Aktionen wird durch den Steuerungsfluss gekennzeichnet. Damit wird klar vorgegeben, in welcher Reihenfolge Aktionen ausgeführt werden. Der Steuerungsfluss gilt auch für weitere Elemente wie Kontrollknoten und Objekte (siehe später). Der Fluss wird durch einen gerichteten Pfeil dargestellt.

Beispiel:

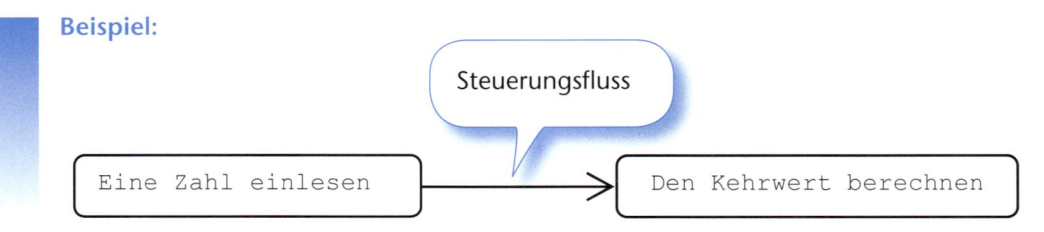

```
                        Steuerungsfluss
  Eine Zahl einlesen  ───────►  Den Kehrwert berechnen
```

6.1.3 Verzweigungen

In manchen Fällen ist es sinnvoll, dass nach einer **Aktion A** entweder die **Aktion B** oder die **Aktion C** ausgeführt wird. Der Steuerungsfluss verzweigt dann entweder in Richtung **Aktion B** oder in Richtung **Aktion C**. Die Verzweigung wird dazu mit Bedingungen (engl. *guards*) versehen, die den Fluss steuern. Die Verzweigung wird durch eine Raute gekennzeichnet (so wie im Programmablaufplan PAP). Ebenso kann die Raute aber auch genutzt werden, um die verzweigenden Flüsse wieder zu einem Steuerungsfluss zu vereinigen.

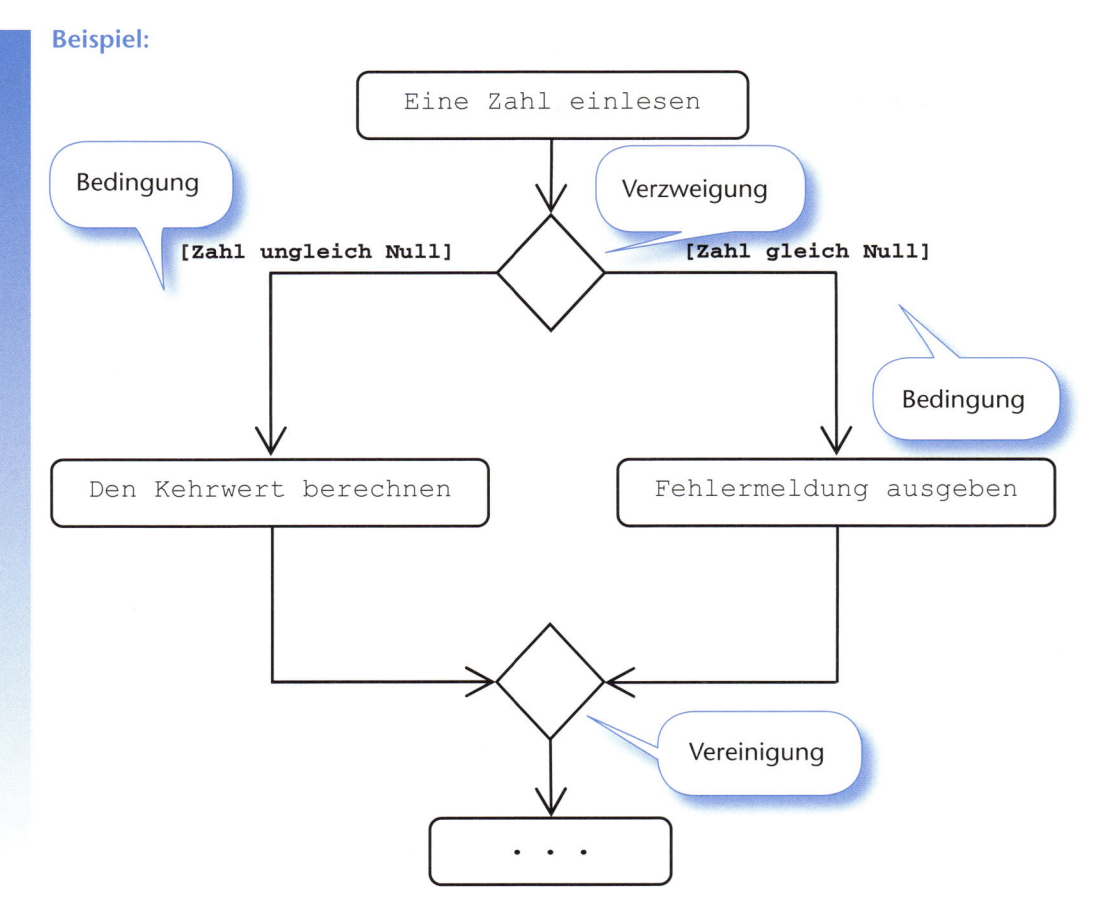

Beispiel:

```
                    Eine Zahl einlesen
                            │
                            ▼
    Bedingung          Verzweigung
    [Zahl ungleich Null]  ◇  [Zahl gleich Null]
         │                    │
         ▼                    ▼         Bedingung
  Den Kehrwert berechnen   Fehlermeldung ausgeben
         │                    │
         └────────►◇◄─────────┘
                   │      Vereinigung
                   ▼
                  ...
```

Hinweis:
Von einer Verzweigung können auch mehr als zwei Steuerungsflüsse ausgehen bzw. es können auch mehr als zwei Steuerungsflüsse vereinigt werden.

6.1.4 Aktivitäten

Eine Aktivität ist eine Einheit, die mehrere Aktionen und deren Steuerungsflüsse zusammenfasst. Die Aktivität hat einen eindeutigen Namen und wird durch ein Rechteck mit abgerundeten Ecken eingerahmt, beispielsweise die Summenberechnung zweier Zahlen:

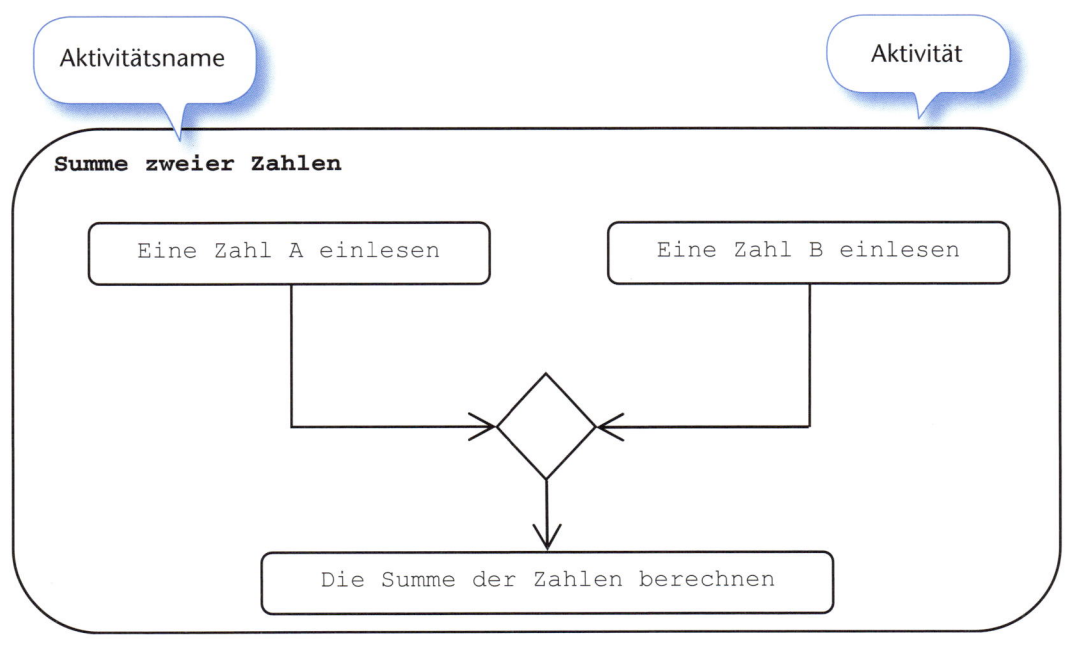

```
Aktivitätsname                          Aktivität
┌──────────────────────────────────────────────┐
│ Summe zweier Zahlen                          │
│                                              │
│  ┌──────────────────┐  ┌──────────────────┐  │
│  │Eine Zahl A einlesen│ │Eine Zahl B einlesen│  │
│  └──────────────────┘  └──────────────────┘  │
│           │                    │             │
│           └────────►◇◄─────────┘             │
│                     │                        │
│                     ▼                        │
│         ┌──────────────────────────┐         │
│         │Die Summe der Zahlen berechnen│     │
│         └──────────────────────────┘         │
└──────────────────────────────────────────────┘
```

Eine Aktivität kann (wie ein Unterprogramm) in einem anderen Aktivitätsdiagramm oder an einer anderen Stelle desselben Aktivitätsdiagramms aufgerufen werden. Dazu werden der Name der Aktivität und ein besonderes Symbol (**Gabel-Symbol**) angegeben.

Beispiel:

Die Aktivität „Summe zweier Zahlen" wird in einem anderen Aktivitätsdiagramm genutzt. Ein Benutzer drückt auf Buchstaben der Tastatur und wählt damit verschiedene Funktionalitäten.

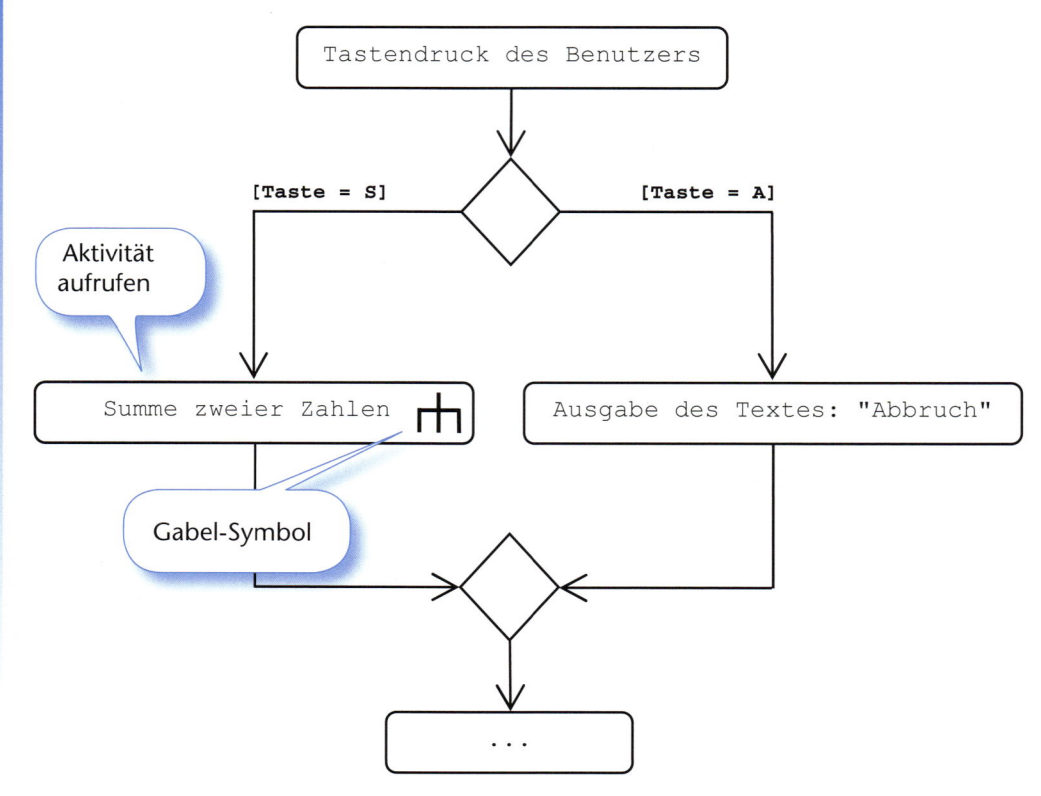

6.1.5 Start- und Endpunkte

Jede Aktivität hat mindestens einen Startpunkt und mindestens einen Endpunkt. Damit wird der Steuerungsfluss eindeutig festgelegt. In der Regel hat eine Aktivität bzw. ein Aktivitätsdiagramm einen Startpunkt und einen Endpunkt. Der Startpunkt wird durch einen ausgefüllten Kreis symbolisiert, der Endpunkt durch einen Kreis, in dem ein kleinerer ausgefüllter Kreis liegt. Wird der Endpunkt durch den Steuerungsfluss erreicht, so ist die Aktivität damit beendet.

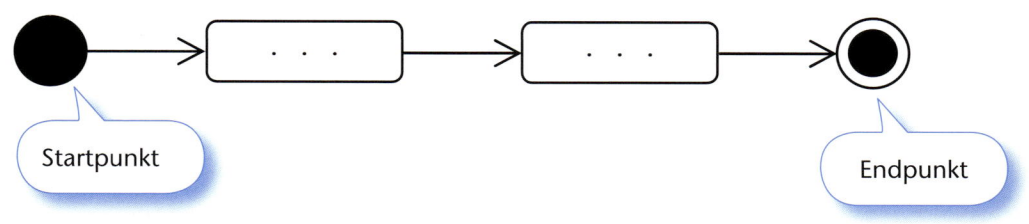

Steuerungsfluss-Endpunkt

Neben dem Endpunkt für die Aktivität gibt es auch noch einen Endpunkt für Steuerungsflüsse. Damit werden abzweigende Steuerungsflüsse beendet (aber nicht die Aktivität). Das Symbol für diesen Endpunkt ist ein Kreis mit einem einbeschriebenen Kreuz.

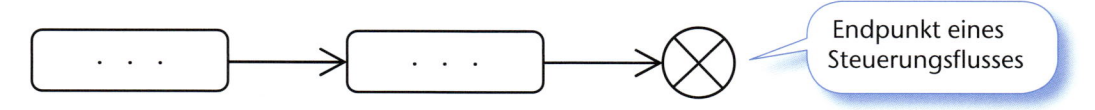

Beispiel:

Das folgende Beispiel zeigt die Verwendung von mehreren Start- und Endpunkten in einem Aktivitätsdiagramm. Dabei wird ein Bestellvorgang beschrieben, bei dem einem bestehenden oder neuen Kunden die bestellten Artikel geliefert werden. Wenn ein Artikel nicht vorrätig ist, dann wird er bestellt und der Kunde erhält einen Vermerk auf dem Lieferschein, dass der Artikel nachgesendet wird. Dieser Vorgang findet in einer eigenen Aktivität (Lieferung vorbereiten) statt. Der Steuerungsfluss endet in dieser Aktivität mit einem *Steuerungsfluss-Endpunkt*, wenn alle Artikel der Bestellung geprüft wurden. Danach übernimmt der Hauptsteuerungsfluss wieder die Kontrolle und endet nach der Versendung der Lieferung mit einem Aktivitäts-Endpunkt.

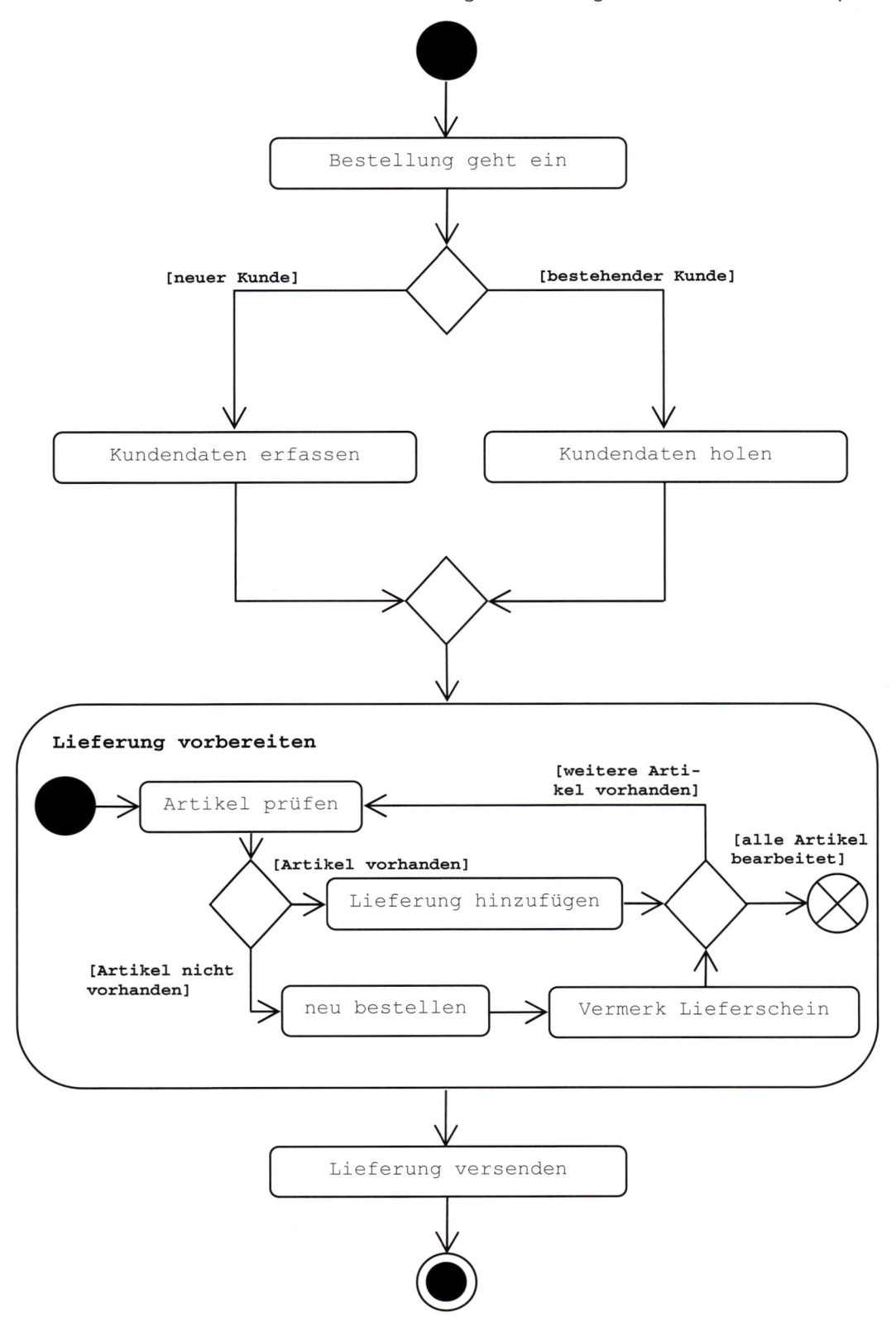

6.1.6 Verantwortungsbereiche

In einem Aktivitätsdiagramm kann es verschiedene Verantwortungsbereiche geben. In dem obigen Beispiel mit der Bestellung gibt es Sachbearbeiter, die die Kundendaten erfassen, und wiederum Arbeiter, die die Lieferung zusammenstellen. Die Mitarbeiter haben dabei verschiedene Verantwortungsbereiche. Das Diagramm wird dabei in vertikale Einheiten unterteilt, die diese Verantwortungsbereiche begrenzen. Die Einteilung erfolgt durch senkrechte Linien. Jeder Verantwortungsbereich erhält einen eindeutigen Namen. Neben einer vertikalen Einteilung kann zusätzlich eine horizontale Einteilung erfolgen, die weitere Verantwortungsbereiche kennzeichnet. Dabei überschneiden sich natürlich die einzelnen Verantwortungsbereiche. In dem folgenden Diagramm wird das Beispiel mit der Bestellung in verschiedene Verantwortungsbereiche eingeteilt.

6.1.7 Gabelungen und Vereinigungen

Der Steuerungsfluss kann durch Verzweigungen in verschiedene Richtungen gelenkt werden. Dabei wird allerdings durch die Bedingungen sichergestellt, dass der Fluss immer nur eine Richtung nimmt. Möchte man hingegen, dass der Fluss in mehrere Teilflüsse aufgeteilt wird, die dann auch parallel abgearbeitet werden, wird das in einem Aktivitätsdiagramm durch eine Gabelung ausgedrückt. Die Gabelung wird durch einen waagerechten Balken symbolisiert, von dem die weiteren Steuerungsflüsse parallel starten. Die parallelen Flüsse müssen auch wieder zusammenlaufen. Das geschieht mit einer Vereinigung, die ebenfalls durch einen waagerechten Balken symbolisiert wird. Das folgende Beispiel zeigt die Planung einer Besprechung, die organisiert werden muss.

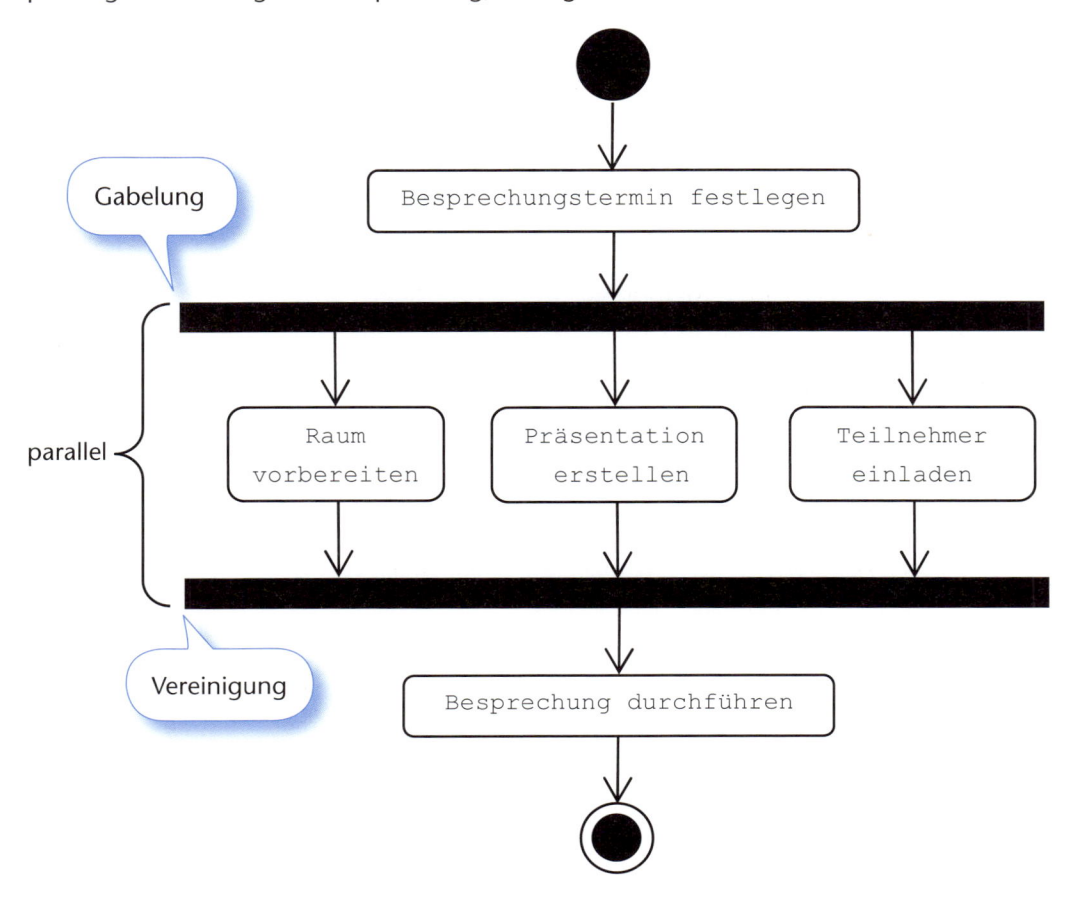

Hinweis:

Eine echte parallele Abarbeitung findet in einem Softwaresystem in der Regel nicht statt, es sei denn, dass die Prozesse auf verschiedenen Prozessoren laufen. Das parallele Abarbeiten kann auf einem einfachen Rechner mithilfe von *Threads* simuliert werden. In den einzelnen *Threads* werden dann die parallelen Steuerungsflüsse abgearbeitet.

6.2 Besondere Kommunikation

Der Steuerungsfluss lief bislang von einer Aktion (bzw. Aktivität) zu einer nächsten und wurde durch Verzweigungen oder Gabelungen entsprechend weitergeleitet. Der Steuerungsfluss kann aber noch weiter differenziert werden. Es können Objekte eingebunden und Signale versendet werden. Ebenso können Unterbrechungen den Steuerungsfluss kontrolliert abbrechen.

6.2.1 Objekte und Objektfluss

Zwischen zwei Aktionen (oder auch Aktivitäten) kann es zu einem Datenaustausch in Form eines Objektes kommen. Ein solches Objekt wird einfach in den Steuerungsfluss eingebettet. Es wird in einem Rechteck (ohne abgerundete Ecken) dargestellt.

6 Das Aktivitätsdiagramm

Beispiel:

Das Objekt `Zahl` wird in den Steuerungsfluss eingebunden:

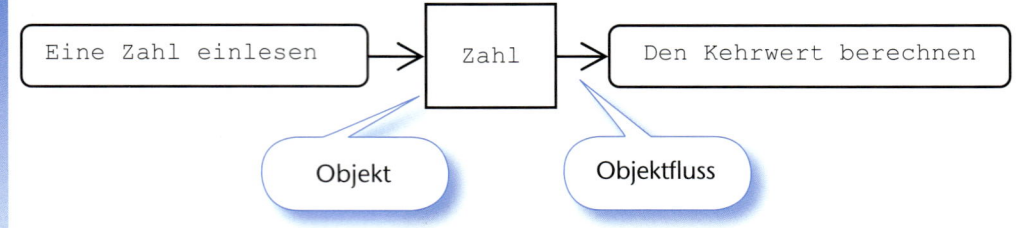

```
┌─────────────────────┐    ┌──────┐    ┌─────────────────────────┐
│ Eine Zahl einlesen  │──▶ │ Zahl │──▶ │ Den Kehrwert berechnen  │
└─────────────────────┘    └──────┘    └─────────────────────────┘
                              │              │
                           Objekt        Objektfluss
```

Alternativ kann diese Darstellung auch mit der sogenannten **PIN-Notation** erfolgen:

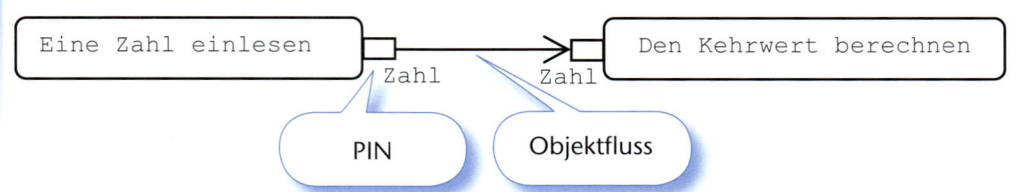

```
┌─────────────────────┐▭────────▶▭┌─────────────────────────┐
│ Eine Zahl einlesen  │           │ Den Kehrwert berechnen  │
└─────────────────────┘ Zahl  Zahl└─────────────────────────┘
                         │         │
                        PIN     Objektfluss
```

Hinweis:

Unter Objekten sind natürlich Instanzen von Klassen zu verstehen. Unter Objektfluss kann man sich beispielsweise die Übergabe eines Objektes an eine Methode (in Form eines Parameters) vorstellen. In dem obigen Beispiel könnte die Aktion „Eine Zahl einlesen" beispielsweise ein Objekt `Zahl` erzeugen und an eine Methode `Kehrwert` übergeben, die die Aktion „Den Kehrwert berechnen" umsetzt.

Zustände von Objekten

Die Objekte können im Laufe des Objektflusses ihren Zustand ändern (die Attributwerte ändern). Solche Änderungen können im Diagramm durch Zustandsangaben gekennzeichnet werden:

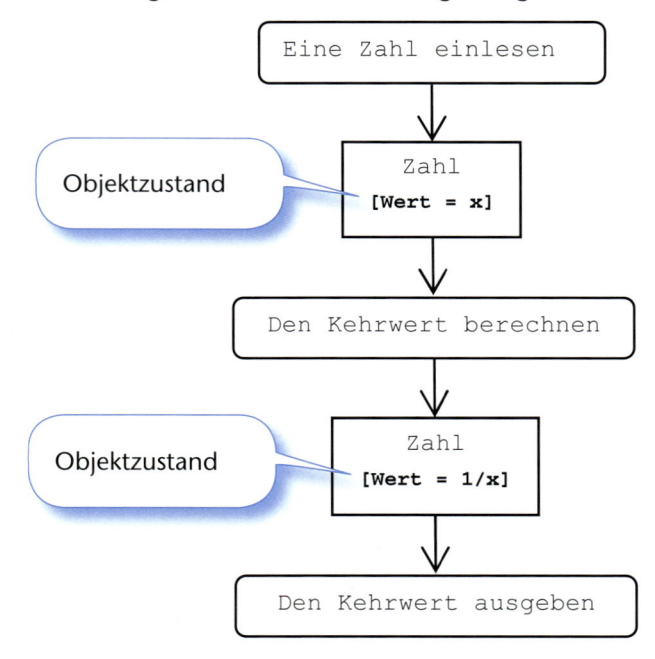

```
          ┌─────────────────────┐
          │ Eine Zahl einlesen  │
          └──────────┬──────────┘
                     ▼
          ┌─────────────────────┐
Objektzustand ─── │       Zahl          │
          │     [Wert = x]      │
          └──────────┬──────────┘
                     ▼
          ┌─────────────────────┐
          │ Den Kehrwert berechnen │
          └──────────┬──────────┘
                     ▼
          ┌─────────────────────┐
Objektzustand ─── │       Zahl          │
          │    [Wert = 1/x]     │
          └──────────┬──────────┘
                     ▼
          ┌─────────────────────┐
          │ Den Kehrwert ausgeben│
          └─────────────────────┘
```

Hinweis:

In der PIN-Notation wird der Zustand unter dem Objektnamen angegeben:

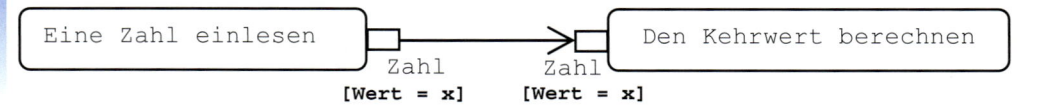

```
┌─────────────────────┐▭────────▶▭┌─────────────────────────┐
│ Eine Zahl einlesen  │           │ Den Kehrwert berechnen  │
└─────────────────────┘ Zahl   Zahl└────────────────────────┘
                      [Wert = x] [Wert = x]
```

Parametersätze

Manchmal ist nicht nur ein Objekt an einer Aktion beteiligt. Es können beliebig viele Objekte mithilfe der PIN-Notation an eine Aktion (oder Aktivität) übergeben werden. Mehrere dieser Objekte werden als Parametersatz bezeichnet. Das bedeutet, dass alle Objekte übergeben werden müssen.

Beispiel:

Die Aktion „Zahlen sortieren" hat einen Parametersatz mit drei Objekten vom Typ `Zahl`. Der Aktion **müssen** alle drei Objekte übergeben werden.

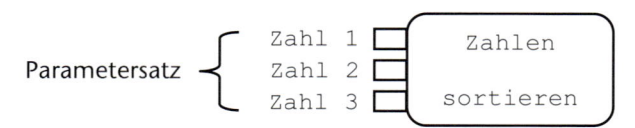

Hinweis:

Es können sogar mehrere Parametersätze übergeben werden. Die einzelnen Parametersätze müssen dann durch einen Rahmen gekennzeichnet werden. Bei mehreren Parametersätzen gilt eine Exklusive-Oder-Verknüpfung. Es darf nur entweder der eine oder der andere Parametersatz übergeben werden.

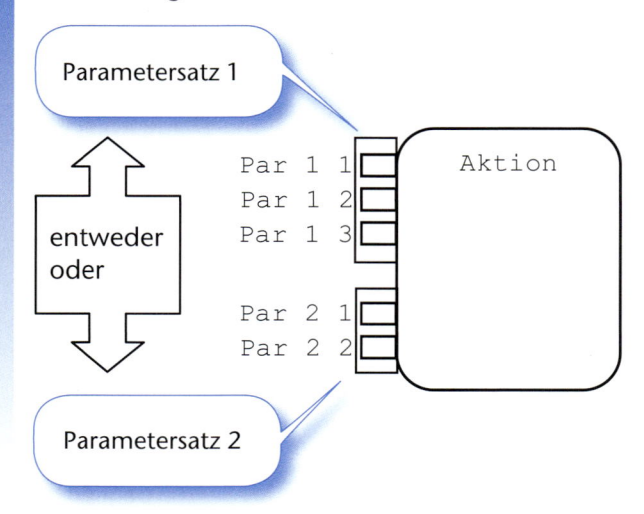

6.2.2 Signale senden

Das Aktivitätsdiagramm zeichnet sich durch einen Steuerungsfluss aus, der verzweigen oder auch durch eine Gabelung in parallele Flüsse aufgeteilt werden kann. Allerdings ist es bislang nicht möglich, eine Art asynchrone Nachricht zu senden (wie im Sequenzdiagramm), sodass der Steuerungsfluss unabhängig von der Nachricht weiter läuft. Aus diesem Grund gibt es das Signal-Senden und das Signal-Empfangen. Innerhalb des Steuerungsflusses wird ein Signal (Nachricht) gesendet. Dieses Signal wird empfangen und initiiert einen anderen Steuerungsfluss. Ein Signal kann an beliebigen Stellen gesendet werden, es darf allerdings immer nur einen Empfänger geben.

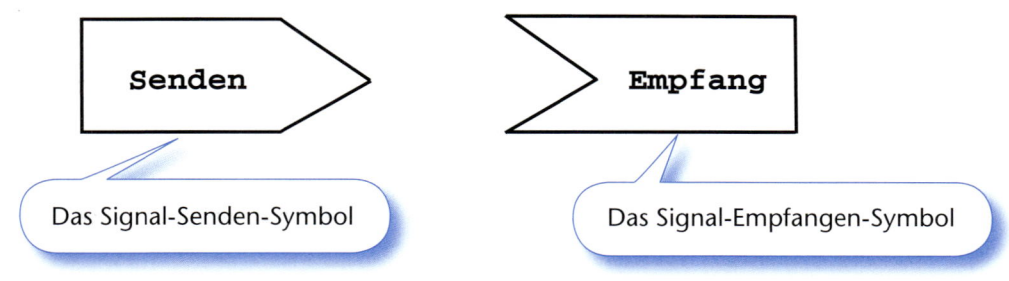

Beispiel:

Eine Anwendung arbeit mit einer Datenbank zusammen. In manchen Fällen kann es nötig sein, dass eine Datensicherung erfolgt, um Datenverlust vorzubeugen. Dazu sendet die Anwendung das Signal „Sicherung".

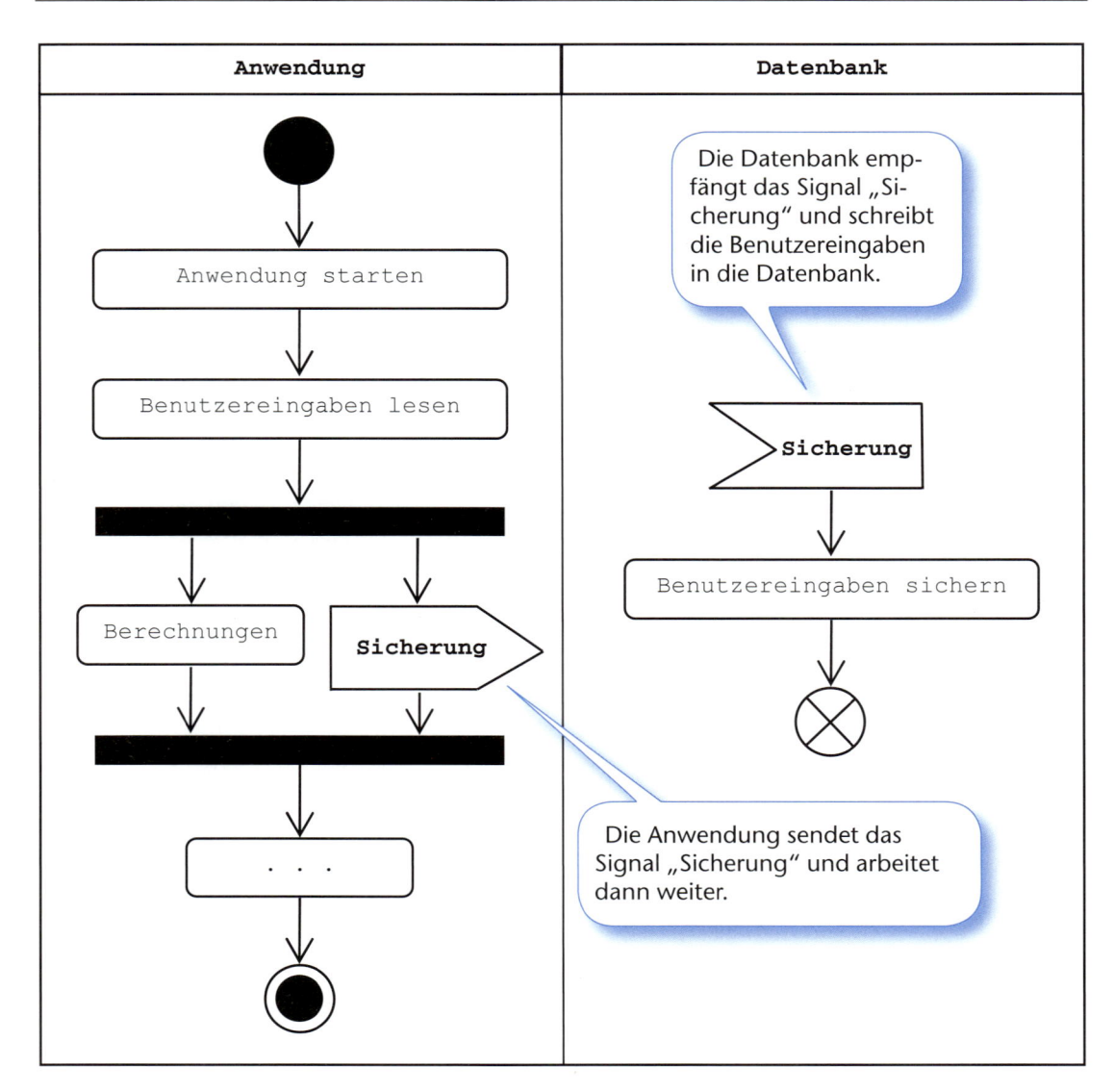

6 Das Aktivitätsdiagramm

Anwendung	Datenbank

(Aktivitätsdiagramm mit zwei Partitionen)

- Anwendung starten
- Benutzereingaben lesen
- Berechnungen / Sicherung (Signal senden)
- ...

> Die Datenbank empfängt das Signal „Sicherung" und schreibt die Benutzereingaben in die Datenbank.

- Sicherung (Signal empfangen)
- Benutzereingaben sichern

> Die Anwendung sendet das Signal „Sicherung" und arbeitet dann weiter.

6.2.3 Unterbrechungen

In manchen Fällen kann es nötig sein, dass ein Steuerungsfluss kontrolliert abgebrochen wird – beispielsweise, wenn bestimmte Zustände (oder ein Fehler) eintreten. In vielen Programmiersprachen (C++, C# und auch Java) wird dieser kontrollierte Abbruch durch die Ausnahmebehandlung (*Exception-Handling*) geregelt. In einem Aktivitätsdiagramm werden dazu ein sogenannter Unterbrechungsbereich und ein Unterbrechungsfluss festgelegt. Der Unterbrechungsbereich wird wie eine Aktivität gekennzeichnet, aber mit gestrichelten Linien.

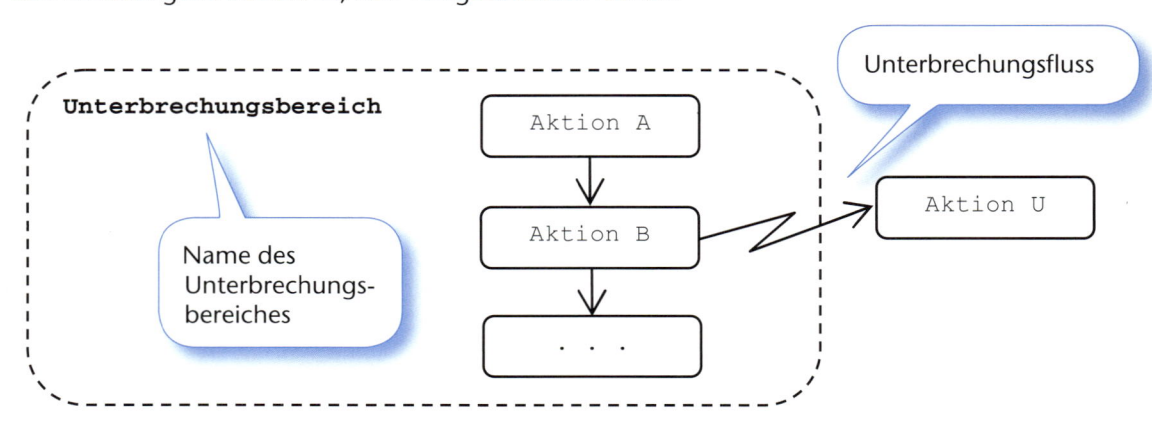

Unterbrechungsbereich — Name des Unterbrechungsbereiches

- Aktion A → Aktion B → ...
- Unterbrechungsfluss → Aktion U

Beispiel:

Das bereits bekannte Beispiel zur Berechnung des Kehrwertes einer Zahl wird durch einen Unterbrechungsbereich ergänzt, der dann den Steuerungsfluss abbricht, wenn die eingegebene Zahl null ist.

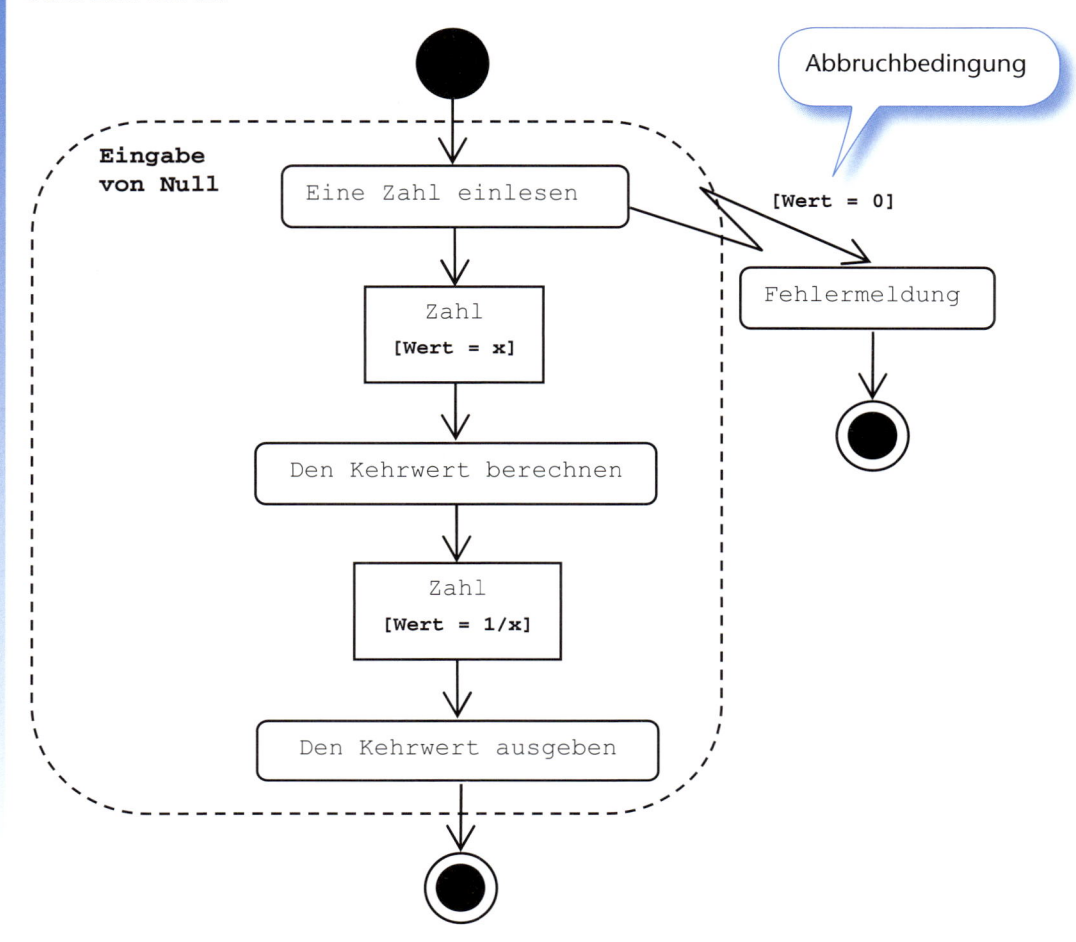

Abbruchbedingung

Eingabe von Null

- Eine Zahl einlesen
- Zahl [Wert = x]
- Den Kehrwert berechnen
- Zahl [Wert = 1/x]
- Den Kehrwert ausgeben

[Wert = 0] → Fehlermeldung

Hinweis:

Oftmals ist es sinnvoll, dass ein Unterbrechungsbereich einen Signal-Empfang hat, der den Abbruch auslösen kann. Damit können kontrollierte Abbrüche über Signale gesteuert werden. In dem folgenden Beispiel wird die Bearbeitung einer Bestellung überflüssig, wenn der Kunde eine Stornierung verlangt.

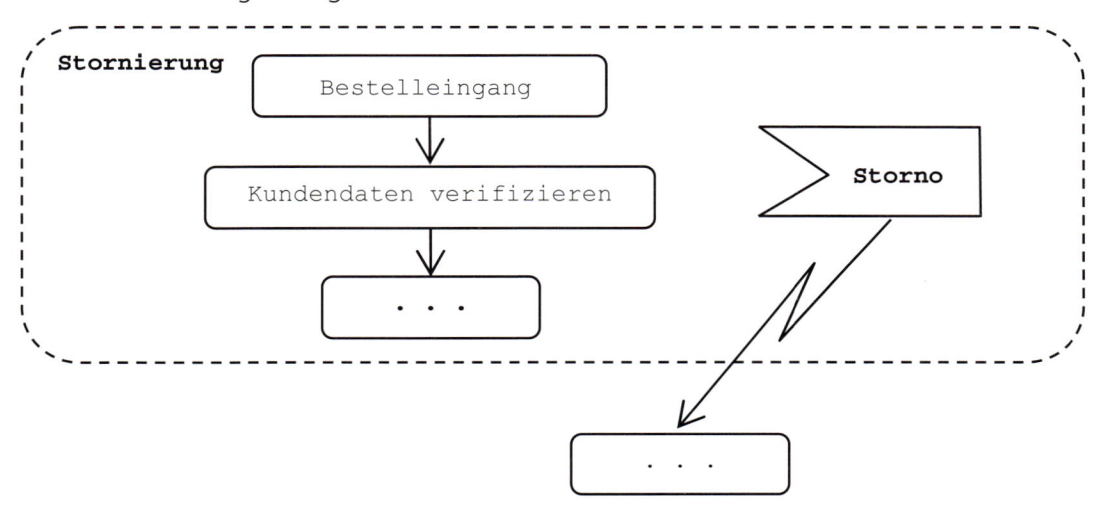

Stornierung

- Bestelleingang
- Kundendaten verifizieren
- ...

Storno → ...

6.3 Selektion und Iteration

Mithilfe der Verzweigungen wurden bereits Selektion und Iteration (siehe Beispiel „Lieferung vorbereiten") umgesetzt. Allerdings bietet das Aktivitätsdiagramm weitere Möglichkeiten, solche Vorgänge zu symbolisieren. Mit einer kompakten Ausdrucksweise sind sowohl Selektion als auch Iteration *programmiersprachennäher* darstellbar.

6.3.1 Die Selektion

Die Selektion wird in drei Bereiche eingeteilt: die Bedingungsprüfung (`if`), die Anweisung (`then`) und die Alternative (`else`). Das folgende Beispiel berechnet den Kehrwert einer Zahl nur, wenn die Zahl ungleich null ist.

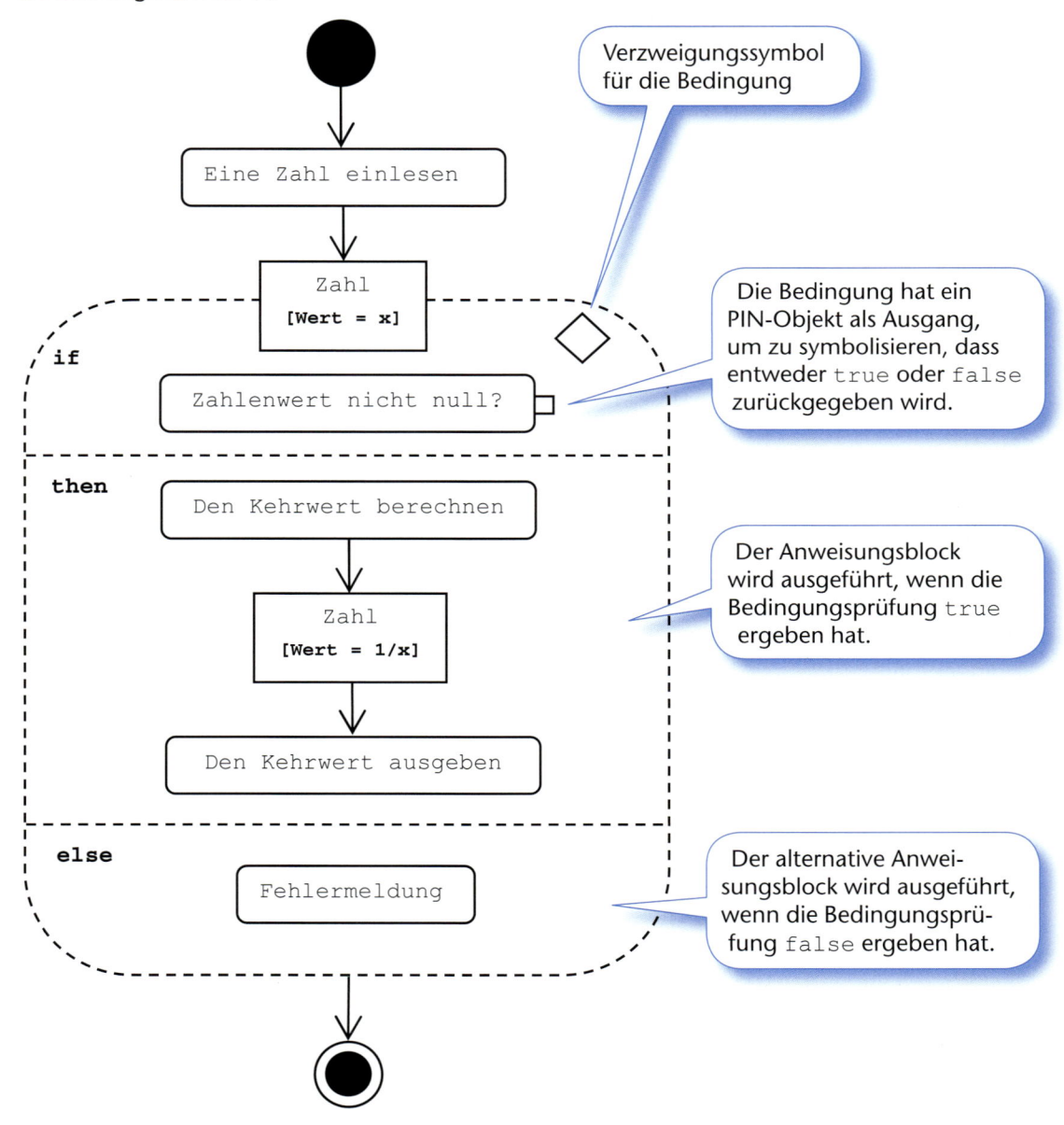

```
                    ●
                    │
                    ▼
          ┌───────────────────┐
          │ Eine Zahl einlesen │
          └───────────────────┘
                    │
                    ▼
          ┌───────────────────┐
          │       Zahl        │
          │    [Wert = x]     │
          └───────────────────┘
                    │
if                  ▼
          ┌─────────────────────┐        ◇  Verzweigungssymbol für die Bedingung
          │ Zahlenwert nicht null? │──□
          └─────────────────────┘
                    │
then                ▼
          ┌───────────────────┐
          │ Den Kehrwert berechnen │
          └───────────────────┘
                    │
                    ▼
          ┌───────────────────┐
          │       Zahl        │
          │    [Wert = 1/x]   │
          └───────────────────┘
                    │
                    ▼
          ┌───────────────────┐
          │ Den Kehrwert ausgeben │
          └───────────────────┘

else                ▼
          ┌───────────────────┐
          │   Fehlermeldung   │
          └───────────────────┘
                    │
                    ▼
                    ◉
```

- Verzweigungssymbol für die Bedingung
- Die Bedingung hat ein PIN-Objekt als Ausgang, um zu symbolisieren, dass entweder `true` oder `false` zurückgegeben wird.
- Der Anweisungsblock wird ausgeführt, wenn die Bedingungsprüfung `true` ergeben hat.
- Der alternative Anweisungsblock wird ausgeführt, wenn die Bedingungsprüfung `false` ergeben hat.

Hinweise:

- Die Selektion kann auch ohne `else`-Zweig geschrieben werden. Dann spricht man von einer einseitigen Selektion.
- Mehrere Selektionen können auch hintereinandergeschrieben werden.
- Selektionen können auch verschachtelt werden (`else if`).

Beispiele:

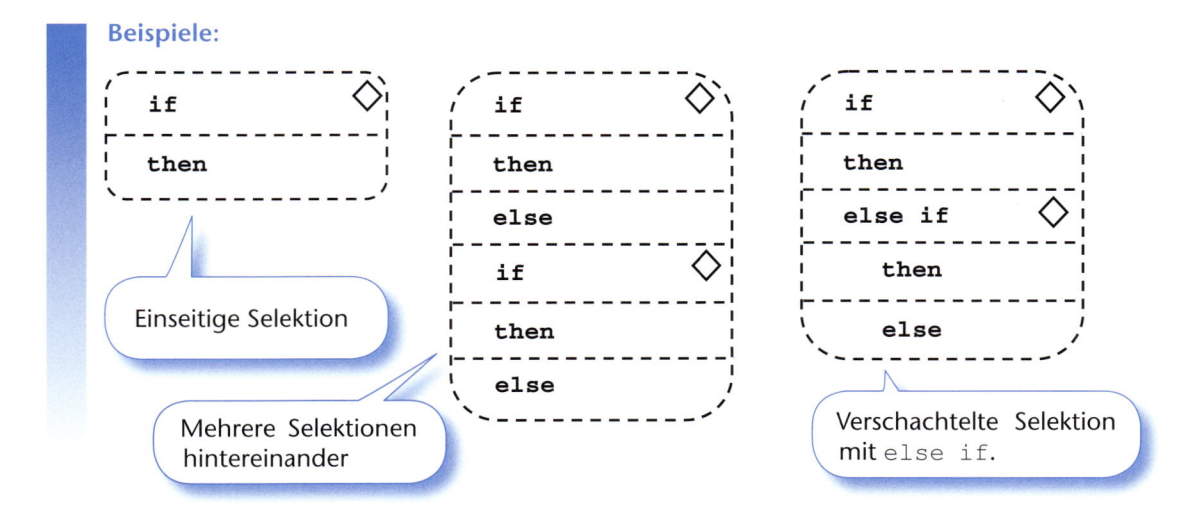

```
┌─ ─ ─ ─ ─ ─ ─ ─ ─ ─ ┐
│  if            ◇   │
│                    │
│  then              │
└─ ─ ─ ─ ─ ─ ─ ─ ─ ─ ┘
```
Einseitige Selektion

```
┌─ ─ ─ ─ ─ ─ ─ ─ ─ ─ ┐
│  if            ◇   │
│  then              │
│  else              │
│  if            ◇   │
│  then              │
│  else              │
└─ ─ ─ ─ ─ ─ ─ ─ ─ ─ ┘
```
Mehrere Selektionen hintereinander

```
┌─ ─ ─ ─ ─ ─ ─ ─ ─ ─ ┐
│  if            ◇   │
│  then              │
│  else if       ◇   │
│  then              │
│  else              │
└─ ─ ─ ─ ─ ─ ─ ─ ─ ─ ┘
```
Verschachtelte Selektion mit `else if`.

6.3.2 Die Iteration

Ähnlich der Selektion ist auch die Iteration aufgebaut. Es gibt eine Initialisierung (`for`), einen Anweisungsteil (`do`) und eine Bedingungsprüfung (`while`). Das folgende Beispiel zeigt die Bildschirmausgabe der Zahlen 1 bis 10 in einer Iteration.

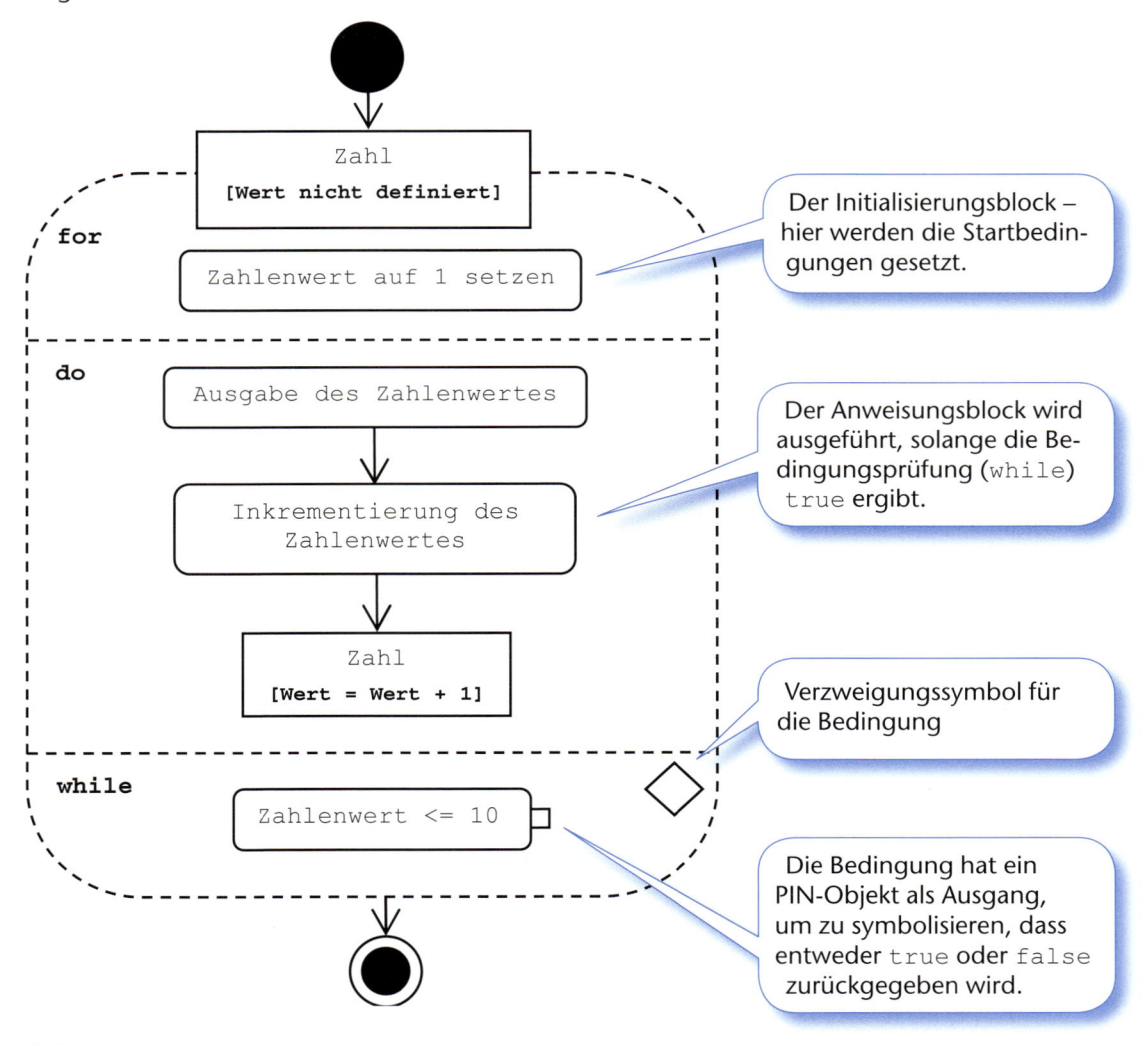

for – Zahl [Wert nicht definiert] → Zahlenwert auf 1 setzen

Der Initialisierungsblock – hier werden die Startbedingungen gesetzt.

do – Ausgabe des Zahlenwertes → Inkrementierung des Zahlenwertes → Zahl [Wert = Wert + 1]

Der Anweisungsblock wird ausgeführt, solange die Bedingungsprüfung (`while`) `true` ergibt.

while – Zahlenwert <= 10 ◇

Verzweigungssymbol für die Bedingung

Die Bedingung hat ein PIN-Objekt als Ausgang, um zu symbolisieren, dass entweder `true` oder `false` zurückgegeben wird.

Hinweis:

Die obige Iteration ist eine sogenannte *fußgesteuerte* Iteration, da erst am Ende (nach mindestens einem Anweisungsblock) die Bedingung geprüft wird. Möchte man hingegen eine *kopfgesteuerte* Iteration, so sind einfach die Blöcke **do** und **while** zu vertauschen.

6.3.3 Expansionsbereiche

Eine besondere Form der Iteration ist der sogenannte Expansionsbereich. Sobald eine Iteration Aktionen oder Aktivitäten beinhaltet, die für jedes Element eines Arrays durchgeführt werden sollen, kann (statt der bislang vorgestellten Form der Iteration) der Expansionsbereich eingesetzt werden. Der Expansionsbereich wird durch eine Rechteck mit gestrichelten Linien dargestellt und besitzt einen Eingangs- und Ausgangsbereich für das Array (symbolisiert durch nebeneinander angeordnete Quadrate). Das folgende Beispiel zeigt die Ausgabe eines beliebigen Zahlenarrays.

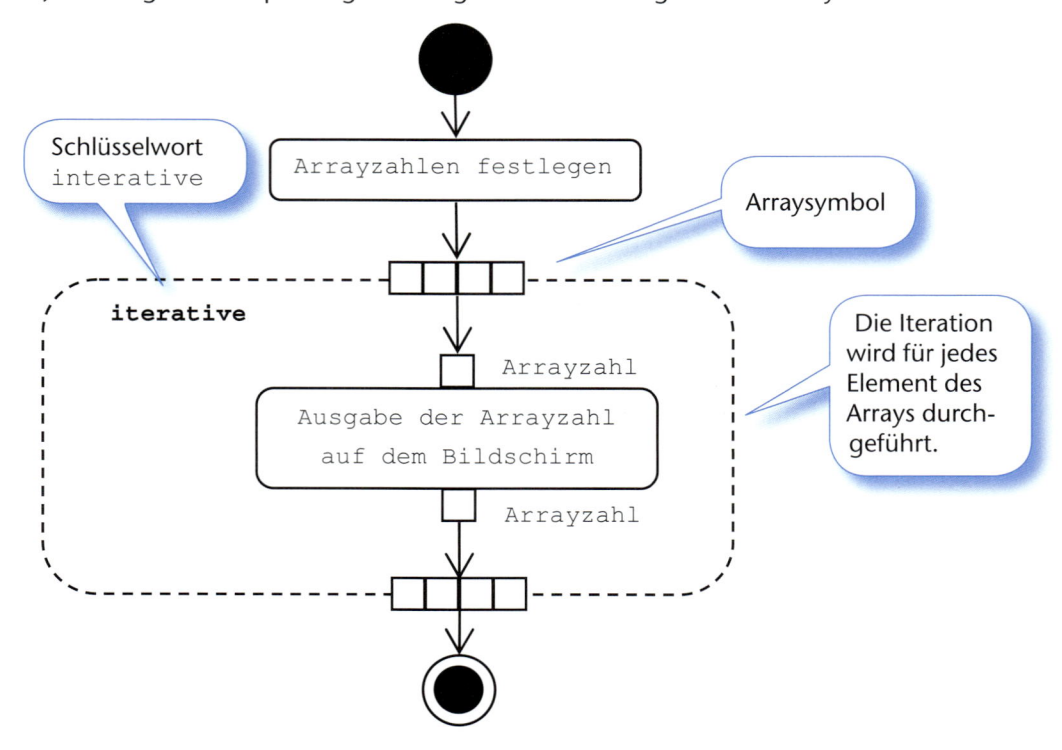

(Diagramm: Aktivitätsdiagramm mit Expansionsbereich)

- Schlüsselwort **interative**
- Arrayzahlen festlegen
- Arraysymbol
- **iterative**
- Arrayzahl
- Ausgabe der Arrayzahl auf dem Bildschirm
- Arrayzahl
- Die Iteration wird für jedes Element des Arrays durchgeführt.

Hinweise:

- In modernen Programmiersprachen (wie C#) gibt es besondere Iterationsanweisungen, die einen Expansionsbereich einfach umsetzen können (der Befehl **foreach** beispielsweise).

- Neben einer iterativen (hintereinander erfolgenden) Abarbeitung der Arrayelemente kann der Expansionsbereich auch eine parallele Verarbeitung vorgeben. Dazu muss das Schlüsselwort **parallel** benutzt werden. Die parallele Abarbeitung ist in sogenannten *Threads* vorstellbar. Das macht dann Sinn, wenn die Zeit für die Bearbeitung eines Elements sehr hoch ist. Das ist beispielsweise der Fall, wenn durch die Abarbeitung der Elemente die Antwortzeit eines Systems einige Sekunden dauert und damit benutzerunfreundlich wird.

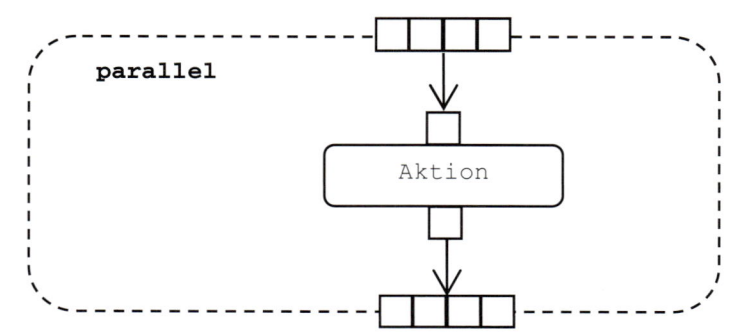

*(Diagramm: Expansionsbereich mit Schlüsselwort **parallel** und Aktion)*

6.4 Umsetzung eines Aktivitätsdiagramms

Das folgende Beispiel soll ein Ausschnitt aus einer Software zur Verwaltung von Kunden sein. Der Benutzer erhält die Möglichkeit, neue Kunden anzulegen bzw. bestehende Kundendaten auf dem Bildschirm anzeigen zu lassen. Zusätzlich sollen die Daten gesichert werden können. Das Anlegen und Ausgeben der Kunden wird mit Expansionsbereichen umgesetzt, die Sicherung wird durch ein Signal in Gang gesetzt. Ein Unterbrechungsbereich soll die Datensicherung kontrolliert beenden, wenn ein Fehler auftritt. Zusätzlich werden noch eine Verzweigung und eine einseitige Selektion verwendet, um das Auswahlmenü für den Benutzer zu gestalten und eine Abfrage vor dem Beenden des Programms durchzuführen.

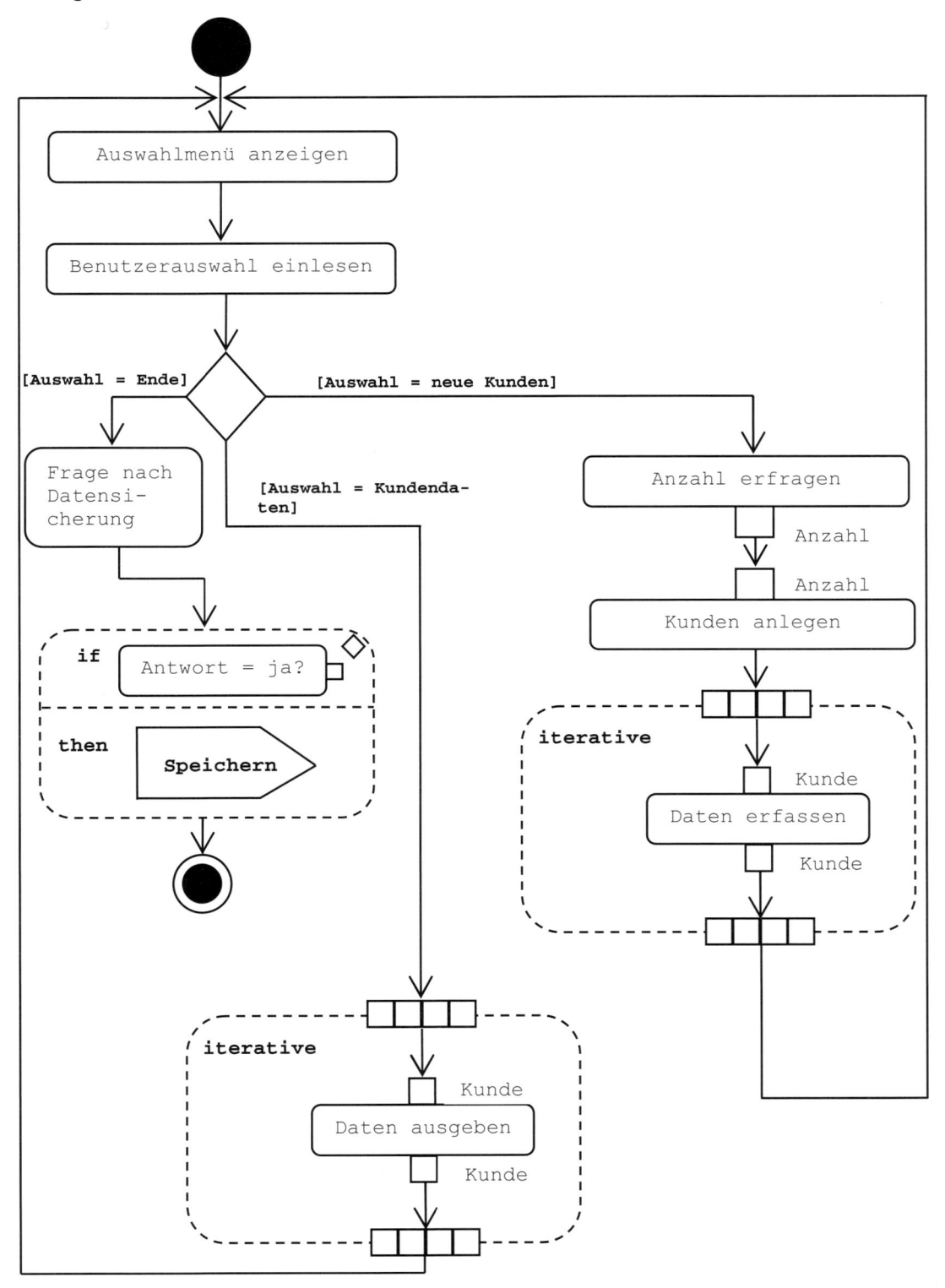

Signalverarbeitung

Speichern

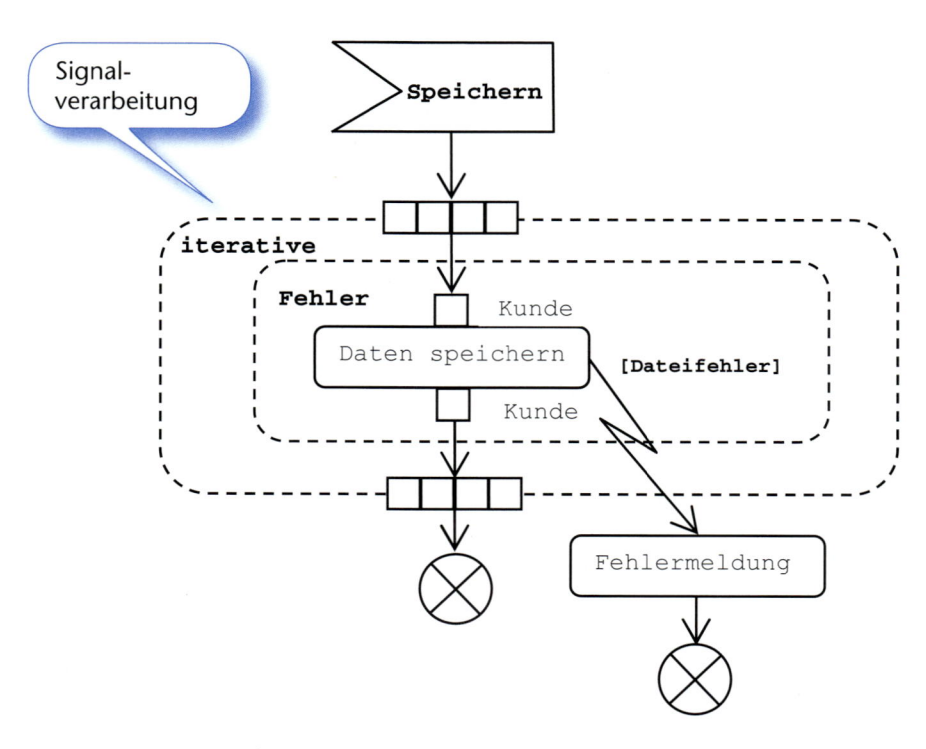

iterative

Fehler

Kunde

Daten speichern

[Dateifehler]

Kunde

Fehlermeldung

6.4.1 Umsetzung eines Aktivitätsdiagramms in C++

```cpp
#include <iostream>
#include <fstream>
using namespace std;

class CKunde
{
private:
   string name;
public:
   CKunde();
   void SetName(string);
   string GetName();
};

CKunde::CKunde ()
{
   name = "NN";
}
void CKunde::SetName(string n)
{
   name = n;
}
string CKunde::GetName()
{
   return name;
}
```

```cpp
class CFirma
{
private:                          // Zeiger auf Zeiger für die dynami-
   CKunde** pListe;               // sche Speicherung der Kunden
   int anzahl;

public:
   CFirma();
   ~CFirma();
   void Einfuegen(CKunde* );
   void Menue();
   void Anlegen(int);
   void Ausgabe();
   void Speichern();
};
CFirma::CFirma()
{
   anzahl=0;
}
CFirma::~CFirma()
{
   if (anzahl > 1)
   {
      for (int i=0; i < anzahl; i++) delete pListe[i];
      delete [] pListe;           // Löschen der dynamisch er-
   }                              // stellten Kunden und der Liste
   else if (anzahl == 1)
   {
      delete *pListe;
      delete pListe;
   }
}
void CFirma::Einfuegen(CKunde *pM)
{
   if (anzahl == 0)
   {
      pListe = new CKunde*;
      pListe[0] = pM;
      anzahl = 1;
   }
   else                           // Dynamisches Erstellen der Kunden
   {                              // und Einfügen in die Liste
      CKunde ** pDummy = pListe;
      pListe = new CKunde*[anzahl+1];
```

```cpp
      for (int i=0; i<anzahl; i++)
         pListe[i]=pDummy[i];

      if (anzahl>1) delete [] pDummy;
      else delete pDummy;

      pListe[anzahl]= pM;
      anzahl++;
   }
}
void CFirma::Ausgabe()
{
   cout << "Auflistung der Kunden:" << endl;
   for (int i = 0 ; i < anzahl ; i++)
     {
         cout << "Kunde " << i+1 << ": ";
         cout << pListe[i]->GetName().c_str();
         cout << endl;
     }
}
void CFirma::Anlegen(int neu)
{
   string name;
   char dummy[30+1];

   cout << "Anlegen neuer Kunden:" << endl;
   for (int i = 0 ; i < neu; i++)
     {
      cout << "Name von Kunde " << i+1 << ": ";
      cin >> dummy;
      name = dummy;
      CKunde * pKunde = new CKunde;
      pKunde->SetName(name);
      Einfuegen(pKunde);
     }
}
void CFirma::Menue()
{
   int wahl, neu;
   char antwort;
   while (1)
     {
         cout << "Auswahlmenue:" << endl;
         cout << "<1> Neue Kunden anlegen" << endl;
```

> Ausgabe der Kundendaten – Umsetzung des Expansionsbereiches

> Übergabe der Anzahl – Umsetzung des Objektflusses von Objekt `Anzahl`

```cpp
        cout << "<2> Kundendaten ausgeben" << endl;
        cout << "<3> Ende" << endl;
        cout << "Ihre Wahl: ";
        cin >> wahl;

        switch (wahl)                    ⟵ Umsetzung der
        {                                   Verzweigung
           case 1:
              cout << "Wie viele Kunden?";
              cin >> neu;
              Anlegen(neu);
           break;
           case 2:
              Ausgabe();
           break;
           case 3:
              cout << "Daten vorher sichern? (j/n)";
              cin >> antwort;
              if (antwort == 'j') Speichern();    ⟵ Simulation
              return;                                „Signal senden"
           break;
        }                    ⟵ Ende des Steue-
   }                            rungsflusses
}
void CFirma::Speichern()     ⟵ Umsetzung des
{                               „Signal-Empfangs" in
   ofstream datei;              Form einer Methode
   try
   {
      datei.open ("Sicherung.txt", ios::out);

      if (!datei) throw "Fehler beim Speichern!";

      for (int i = 0 ; i < anzahl ; i++)
      {
           datei << pListe[i]->GetName().c_str() << endl;
      }                       ⟵ Umsetzung des Expansions-
      datei.close();             bereiches
   }
   catch(char * fehler)
   {
      cout << fehler << endl;   ⟵ Umsetzung des Unter-
   }                               brechungsbereiches durch
}                                  Exception-Handling
```

```
int main()
{
   CFirma firma;
   firma.Menue();         ← Start des Steue-
   return 0;                 rungsflusses
}
```

6.4.2 Umsetzung des Aktivitätsdiagramms in C#

```csharp
using System;
using System.Collections;
namespace UML_IT_BERUFE
{
   class CKunde
     {
          private string name;
          public CKunde(){ name = "NN"; }
          public void SetName(string n) { name = n; }
          public string GetName() { return name; }
     }
   class CFirma
     {
          private ArrayList kundenListe = new ArrayList();
          public CFirma() {}

          public void Einfuegen(CKunde vKunde)
          {
             kundenListe.Add(vKunde);      ← Neue Kunden in
          }                                  die Liste einfügen

          public void Menue()
          {
             string wahl, antwort;
             int neu;
             while (true)
             {
                Console.WriteLine("Auswahlmenue:");
                Console.WriteLine("<1> Neue Kunden anlegen");
                Console.WriteLine("<2> Kundendaten ausgeben");
                Console.WriteLine("<3> Ende");
                Console.WriteLine("Ihre Wahl: ");
                wahl = Console.ReadLine();
                switch (wahl)
                {                           ← Umsetzung der
                   case "1":                  Verzweigung
                      Console.WriteLine("Wie viele Kunden?");
```

```csharp
            neu = Convert.ToInt32(Console.ReadLine());
            Anlegen(neu);
         break;


         case "2":
            Ausgabe();
         break;



         case "3":
            Console.Write("Daten sichern? (j/n)");
            antwort = Console.ReadLine();
            if (antwort == "j") Speichern();      // Simulation „Signal senden"
            return;
         break;                                    // Ende des Steuerungsflusses
      }
   }
}
public void Anlegen(int neu)                      // Übergabe der Anzahl – Umsetzung des Objektflusses von Objekt Anzahl
{
   string name;
   Console.WriteLine("Anlegen neuer Kunden:");
   for (int i = 0 ; i < neu; i++)
     {
       Console.WriteLine("Name von Kunde "
            + (i+1) + ": ");
       name = Console.ReadLine();
       CKunde vKunde = new CKunde();
       vKunde.SetName(name);
       Einfuegen(vKunde);
     }
}
public void Ausgabe()                              // Ausgabe der Kundendaten – Umsetzung des Expansionsbereiches
{
   int i = 1;
   Console.WriteLine("Auflistung der Kunden:");
   foreach (CKunde kunde in kundenListe)
     {
       Console.WriteLine("Kunde " + (i++) + ": ");
       Console.WriteLine(kunde.GetName());
     }
}
```

```csharp
public void Speichern()                    // Umsetzung des
{                                          // „Signal-Empfangs" in
    int i = 0;                             // Form einer Methode

    string[] zeilen = new string[kundenListe.Count];
    foreach (CKunde kunde in kundenListe)
    {
        zeilen[i++] = kunde.GetName();
    }                                      // Umsetzung des Expansions-
    try                                    // bereiches
    {
        System.IO.File.WriteAllLines("Sicherung.txt", zeilen);
    }

    catch
    {
        Console.WriteLine("Fehler!");
    }                                      // Umsetzung des Unter-
}                                          // brechungsbereiches durch
                                           // Exception-Handling

class Program
{
    static void Main(string[] args)
    {
        CFirma firma = new CFirma();
        firma.Menue();                     // Start des Steue-
    }                                      // rungsflusses
}
```

7 Beispiel einer Softwareentwicklung

In diesem Kapitel sollen nun die bisher gezeigten UML-Diagrammtypen Anwendungsfalldiagramm, Klassendiagramm, Objektdiagramm, Sequenzdiagramm und Aktivitätsdiagramm in den Prozess einer objektorientierten Softwareentwicklung eingebunden werden. Alle wichtigen Schritte werden exemplarisch beschrieben – ein Schwerpunkt liegt dabei auf der Identifizierung der beteiligten Klassen des zu entwickelnden Softwaresystems. Zusätzlich soll ein Einblick in die Nutzung eines CASE-Tools gegeben werden. Dadurch soll die objektorientierte Softwareentwicklung professioneller werden.

7.1 Nutzung eines CASE-Tools

Die computergestützte Softwareentwicklung bedeutet, dass es Programme gibt, mit denen möglichst professionell und effizient Software (also auch Programme) entwickelt werden kann. Solche Programme nennen sich (in Englisch) CASE-Tools für **Computer-Aided-Software-Engineering-Tools**. Das Problem der CASE-Tools ist der Zeitaufwand, mit dem sich der Entwickler in diese Programme einarbeiten muss. Dieser Aufwand macht sich jedoch bei allen weiteren Projekten bezahlt, da diese Tools dann die Entwicklung strukturierter und effizienter gestalten können. Auch die Dokumentation eines Softwaresystems wird einfacher durch den Einsatz von CASE-Tools.

7.1.1 Aspekte von CASE-Tools

Es gibt die unterschiedlichsten CASE-Tools für die unterschiedlichsten Anforderungen an die Softwareentwicklung. Es gibt Tools für die strukturierte Softwareentwicklung, Tools für die Entwicklung von Datenbanken und natürlich die Tools für die objektorientierte Softwareentwicklung, die dann meistens auf der UML basieren.

Viele Tools können an die Entwicklungsumgebungen der verwendeten Programmiersprache angebunden werden. Dadurch ist eine automatische Codegenerierung möglich. Beispielsweise kann ein Klassendiagramm von dem CASE-Tool direkt in den adäquaten Quellcode übersetzt werden. Die Codegenerierung ist auch nicht auf eine Sprache beschränkt – ein Tool wie *objectiF* der Firma **microTOOL** kann den Code in Java, C++ oder auch C# generieren.

Auch der umgekehrte Weg ist möglich, das sogenannte **Reverse-Engineering**. Dabei wird aus bestehendem Quellcode das zugrunde liegende Modell (beispielsweise ein Klassendiagramm) generiert. Auf diese Art können bestehende Programme noch einmal auf den Prüfstand der Konzeption.

Eine moderne Entwicklungsmöglichkeit für objektorientierte Software ist das sogenannte **Model-Driven Development** (**MDD,** dt. modellgetriebene Entwicklung). Dabei wird von einem formalen Modell ausgehend die Software entwickelt. CASE-Tools wie *objectiF* unterstützen diese Entwicklung durch Codegeneratoren und Modelltransformatoren. Das formale Modell ist plattformunabhängig und wird dann mithilfe der Tools in ein plattformspezifisches Modell transformiert.

7.1.2 Ein System mit objectiF anlegen

Als Beispiel für die Verwendung von CASE-Tools wird in den nächsten Schritten das Programm *objectiF* von der Firma **microTOOL** verwendet. Dieses Tool ist in einer Privat-Edition kostenfrei und kann über die Internetseite der Firma heruntergeladen werden.

7 Beispiel einer Softwareentwicklung

Am Anfang der Entwicklung eines neuen Softwaresystems steht bei *objectiF* das Anlegen eines neuen Systems:

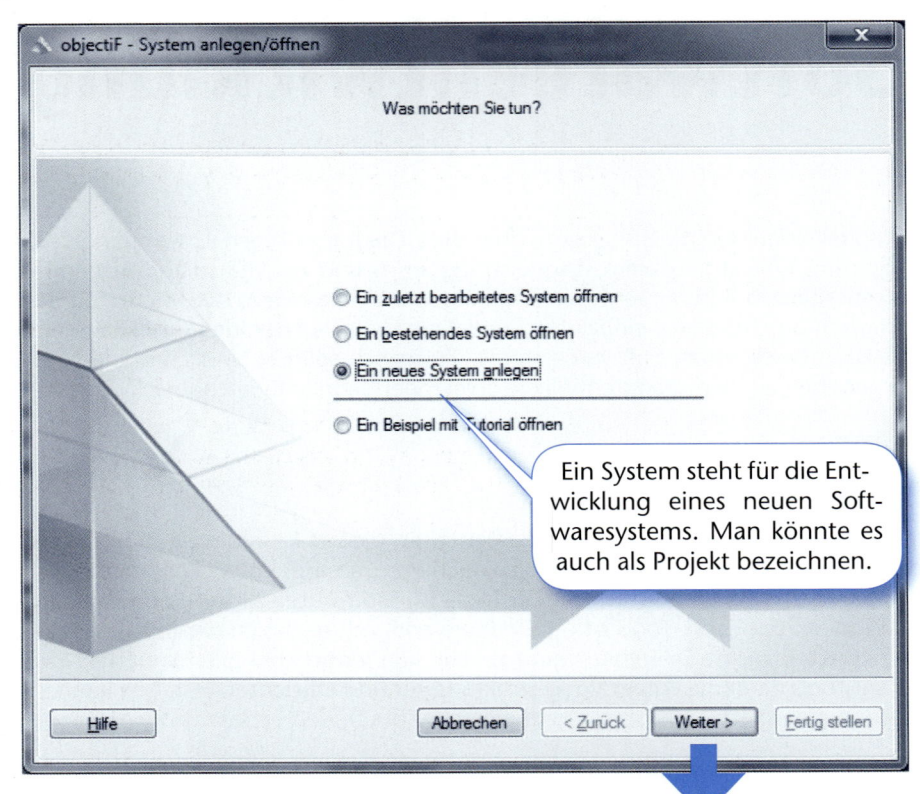

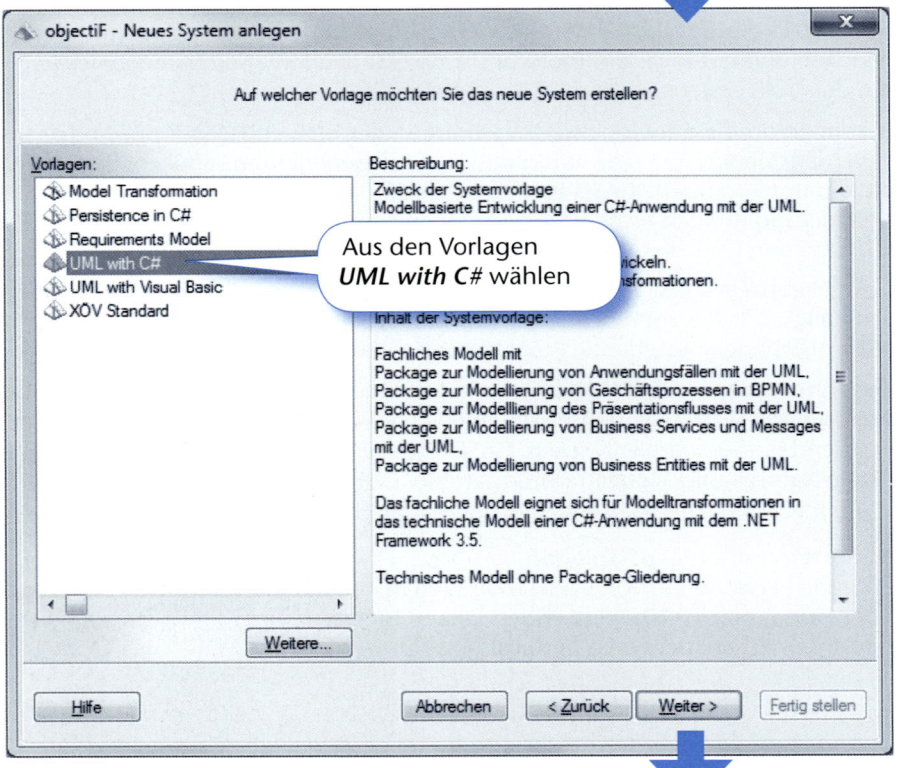

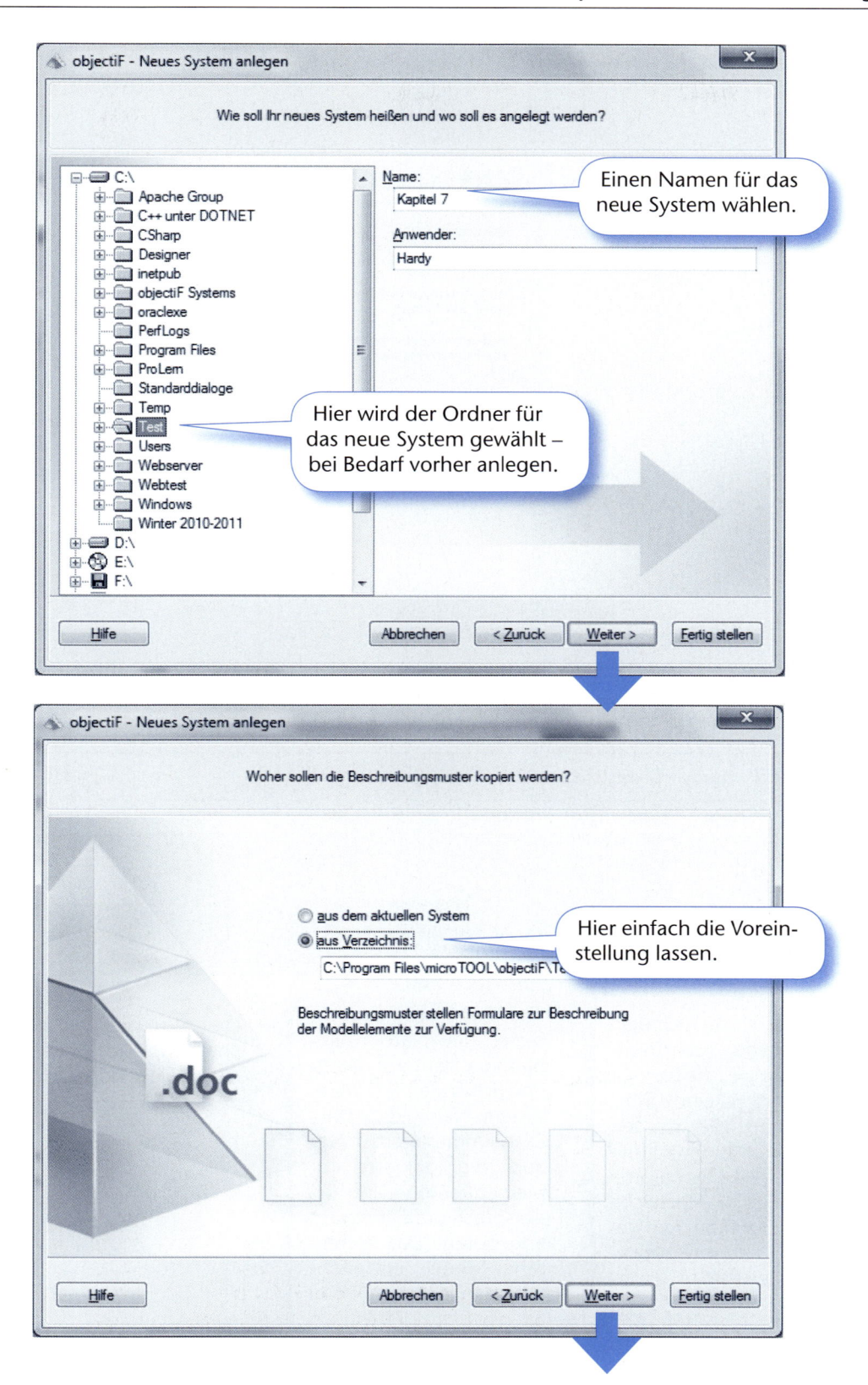

7 Beispiel einer Softwareentwicklung

Einen Namen für das neue System wählen.

Hier wird der Ordner für das neue System gewählt – bei Bedarf vorher anlegen.

Hier einfach die Voreinstellung lassen.

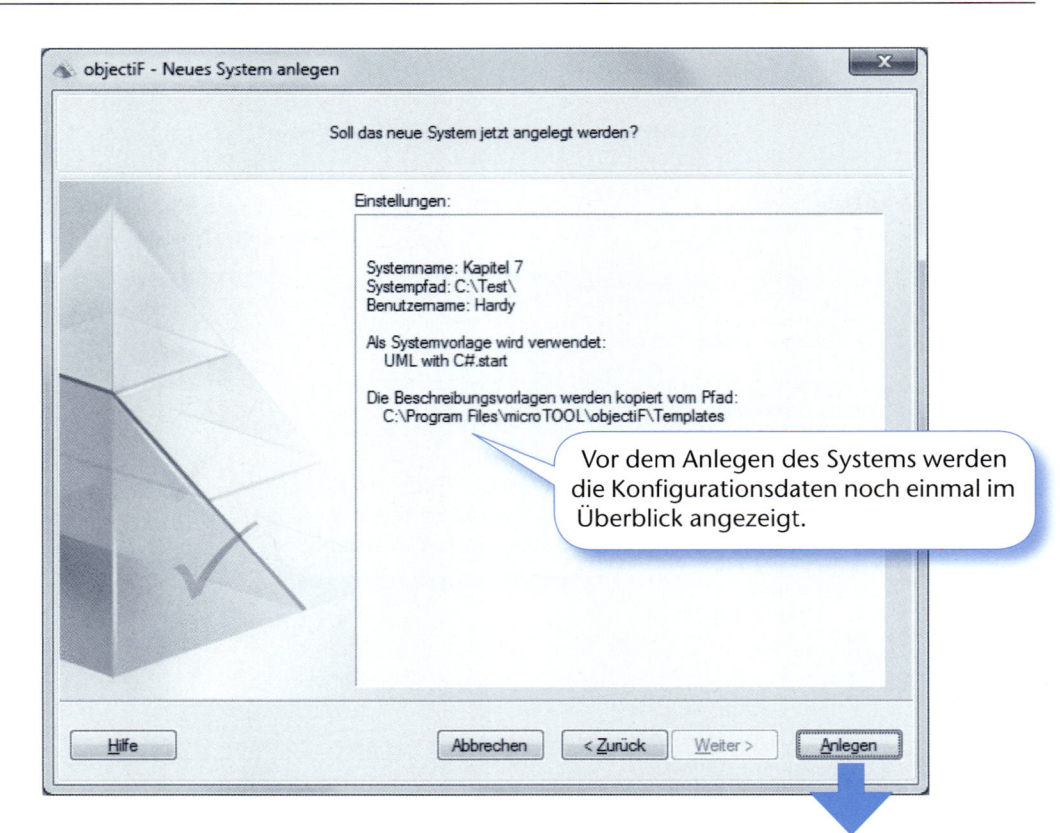

7 Beispiel einer Softwareentwicklung

[Screenshot: objectiF - Neues System anlegen Dialog mit den Einstellungen:
Systemname: Kapitel 7, Systempfad: C:\Test\, Benutzername: Hardy, Als Systemvorlage wird verwendet: UML with C#.start, Die Beschreibungsvorlagen werden kopiert vom Pfad: C:\Program Files\microTOOL\objectiF\Templates]

> Vor dem Anlegen des Systems werden die Konfigurationsdaten noch einmal im Überblick angezeigt.

Nach dem Drücken des Anlegen-Buttons steht eine Toolbar für das neue System zur Verfügung.

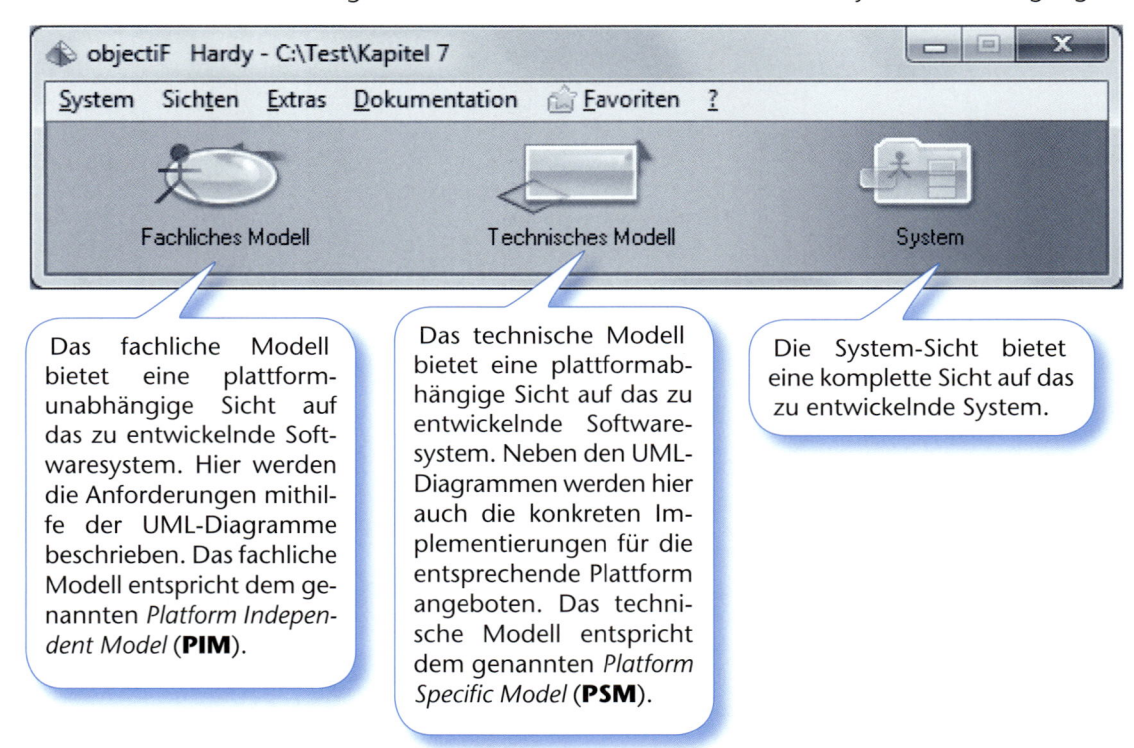

[Screenshot: objectiF Hardy - C:\Test\Kapitel 7 Toolbar mit den Schaltflächen: Fachliches Modell, Technisches Modell, System]

> Das fachliche Modell bietet eine plattformunabhängige Sicht auf das zu entwickelnde Softwaresystem. Hier werden die Anforderungen mithilfe der UML-Diagramme beschrieben. Das fachliche Modell entspricht dem genannten *Platform Independent Model* (**PIM**).

> Das technische Modell bietet eine plattformabhängige Sicht auf das zu entwickelnde Softwaresystem. Neben den UML-Diagrammen werden hier auch die konkreten Implementierungen für die entsprechende Plattform angeboten. Das technische Modell entspricht dem genannten *Platform Specific Model* (**PSM**).

> Die System-Sicht bietet eine komplette Sicht auf das zu entwickelnde System.

Für die weitere Vorgehensweise wird die Sicht des technischen Modells gewählt, da die Plattform und die Programmiersprache (hier C#) bereits vorausgesetzt sind.

7.1.3 Das technische Modell
Nach einem Klick auf den Button **Technisches Modell** auf der Toolbar öffnet sich ein neues Fenster:

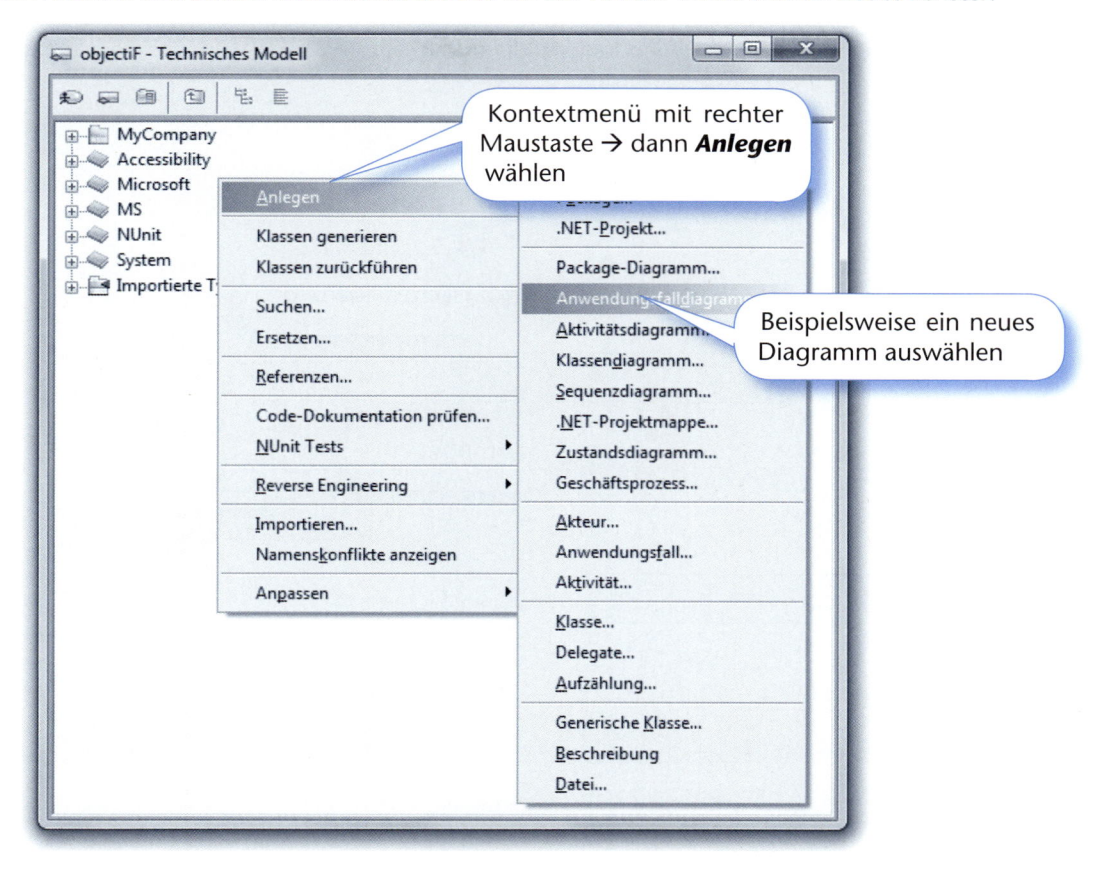

7.1.4 Ein Anwendungsfalldiagramm anlegen
Nach der Auswahl über den Kontextmenüpunkt *Anlegen* und der Angabe eines Namens (nächstes Fenster), öffnet sich ein neues Fenster, in dem das Anwendungsfalldiagramm entwickelt werden kann. Die Objekte müssen nur auf der linken Symbolleiste gewählt und dann auf dem Zeichenfeld platziert werden. Achtung: Unter *objectiF* können keine Systemgrenzen dargestellt und die Assoziation kann nicht durch Multiplizitäten ergänzt werden.

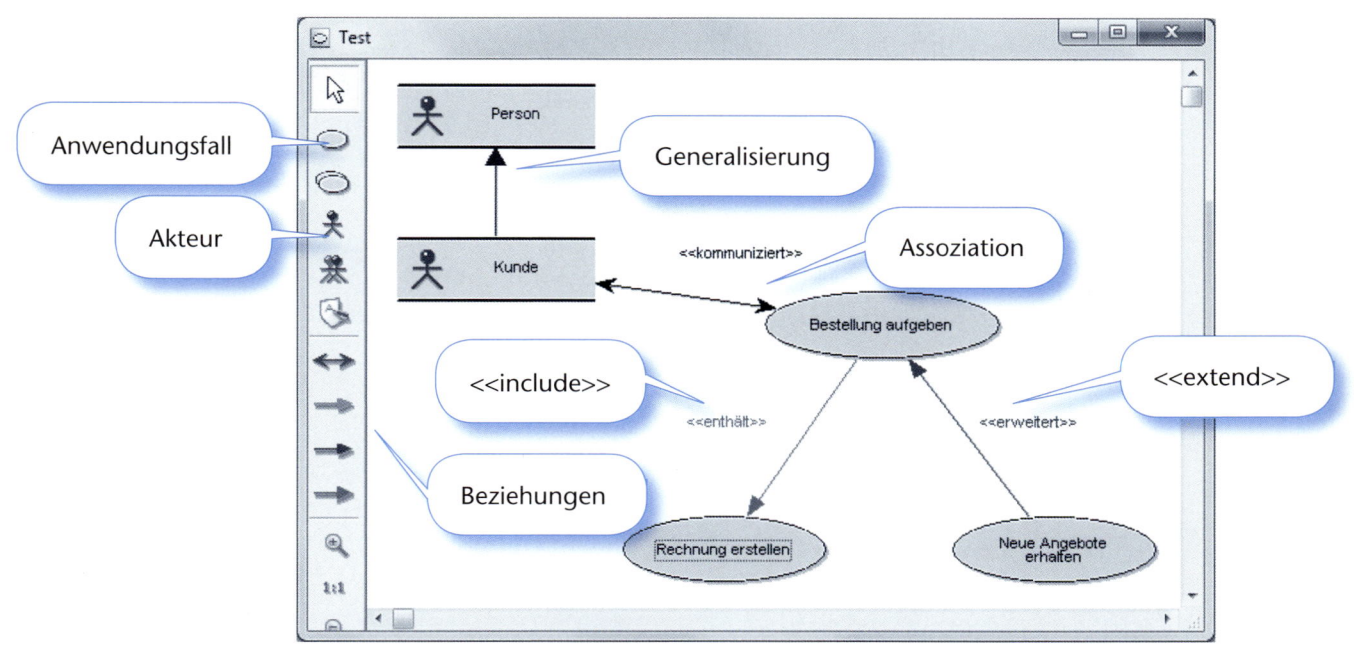

7.1.5 Ein Klassendiagramm anlegen

Nach der Auswahl über den Kontextmenüpunkt *Anlegen* und der Angabe eines Namens (nächstes Fenster) öffnet sich ein neues Fenster, in dem das Klassendiagramm entwickelt werden kann. Die Objekte müssen wie beim Anwendungsfalldiagramm auf der linken Symbolleiste gewählt und dann auf dem Zeichenfeld platziert werden.

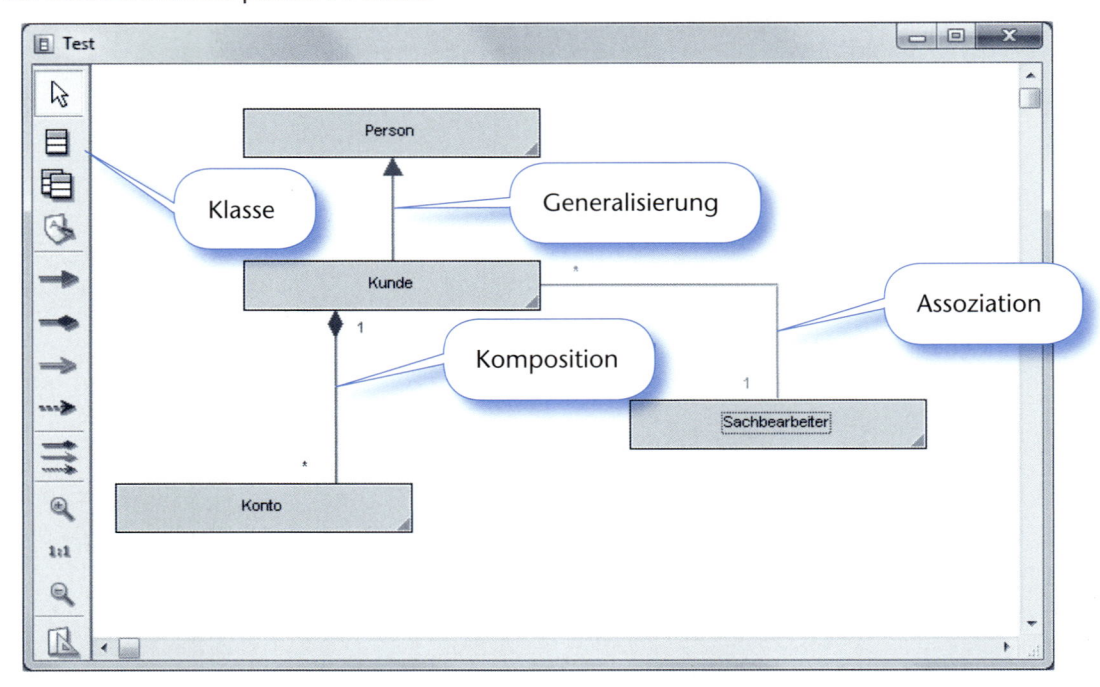

Attribute und Methoden anlegen

Einer Klasse können natürlich Attribute und Methoden hinzugefügt werden. Dazu muss auf dem entsprechenden Klassensymbol die rechte Maustaste gedrückt werden. Über den Kontextmenüpunkt *Anlegen* kann dann beispielsweise ein Attribut gewählt werden.

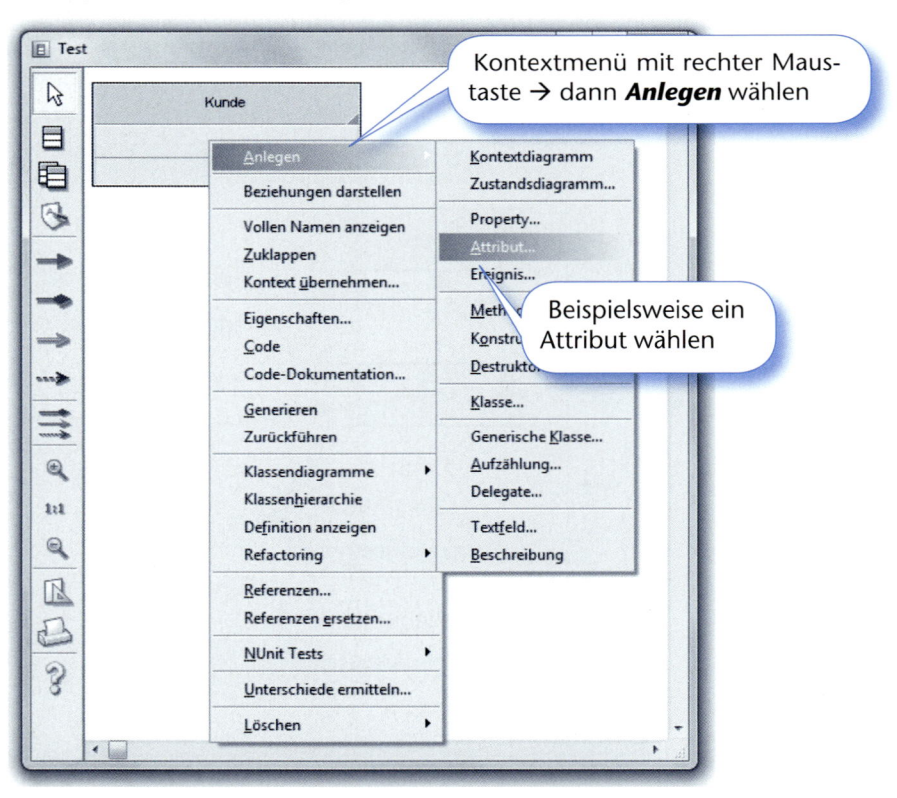

7 Beispiel einer Softwareentwicklung

Neben Attributen und Methoden können auch Eigenschaften (*Properties*), Konstruktor und Destruktor gewählt werden. Dabei werden in einem neuen Dialog der semantische Name und die Deklaration abgefragt. Der semantische Name wird in dem Diagramm dargestellt, die Deklaration ist wichtig für die Codegenerierung.

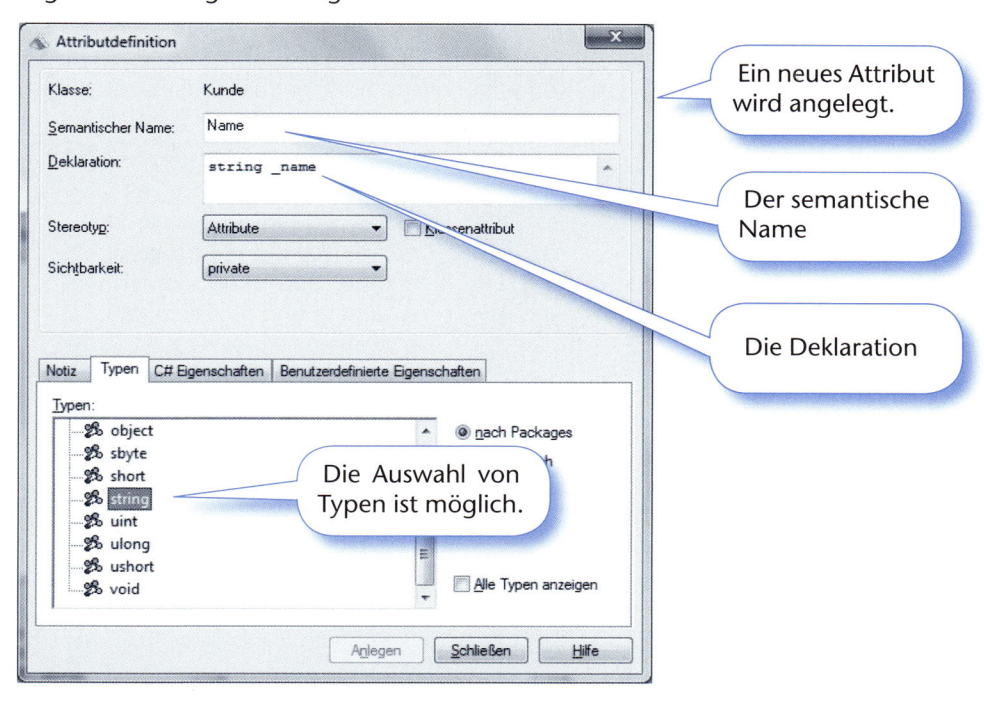

- Ein neues Attribut wird angelegt.
- Der semantische Name
- Die Deklaration
- Die Auswahl von Typen ist möglich.

Beispiel:

Die Klasse `Kunde` hat das Attribut `Name` und eine entsprechende Eigenschaft dafür. Zusätzlich sind ein `Konstruktor` und eine Methode `KontoEröffnen` angelegt.

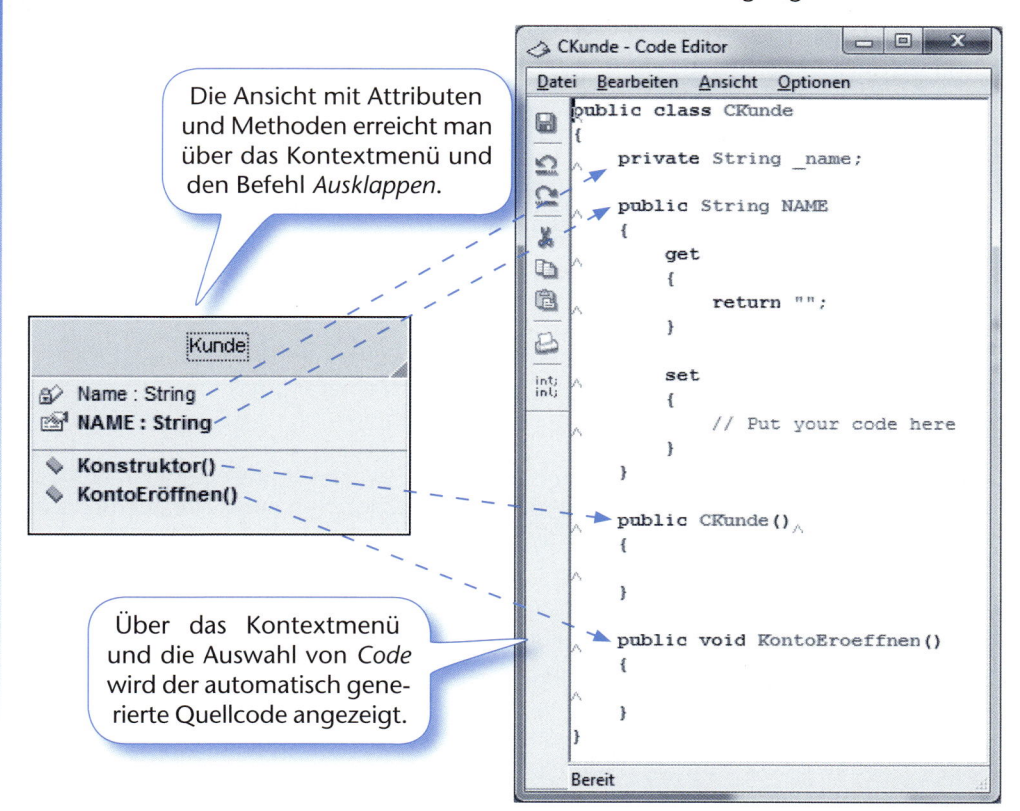

- Die Ansicht mit Attributen und Methoden erreicht man über das Kontextmenü und den Befehl *Ausklappen*.
- Über das Kontextmenü und die Auswahl von *Code* wird der automatisch generierte Quellcode angezeigt.

```
public class CKunde
{
    private String _name;

    public String NAME
    {
        get
        {
            return "";
        }
        set
        {
            // Put your code here
        }
    }

    public CKunde()
    {
    }

    public void KontoEroeffnen()
    {
    }
}
```

7 Beispiel einer Softwareentwicklung

Beziehungen im Klassendiagramm bearbeiten

Nachdem eine Beziehung zwischen zwei Klassen angelegt ist, können über die Eigenschaften der Beziehung weitere Details angegeben oder beispielsweise die Multiplizitäten eingestellt werden.

> **Beispiel:**
>
> Zwischen der Klasse `Kunde` und der Klasse `Sachbearbeiter` ist eine Assoziation angelegt. Ein Sachbearbeiter hat beliebig viele Kunden und ein Kunde hat beliebig viele Sachbearbeiter:

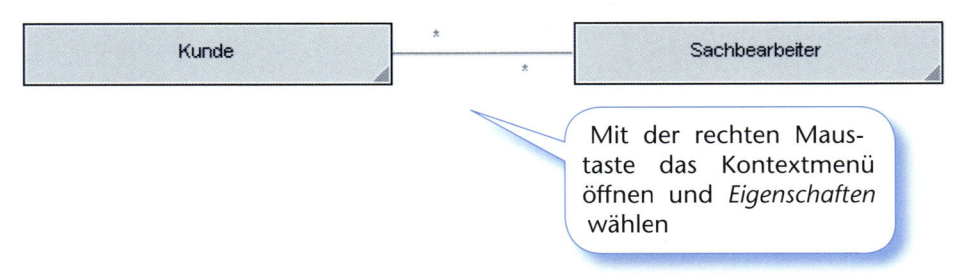

Mit der rechten Maustaste das Kontextmenü öffnen und Eigenschaften wählen

Die Beziehung soll nun angepasst werden, sodass ein Kunden nur genau einem Sachbearbeiter zugeordnet wird:

Die Multiplizität auf der Sachbearbeiter-Seite wird auf 1 gesetzt.

Anschließend ist die Beziehung korrigiert:

7.1.6 Ein Sequenzdiagramm anlegen

Nach der Auswahl über den Kontextmenüpunkt *Anlegen* und der Angabe eines Namens (nächstes Fenster) öffnet sich ein neues Fenster, in dem das Sequenzdiagramm entwickelt werden kann. Die Objekte müssen wie gewohnt auf der linken Symbolleiste gewählt und dann auf dem Zeichenfeld platziert werden.

Die Darstellungsart eines Sequenzdiagramms unter *objectiF* unterscheidet sich allerdings von dem UML-Standard, der im Kapitel „Sequenzdiagramm" beschrieben wurde:

▶ Die Lebenslinie hat kein separates Endsymbol (Kreuz), sondern wird durch einen Destruktoraufruf beendet.
▶ Die Akteure werden nicht als Strichmännchen dargestellt, sondern einfach nur benannt.
▶ Fragmente können nicht dargestellt werden.

7 Beispiel einer Softwareentwicklung

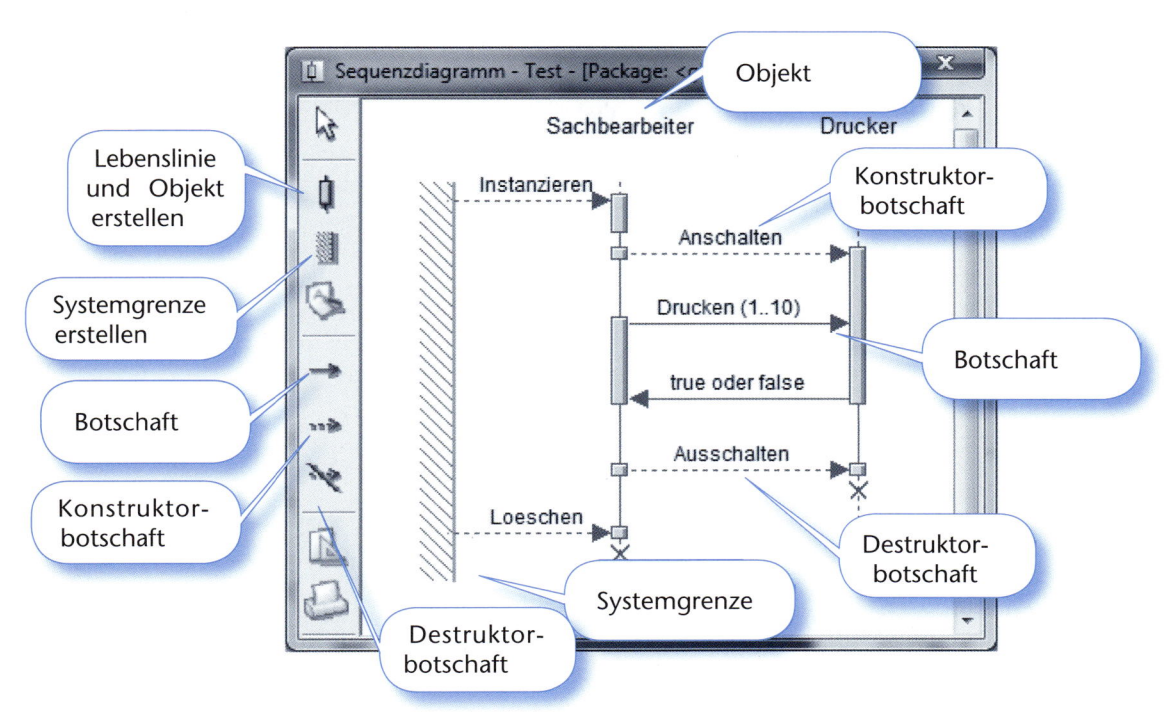

[Screenshot eines Sequenzdiagramms mit Beschriftungen: Lebenslinie und Objekt erstellen, Systemgrenze erstellen, Botschaft, Konstruktorbotschaft, Destruktorbotschaft, Objekt, Konstruktorbotschaft, Botschaft, Destruktorbotschaft, Systemgrenze]

Die Systemgrenze soll das System von einem anderen System abgrenzen. Aus der Systemgrenze können Botschaften gesendet werden, um beispielsweise ein Objekt zu erzeugen.

> **Hinweis:**
> Das Senden der Botschaften kann synchron oder asynchron geschehen. Dazu muss bei den Eigenschaften der Botschaft die entsprechende Option angegeben werden.

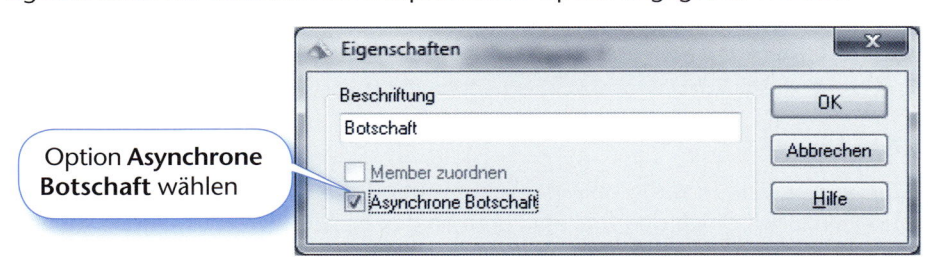

*[Screenshot des Eigenschaften-Dialogs mit der Option **Asynchrone Botschaft** wählen]*

7.1.7 Ein Aktivitätsdiagramm anlegen

Nach der Auswahl über den Kontextmenüpunkt *Anlegen* und der Angabe eines Namens (nächstes Fenster) öffnet sich ein neues Fenster, in dem das Aktivitätsdiagramm entwickelt werden kann. Die Objekte müssen wie gewohnt auf der linken Symbolleiste gewählt und dann auf dem Zeichenfeld platziert werden.

Die Darstellungsart eines Aktivitätsdiagramms unter *objectiF* unterscheidet sich ebenfalls von dem UML-Standard, der im Kapitel „Aktivitätsdiagramm" beschrieben wurde:

▶ Aktivitäten können nicht angelegt werden, sondern nur Aktionen.
▶ Das Endsymbol für einen Steuerungsfluss ist nicht vorhanden.
▶ Verantwortungsbereiche werden als Schwimmbahnen (engl. `swimLanes`) bezeichnet und können nur vertikal angelegt werden.
▶ Symbole für das Senden und Empfangen von Signalen sind nicht vorgesehen.
▶ Unterbrechungs- und Expansionsbereiche sind nicht darstellbar.
▶ Eine zusätzliche Darstellung für Selektion und Iteration ist ebenfalls nicht möglich.
▶ Die PIN-Darstellung des Objektflusses ist auch nicht möglich.

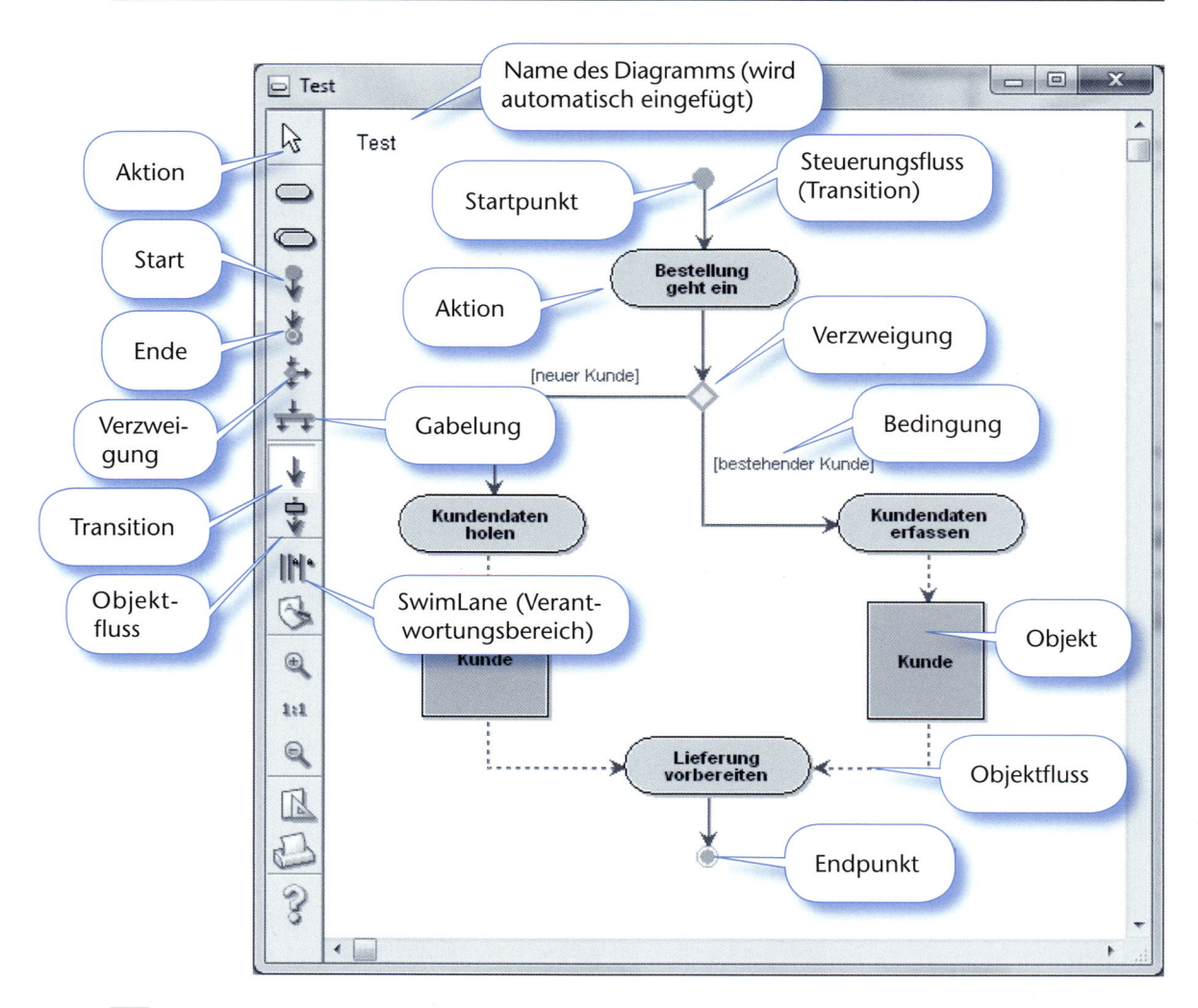

Hinweis:

Der Steuerungsfluss wird unter *objectiF* als Transition bezeichnet. Einer Transition kann eine Bedingung hinzugefügt werden, wie es in dem obigen Beispiel der Verzweigung getan wurde. Der Objektfluss hat ein eigenes Symbol, dessen Eigenschaften detaillierte Angaben ermöglichen. Es kann der Name des Objekts (hier Kunde) angegeben und eine Verknüpfung zu einer existierenden Klasse gemacht werden.

7.1.8 Ein Objektdiagramm anlegen

Das Anlegen von Objektdiagrammen wird unter *objectiF* nicht unterstützt. Mithilfe des Klassendiagramms kann aber das Objektdiagramm simuliert werden. Der Name der Klasse und die Attribute müssen dazu entsprechend angepasst werden. Es muss allerdings dann darauf geachtet werden, dass dieses Diagramm nicht in die Implementierung mit einbezogen wird.

Beispiel:

Mithilfe des Klassensymbols und entsprechenden Angaben wird ein Objekt simuliert:

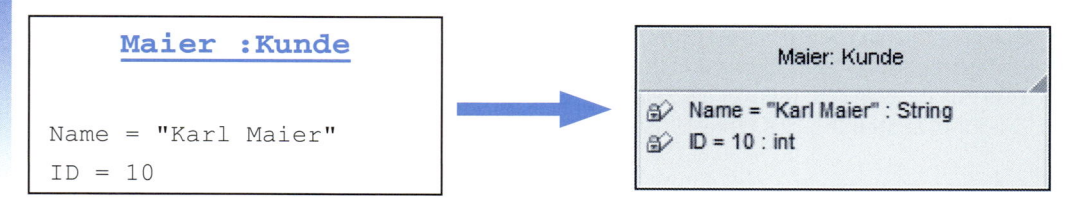

```
       Maier :Kunde

Name = "Karl Maier"
ID = 10
```

Maier: Kunde
- Name = "Karl Maier" : String
- ID = 10 : int

7.2 Beispiel einer objektorientierten Softwareentwicklung mit UML und C#

Ausgangslage des Beispiels
Für eine Bank soll eine Software entwickelt werden, die die Geschäftsprozesse mit den Privatkunden in einem EDV-System abbildet. In erster Linie geht es darum, dass Anwendungsfälle wie „Bargeld abheben" oder „Kredit beantragen" sowie „Beratungen durchführen" EDV-technisch erfasst und verwaltet werden. Die Diagramme werden mit dem CASE-Tool *objectiF* erstellt.

7.2.1 Anforderungen mit einem Anwendungsfalldiagramm beschreiben

In einem ersten Schritt werden die Anforderungen an das System durch ein Anwendungsfalldiagramm beschrieben. In der Phase der Anforderungen wird das Diagramm noch allgemein gehalten. Weitere Details und Verfeinerungen werden dann in der objektorientierten Analyse (**OOA**) ergänzt bzw. durchgeführt.

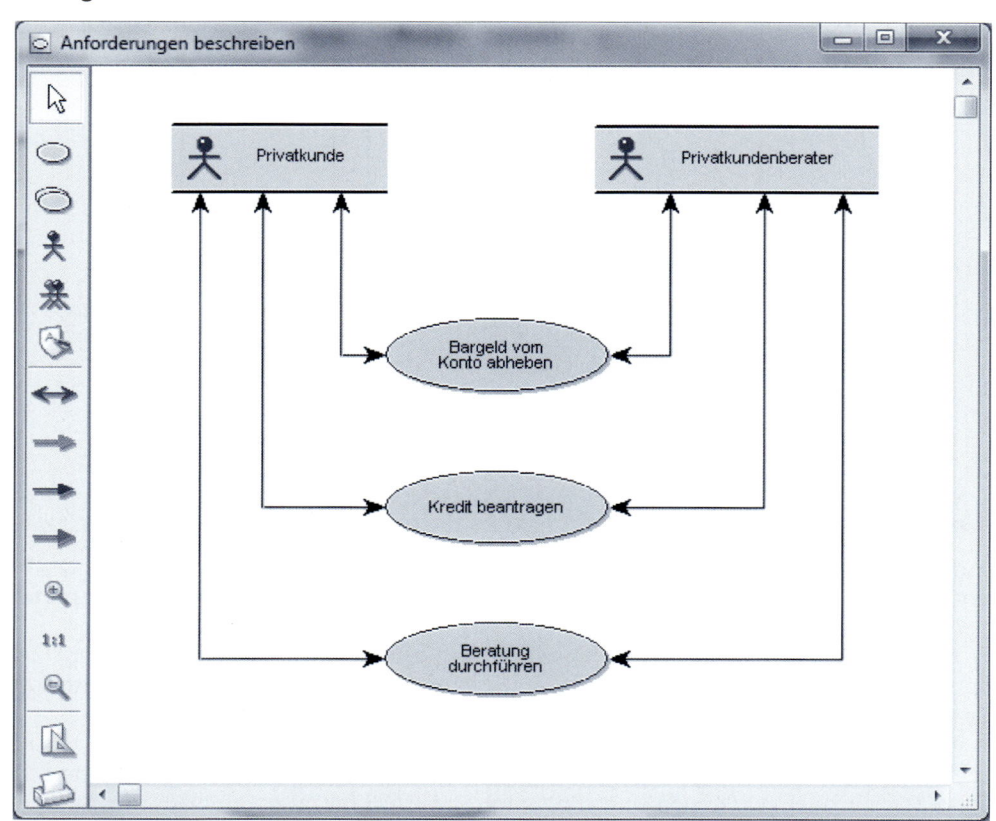

Die Anwendungsfälle „Bargeld vom Konto abheben", „Kredit beantragen" und „Beratung durchführen" sind angelegt worden. Die beiden Akteure „Privatkunde" und „Privatkundenberater" sind mit den Anwendungsfällen assoziiert.

7.2.2 Objektorientierte Analyse (OOA)

Das Ziel der objektorientierten Analyse ist das möglichst vollständige Erfassen der Anforderungen an das System. Dazu wird beispielsweise das Anwendungsfalldiagramm weiter spezifiziert. Die Beziehungen zwischen den Akteuren und Anwendungsfällen sowie mögliche Generalisierungen werden analysiert und ergänzt.

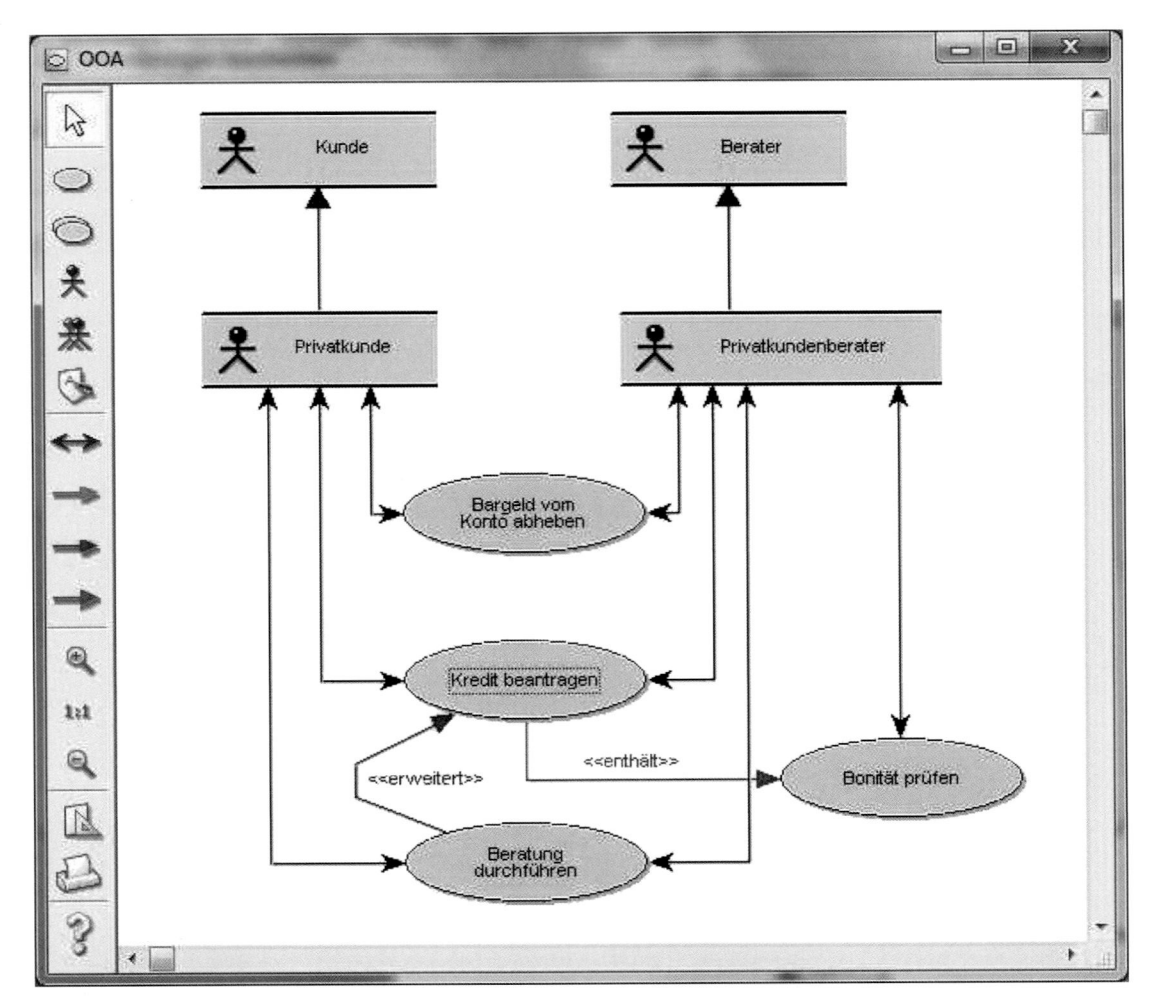

▶ Kunde und Berater können als Generalisierungen von Privatkunde bzw. Privatkundenberater identifiziert werden. Das ist sinnvoll, denn das System könnte zu einem späteren Zeitpunkt auch um Geschäftskunden erweitert werden.
▶ Der Anwendungsfall „Bonität prüfen" wurde als weiterer Anwendungsfall angelegt und hat eine <<include>>-Beziehung (bzw. <<enthält>>-Beziehung) zum Anwendungsfall „Kredit beantragen". Bei jedem Kreditantrag muss die Bonität geprüft werden.
▶ Der Anwendungsfall „Kredit beantragen" hat eine <<extend>>-Beziehung (bzw. <<erweitert>>-Beziehung) zum Anwendungsfall „Beratung durchführen". Es ist nicht zwingend, eine Beratung anzusetzen, nachdem ein Kunde einen Kreditantrag gestellt hat, aber durchaus möglich.

Identifizierung der Klassen
Mithilfe des Anwendungsfalldiagrammes sollen nun die beteiligten Klassen ermittelt werden. Damit soll ein erstes einfaches Klassendiagramm erstellt werden. Dieser Prozess ist relativ schwierig und hängt stark von der Erfahrung und dem Weitblick der Entwickler ab. Das bedeutet, dass es keine allgemein gültige und immer anwendbare Methode gibt, um die beteiligten Klassen zu ermitteln. An dieser Stelle soll deshalb ein einfaches Verfahren dargestellt werden.

Einfache Regeln zur Identifikation von Klassen
- Zuerst werden alle **Akteure** als Kandidaten für Klassen aufgenommen.
- Die Anwendungsfälle und deren zusätzliche Beschreibungen werden nach **Substantiven** durchsucht. Alle Substantive sind mögliche Klassenkandidaten.
- Kandidaten, die **mehrere Attribute** haben, sind mögliche **Klassen**. Kandidaten, die keine Attribute haben, sind oftmals selbst nur ein Attribut einer anderen Klasse.

Mithilfe dieser einfachen Regeln werden nun die Kandidaten für Klassen aufgelistet und anschließend in einem ersten Klassendiagramm festgehalten.

Kandidaten für die Klassen:

Privatkunde   Kunde   Privatkundenberater   Berater

Bargeld   Konto   Kredit   Bonität   Beratung

Ein erstes Klassendiagramm:

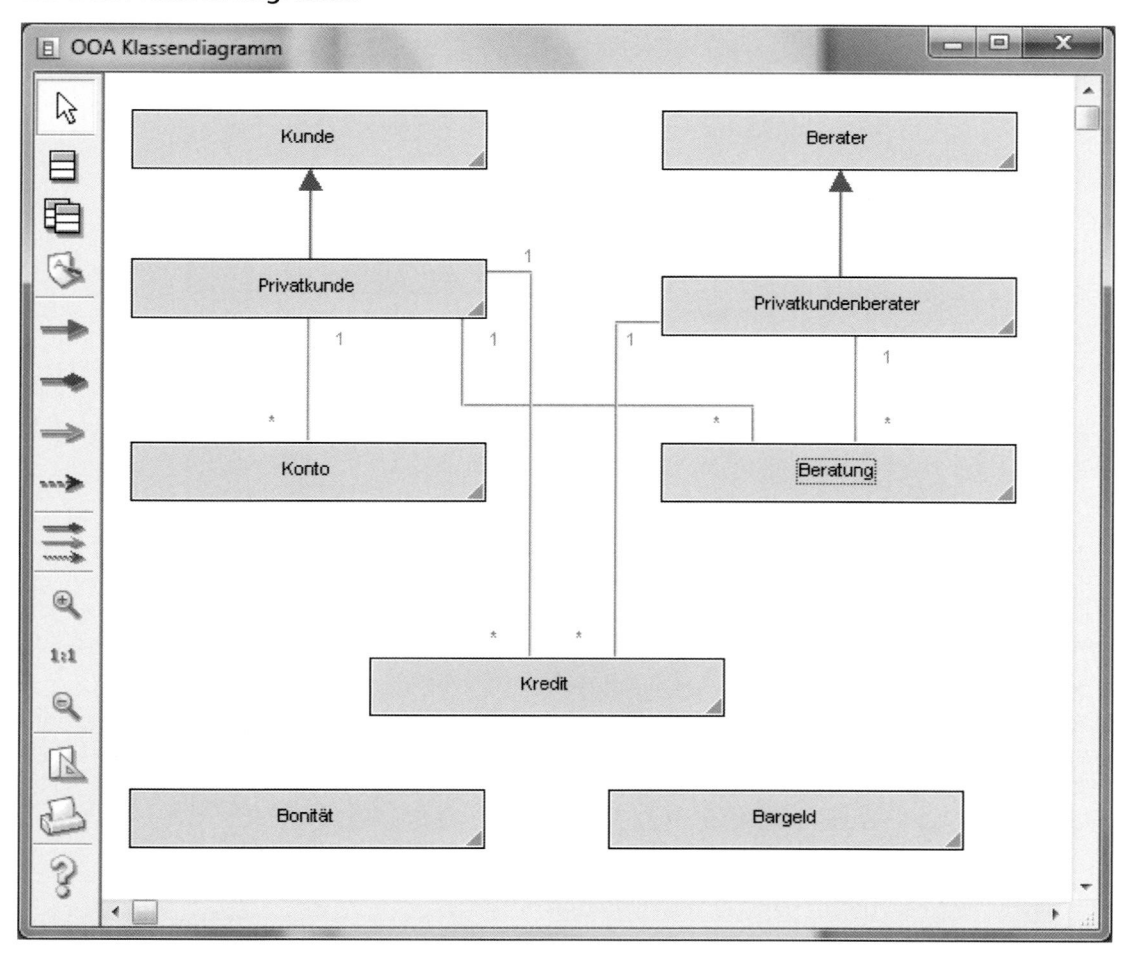

Es zeigt sich, dass die Kandidaten Bonität und Bargeld sich nicht wirklich in das Klassendiagramm einfügen. Die Bonität könnte als Attribut der Klasse Kunde angelegt werden und das Bargeld könnte als Attribut oder als Methode in der Klasse Konto eingefügt werden. Diese Arbeit wird dann im nächsten Schritt, dem objektorientierten Design, erledigt.

Einsatz des Aktivitätsdiagramms

Das Aktivitätsdiagramm kann beispielsweise eingesetzt werden, um einen Anwendungsfall näher zu beleuchten. In diesem Fall soll exemplarisch der Anwendungsfall „Kredit beantragen" mit dem Aktivitätsdiagramm beschrieben werden.

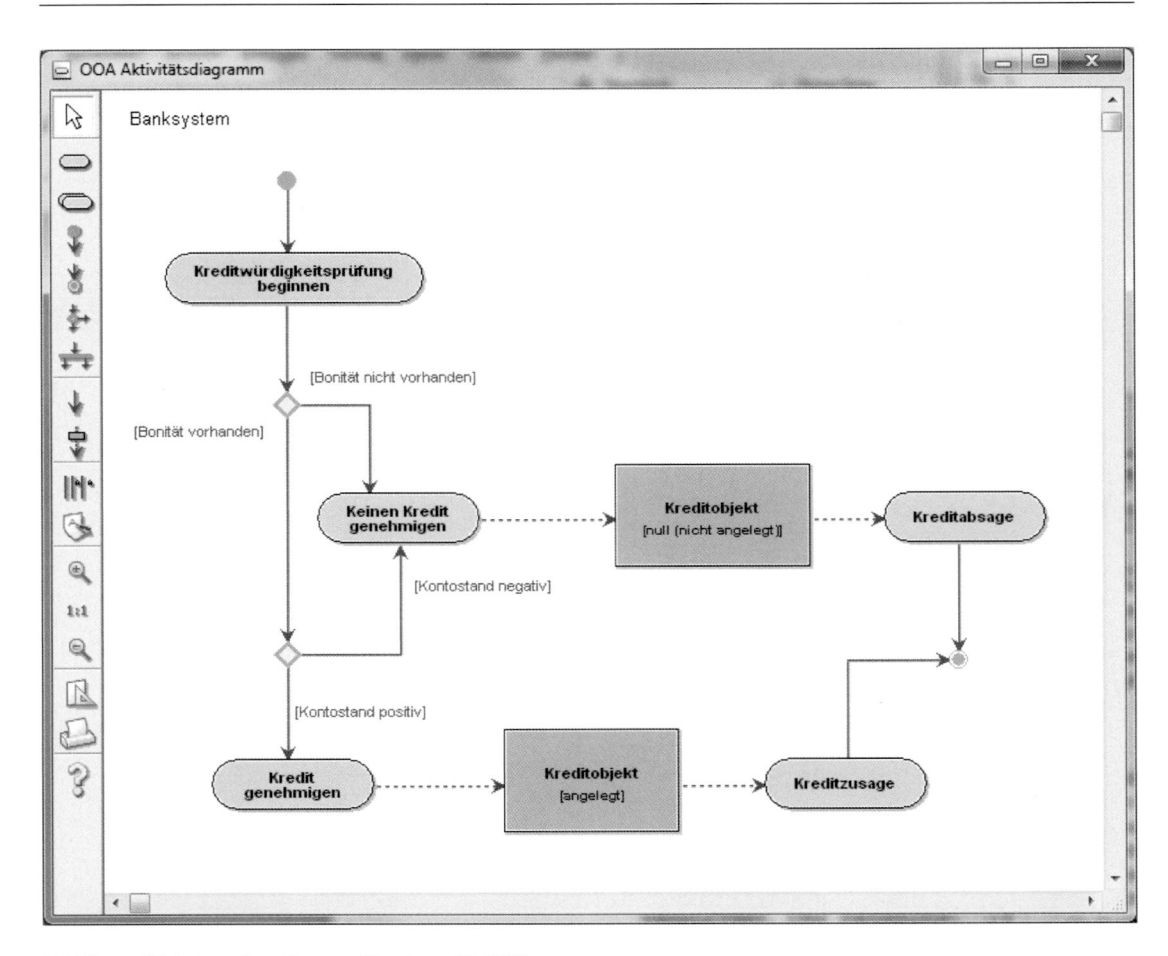

7.2.3 Objektorientiertes Design (OOD)

Das Ziel des objektorientierten Designs ist der Entwurf einer grundlegenden Architektur eines Softwaresystems. Wenn es sich in der Analysephase um das *Was* des Systems dreht, so dreht es sich in der Designphase um das *Wie*.

In der Designphase hat der Entwickler folgende Fragen zu berücksichtigen:

- Welche Plattform wird für die Umsetzung gewählt?
- Welche Entwicklungsumgebung wird eingesetzt?
- Welche Kosten sind in Betracht zu ziehen?

Weiterhin müssen folgende Aspekte beachtet werden:

- Schnittstellen zwischen Teilsystemen festlegen
- Voraussetzungen für die Entwicklung (Programmierung) im Team schaffen
- Konkrete Voraussetzungen für die Implementierung schaffen

Je nach Softwaresystem müssen auch die Benutzeroberflächen entwickelt werden. Die meisten Aspekte sind für dieses Beispiel vorgegeben, deshalb konzentrieren sich die weiteren Ausführungen auf die konkreten Voraussetzungen für die Implementierung.

In einem ersten Schritt soll deshalb das Klassendiagramm verfeinert werden. Ein Sequenzdiagramm soll dann die Kommunikation der Klassen für den Prozess „Kredit beantragen" beleuchten. Anschließend werden Benutzeroberfächen entwickelt.

Verfeinerung des Klassendiagramms

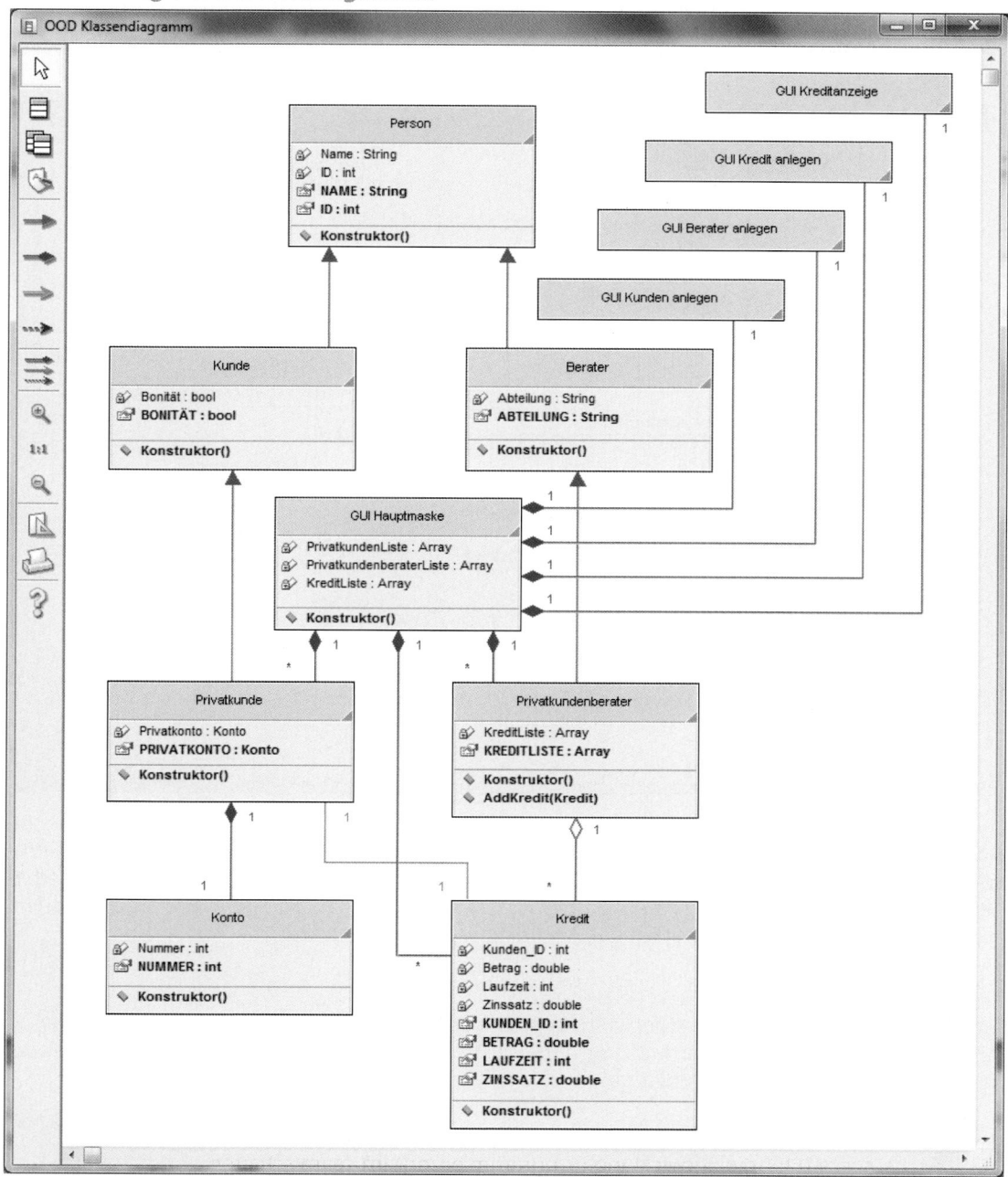

OOD Klassendiagramm

Person
- Name : String
- ID : int
- NAME : String
- ID : int
- Konstruktor()

Kunde
- Bonität : bool
- BONITÄT : bool
- Konstruktor()

Berater
- Abteilung : String
- ABTEILUNG : String
- Konstruktor()

GUI Hauptmaske
- PrivatkundenListe : Array
- PrivatkundenberaterListe : Array
- KreditListe : Array
- Konstruktor()

GUI Kreditanzeige

GUI Kredit anlegen

GUI Berater anlegen

GUI Kunden anlegen

Privatkunde
- Privatkonto : Konto
- PRIVATKONTO : Konto
- Konstruktor()

Privatkundenberater
- KreditListe : Array
- KREDITLISTE : Array
- Konstruktor()
- AddKredit(Kredit)

Konto
- Nummer : int
- NUMMER : int
- Konstruktor()

Kredit
- Kunden_ID : int
- Betrag : double
- Laufzeit : int
- Zinssatz : double
- KUNDEN_ID : int
- BETRAG : double
- LAUFZEIT : int
- ZINSSATZ : double
- Konstruktor()

Das Klassendiagramm zeigt nur eine exemplarische Teilverfeinerung des Diagramms aus der Analyse mit dem **Schwerpunkt auf der Kreditvergabe**. Die Klassen wurden konkretisiert und mit Attributen und Methoden versehen. Die Beziehungen wurden detaillierter festgelegt – beispielsweise die Komposition zwischen Privatkunde und Konto sowie die Aggregation zwischen Privatkundenberater und Kredit. Ebenso wurden die Benutzeroberflächen als Klassen modelliert. Die Benutzeroberflächen sollen zur Eingabe neuer Kunden und Berater dienen, sowie die Abwicklung einer Kreditvergabe simulieren. Die Hauptmaske dient dabei als Navigationsmaske (ähnlich einem Menü). Von der Hauptmaske sollen alle Funktionalitäten aufrufbar sein.

7 Beispiel einer Softwareentwicklung

Einsatz des Sequenzdiagramms
Mithilfe des Sequenzdiagramms wird nun exemplarisch der Prozess „Kredit beantragen" näher beleuchtet. Die beteiligten Objekte werden in ihrem Kommunikationsverhalten untereinander beschrieben.

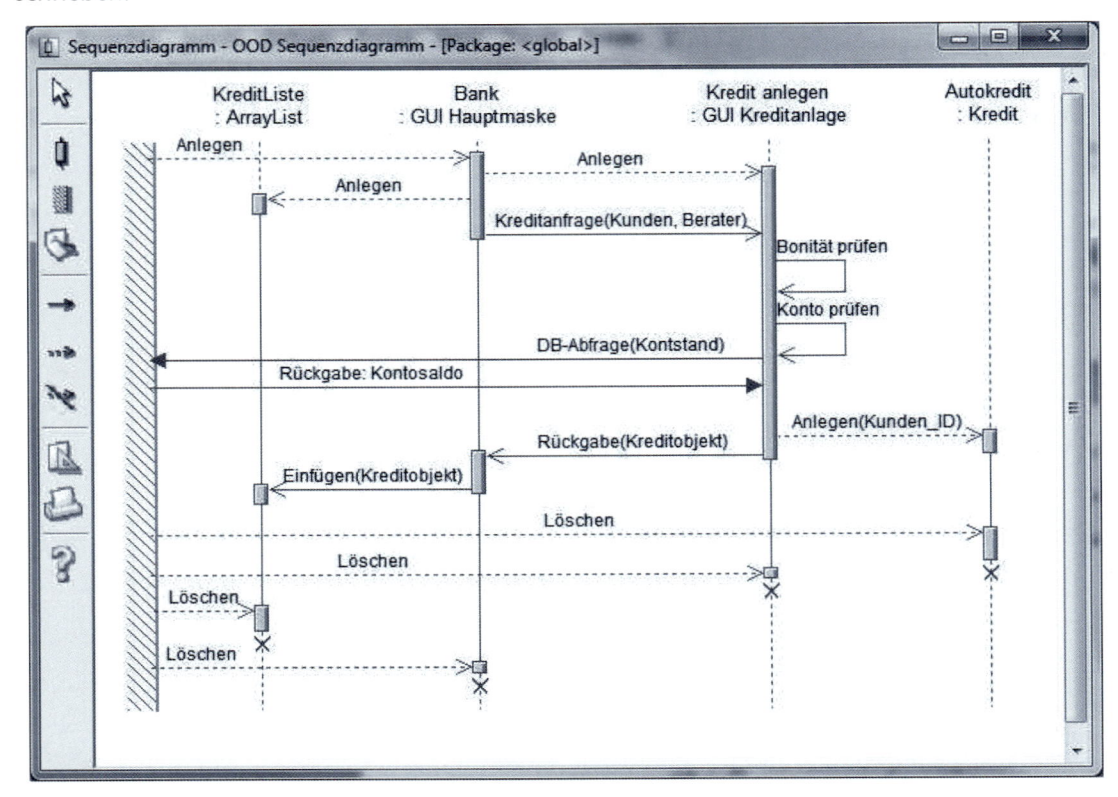

Das Sequenzdiagramm zeigt den zeitlichen Ablauf der Botschaften, die gesendet werden, wenn ein Privatkunde eine Kreditanfrage stellt. Daran beteiligt sind die GUI-Klassen, die Listen-Klasse zur Speicherung der Kredite sowie die Kredit-Klasse selbst. Bei einer Kreditanfrage werden die bereits bestehenden Privatkunden und Privatkundenberater an das GUI-Objekt *Kredit anlegen* übergeben. Die Botschaft `DB-Abfrage` ermittelt den Kontostand des Privatkunden.

Skizzierung der Benutzeroberflächen (GUI)
Die möglichen Oberflächen werden angelegt. Dabei wird der Designer der jeweiligen Entwicklungsumgebung benutzt (hier: *Microsoft Visual C# Express Edition 2008*). Dadurch wird bei der Implementierung zusätzliche Arbeit gespart.

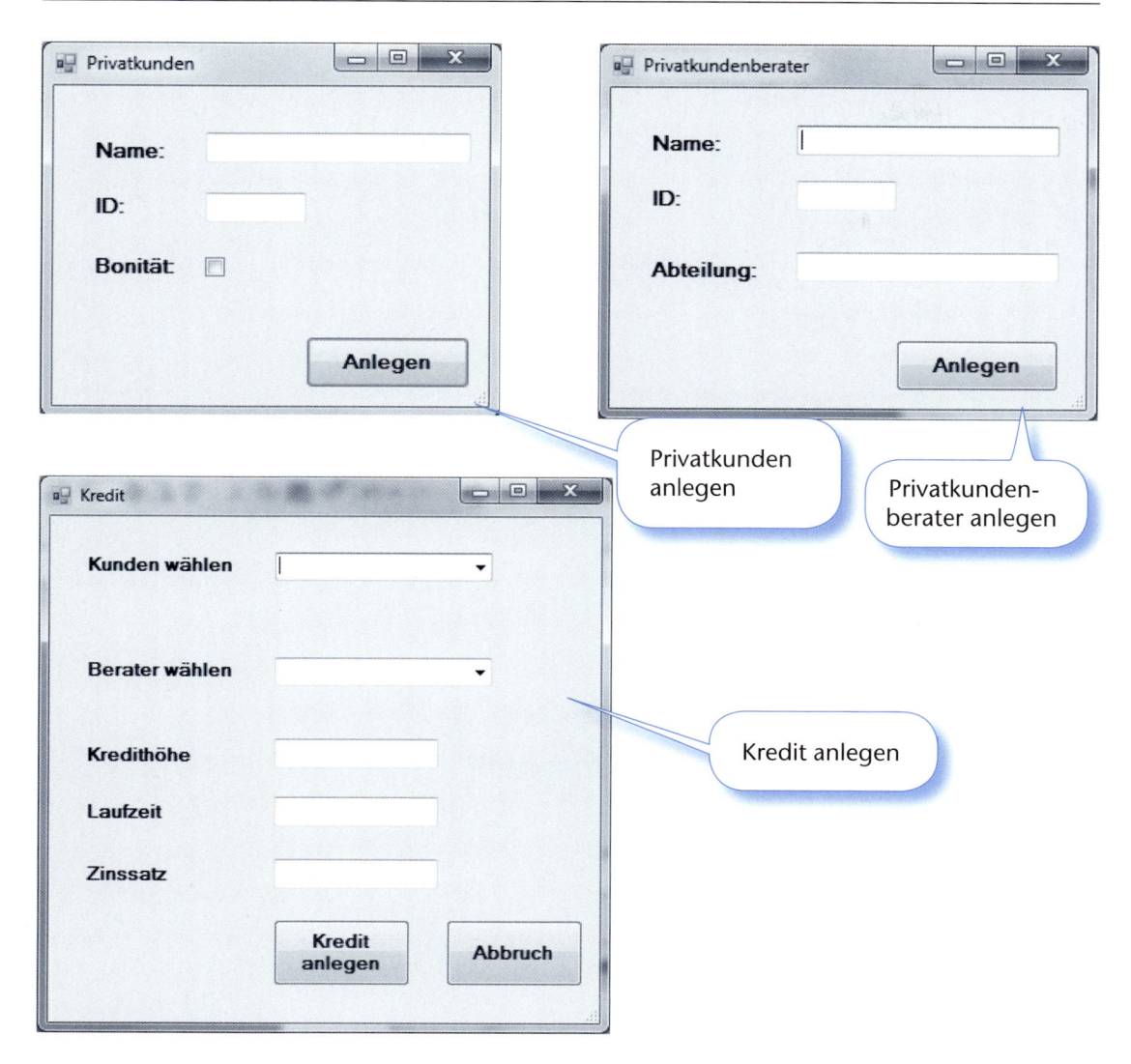

7 Beispiel einer Softwareentwicklung

(Formular „Privatkunden" mit Feldern Name, ID, Bonität und Schaltfläche „Anlegen" → Privatkunden anlegen)

(Formular „Privatkundenberater" mit Feldern Name, ID, Abteilung und Schaltfläche „Anlegen" → Privatkundenberater anlegen)

(Formular „Kredit" mit Feldern Kunden wählen, Berater wählen, Kredithöhe, Laufzeit, Zinssatz und Schaltflächen „Kredit anlegen" und „Abbruch" → Kredit anlegen)

ACHTUNG:

Die bisherige Darstellung zeigt einen exemplarischen Entwicklungsprozess einer objektorientieren Softwareentwicklung. In den einzelnen Phasen können noch weitere UML-Diagrammtypen oder auch Elemente der strukturierten Programmierung wie der Programmablaufplan oder das Struktogramm zum Einsatz kommen. Es geht also in erster Linie darum, eine erste Vorstellung von der Entwicklung eines objektorientierten Softwaresystems zu schaffen. Die Perfektionierung des Entwicklungsprozesses kann dann nur durch das Sammeln weiterer Erfahrungen und das Hinzuziehen entsprechender Fachliteratur erreicht werden.

7.2.4 Objektorientierte Programmierung (OOP)

Nach den Vorbereitungen aus der Analyse- und der Designphase kann das Softwaresystem nun implementiert werden. Dabei werden zuerst die Klassen implementiert. Die GUI-Klassen wurden bereits in der Designphase angelegt und werden nur angepasst bzw. mit den entsprechenden Methoden hinterlegt.

Hinweis:

Die Implementierung der Klassen kann mithilfe von *objectiF* geschehen. Dazu kann die automatische Codegenerierung benutzt werden. Eine Integration der Entwicklungsumgebung ist auch möglich, allerdings nicht mit den Express-Editionen von Microsoft, sondern nur mit dem kompletten Studio.

7 Beispiel einer Softwareentwicklung

Implementierung der Klassen

```csharp
public class CPerson
{
   protected string name;
   protected int id;
   public CPerson() { name = "NN"; id = -1; }
   public string NAME
   {
        get { return name; }
        set { name = value; }
   }
   public int ID
   {
        get { return id; }
        set { id = value; }
   }
}
```

Erbt von CPerson

```csharp
public class CKunde : CPerson
{
   protected bool bonitaet;
   public CKunde() : base() { bonitaet = false; }
   public bool BONITAET
   {
        get { return bonitaet; }
        set { bonitaet = value; }
   }
}
```

Erbt von CKunde

Umsetzung der Komposition

```csharp
public class CPrivatkunde : CKunde
{
   private CKonto konto = new CKonto();
   public CPrivatkunde() : base() { }
   public int KONTO
   {
        get { return konto.NUMMER; }
        set { konto.NUMMER = value; }
   }
}
```

```csharp
public class CKonto
{
   private int nummer;
   public CKonto() { nummer = -1; }
```

```csharp
      public int NUMMER
      {
         set { if (value > 0 && value < 9999) nummer = value; }
         get { return nummer; }
      }
}
```

> Erbt von CPerson

```csharp
public class CBerater : CPerson
{
   protected String abteilung;
   public CBerater() : base() { abteilung = ""; }
   public string ABTEILUNG
   {
         get { return abteilung; }
         set { abteilung = value; }
   }
}
```

> Erbt von CBerater

> Umsetzung der Aggregation

```csharp
public class CPrivatkundenberater : CBerater
{
   private System.Collections.ArrayList kreditListe =
                     new System.Collections.ArrayList();

   public CPrivatkundenberater() : base() { }
   public System.Collections.ArrayList KREDITLISTE
   {
      get { return kreditListe; }
   }
   public void AddKredit(CKredit vK)
   {
      kreditListe.Add(vK);
   }
}
```

> Umsetzung der Assoziation

```csharp
public class CKredit
{
   private int kunden_ID;
   private double betrag;
   private int laufzeit;
   private double zinssatz;
```

```csharp
public CKredit()
{
   kunden_ID = -1;
   betrag = 0;
   laufzeit = 0;
   zinssatz = 0;
}
public int KUNDEN_ID
{
   get { return kunden_ID; }
   set { if (value > 0) kunden_ID = value; }
}
public double BETRAG
{
   get { return betrag; }
   set { if (value > 0) betrag = value; }
}
public int LAUFZEIT
{
   get { return laufzeit; }
   set { if (value > 0 && value < 999) laufzeit = value; }
}
public double ZINSSATZ
{
   get { return zinssatz; }
   set { if (value > 0 && value <= 100) zinssatz = value; }
}
}
```

Implementierung der GUI-Klassen

```csharp
public partial class GUIHauptmaske : Form
{
```
Der Hauptdialog

Objekte für die „Unterformulare"

```csharp
   private GUIKredit dlgKredit = new GUIKredit();
   private GUIPrivatkunden dlgPrivatkunden = new GUIPrivatkunden();
   private GUIPrivatkundenberater dlgPrivatkundenBerater
                       = new GUIPrivatkundenberater();
   private GUIKreditAnzeige dlgAnzeige = new GUIKreditAnzeige();

   private System.Collections.ArrayList privatkundenListe
                       = new System.Collections.ArrayList();
   private System.Collections.ArrayList privatkundenberaterListe
                       = new System.Collections.ArrayList();
   private System.Collections.ArrayList kreditListe
                       = new System.Collections.ArrayList();
```

Umsetzung der Aggregationen

```csharp
public GUIHauptmaske()
{
    InitializeComponent();
}

private void Form1_Load(object sender, EventArgs e) { }

private void btnKundenAnlegen_Click(object sender, EventArgs e)
{
    dlgPrivatkunden.ShowDialog();        // „Kunden anlegen"-Dialog aufrufen

    privatkundenListe.Add(dlgPrivatkunden.KUNDE);
}                                         // Neuen Kunden hinzufügen

private void btnBeraterAnlegen_Click(object sender, EventArgs e)
{
                                          // „Berater anlegen"-Dialog aufrufen
    dlgPrivatkundenBerater.ShowDialog();
    privatkundenberaterListe.Add(dlgPrivatkundenBerater.KUNDE);
}                                         // Neuen Berater hinzufügen

private void btnKreditAnlegen_Click(object sender, EventArgs e)
{
    dlgKredit.Fuellen(privatkundenListe,
                      privatkundenberaterListe);
                                          // Die bestehenden Kunden
                                          // und Berater mitteilen

    dlgKredit.ShowDialog();               // „Berater anlegen"-Dialog aufrufen
    kreditListe.Add(dlgKredit.KREDIT);
}                                         // Neuen Kredit hinzufügen

private void buttonEnde_Click(object sender, EventArgs e)
{
    this.Close();
}

private void buttonAnzeigen_Click(object sender, EventArgs e)
{
    dlgAnzeige.Fuellen(privatkundenListe,    // Die bestehenden Kunden
                       privatkundenberaterListe);  // und Berater mitteilen
    dlgAnzeige.ShowDialog();              // „Kredite anzeigen"-Dialog aufrufen
}
}
```

```csharp
public partial class GUIKredit : Form          // Der „Kredit anlegen"-Dialog
{
   System.Collections.ArrayList kListe;         // Verweise auf die bestehenden
   System.Collections.ArrayList bListe;         // Berater und Kunden
   CKredit vKredit;
   public GUIKredit() { InitializeComponent(); }

   public void Fuellen(System.Collections.ArrayList kListe,
                       System.Collections.ArrayList bListe)
   {
      comboBoxKunde.Items.Clear();              // Die Kombinationsfelder leeren
      comboBoxBerater.Items.Clear();

      this.kListe = kListe;                     // Die Verweise übernehmen
      this.bListe = bListe;

      foreach (CPrivatkunde pk in kListe)       // Die Kombinationsfelder füllen
      {
         comboBoxKunde.Items.Add(pk.NAME);
      }
      foreach (CPrivatkundenberater pb in bListe)
      {
         comboBoxBerater.Items.Add(pb.NAME);
      }
   }

   private void buttonAbbruch_Click(object sender, EventArgs e)
   {
      this.Close();
   }

   public bool DBABfrage(int kontonummer)
   {
      System.Random r = new Random();
      int zufall = r.Next(10);
      if (zufall > 5) return true;
      return false;
   }
```

Hier wird der Einfachheit halber eine Datenbankabfrage simuliert. Mit 50 % Wahrscheinlichkeit ist die Kontoauskunft positiv. An dieser Stelle könnte auch eine echte Datenbankanbindung stehen.

```csharp
public CKredit KREDIT
{
    get { return vKredit; }
}


private void buttonAnlegen_Click(object sender, EventArgs e)
{

    CPrivatkunde k = null;
    CPrivatkundenberater b = null;
    vKredit = null;                    // Kredit auf null setzen – noch kein Kredit

                                       // Namen aus den Kombinationsfeldern merken
    string kname = comboBoxKunde.SelectedItem.ToString();
    string bname = comboBoxBerater.SelectedItem.ToString();

    foreach (CPrivatkunde pk in kListe)
    {
        if (kname == pk.NAME) k = pk;  // Kunden zu dem Namen finden
    }
    foreach (CPrivatkundenberater pb in bListe)
    {
        if (bname == pb.NAME) b = pb;  // Berater zu dem Namen finden
    }

    if (DBABfrage(k.KONTO) == true)    // Kreditwürdigkeit prüfen – nach Vorgabe im Aktivitätsdiagramm
    {
        if (k.BONITAET == true)
        {
            vKredit = new CKredit();   // Neuen Kredit anlegen
            vKredit.KUNDEN_ID = k.ID;
            vKredit.BETRAG = Convert.ToDouble(textBoxKreditHoehe.Text);   // Kreditdaten zuweisen
            vKredit.LAUFZEIT = Convert.ToInt32(textBoxLaufzeit.Text);
            vKredit.ZINSSATZ = Convert.ToDouble(textBoxZinssatz.Text);
            b.AddKredit(vKredit);      // Umsetzung der Aggregation
        }
        else MessageBox.Show("Kein Kredit möglich - fehlende Bonität");
    }
    else MessageBox.Show("Kein Kredit möglich - Konto überzogen");
    this.Close();
}
```

7 Beispiel einer Softwareentwicklung

```csharp
public partial class GUIPrivatkunden : Form
```
— Der „Kunden anlegen"-Dialog

```csharp
{
    private CPrivatkunde vPrivatkunde;
    public GUIPrivatkunden()
```
— Verweis für das neue Kundenobjekt

```csharp
    {
        InitializeComponent();
    }
    public CPrivatkunde KUNDE
    {
        get { return vPrivatkunde; }
    }
    private void buttonAnlegen_Click(object sender, EventArgs e)
    {
        vPrivatkunde = new CPrivatkunde();
```
— Neuen Kunden anlegen

```csharp
        vPrivatkunde.NAME = textBoxName.Text;
        vPrivatkunde.ID = Convert.ToInt32(textBoxID.Text);
        if (checkBoxBonitaet.Checked == true)
                vPrivatkunde.BONITAET = true;
        else
                vPrivatkunde.BONITAET = false;
        this.Close();
    }
}
```

— Der „Berater anlegen"-Dialog

```csharp
public partial class GUIPrivatkundenberater : Form
{

    //analog zum Privatkunden
}
```

— Der „Kredite anzeigen"-Dialog

```csharp
public partial class GUIKreditAnzeige : Form
{
    public GUIKreditAnzeige()
    {
        InitializeComponent();
    }
```
— Übergabe der Listen

```csharp
    public void Fuellen(System.Collections.ArrayList kListe,
                        System.Collections.ArrayList bListe)
    {
        textBoxDaten.Text = "";
        int zaehler = 1;
        foreach (CPrivatkundenberater pb in bListe)
        {
            foreach (CKredit k in pb.KREDITLISTE)
            {
```

7 Beispiel einer Softwareentwicklung

```
            foreach (CPrivatkunde pk in kListe)
            {
               if (k.KUNDEN_ID == pk.ID)
               {
                  textBoxDaten.Text +=
                  zaehler.ToString() + ") Kunde " +
                  pk.NAME + "   Kreditsumme: " +
                  k.BETRAG + "   Bearbeiter " +
                  pb.NAME + "\r\n\r\n";

                  zaehler++;
               }
            }
         }
      }
   }
}
```

> Hier wird anhand der Kreditlisten der Berater und der jeweiligen ID des Kunden eine Informationszeile zu dem Kredit zusammengestellt.

Das neue *Softwaresystem* **im** *Einsatz*

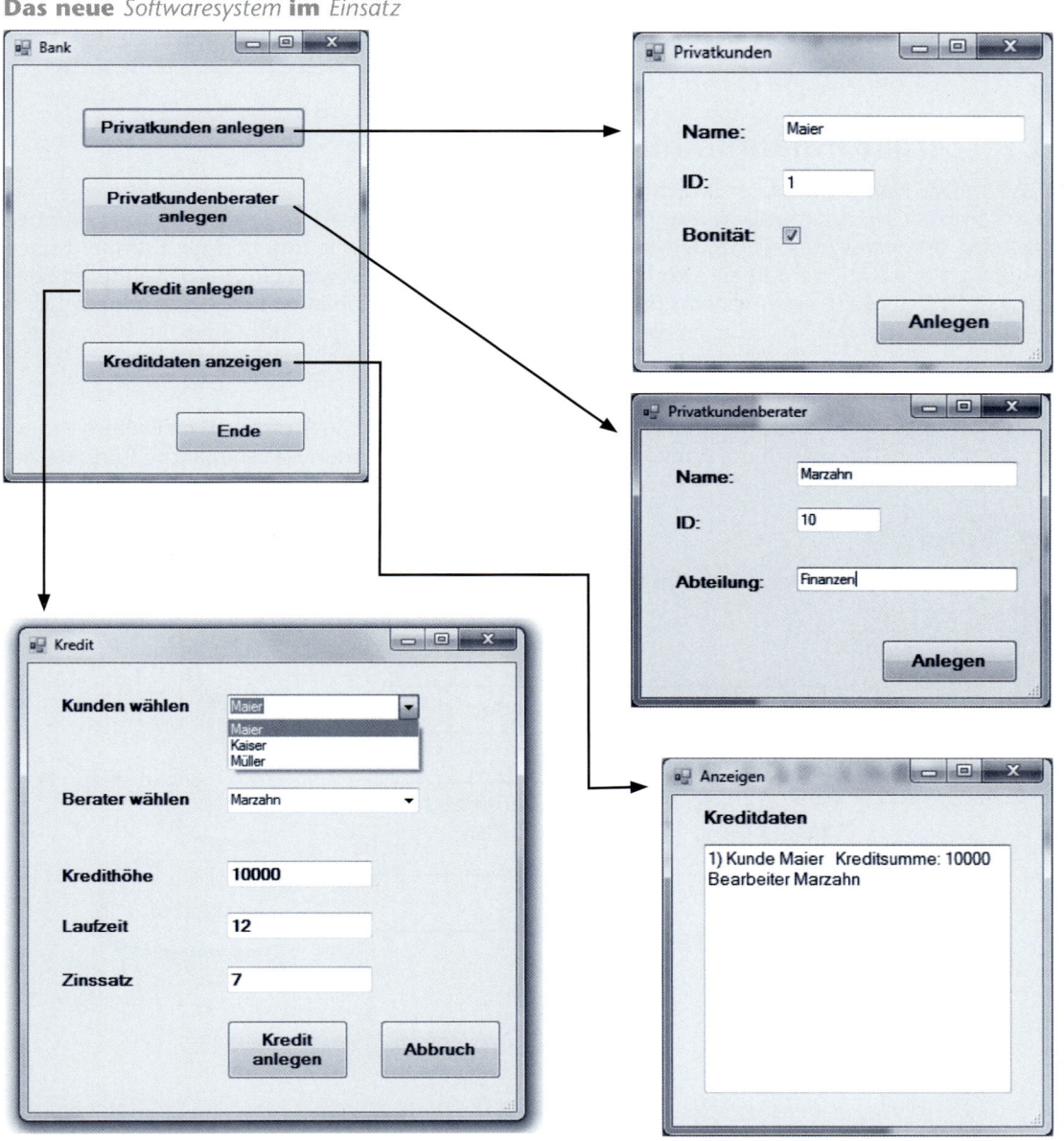

8 Weitere UML-Diagramme

Neben den vorgestellten Diagrammen gibt es neun weitere Diagramme, die in den folgenden Unterkapiteln kurz vorgestellt werden. Einige Diagramme sind den bereits behandelten sehr ähnlich, zeigen das zu entwickelnde Softwaresystem allerdings aus anderen Blickwinkeln.

Strukturdiagramme

- Klassendiagramm
- Objektdiagramm
- **Kompositionsstrukturdiagramm**
- **Komponentendiagramm**
- Verteilungsdiagramm
- Paketdiagramm
- Profildiagramm

Verhaltensdiagramme

- Anwendungsfalldiagramm
- Sequenzdiagramm
- Aktivitätsdiagramm
- **Zustandsdiagramm**
- **Kommunikationsdiagramm**
- Zeitverlaufsdiagramm
- **Interaktionsübersichtsdiagramm**

8.1 Strukturdiagramme

8.1.1 Das Kompositionsstrukturdiagramm

Das Kompositionsstrukturdiagramm dient zur Darstellung von internen Strukturen des zu entwickelnden Softwaresystems. Auf der einen Seite können Klassen mit zugehörigen Kompositionen (und auch Assoziationen) in eine kompakte Darstellung gebracht werden. Auf der anderen Seite kann die Arbeitsweise eines Systems (bzw. Teilsystems) durch sogenannte Kollaborationen deutlich gemacht werden. Dabei wird auch die Kommunikation zwischen einzelnen Objekten beleuchtet.

Klassen und Parts
Durch Kompositionen (oder auch Aggregationen) besitzt eine Klasse Attribute vom Datentyp einer anderen Klasse. Diese Attribute (Objekte der anderen Klasse) können als sogenannte **Parts** dargestellt werden.

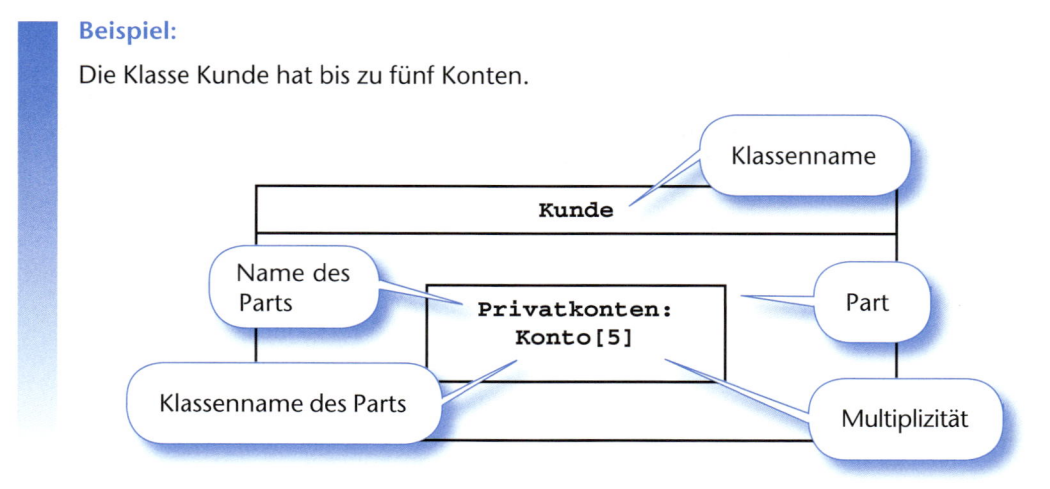

> **Beispiel:**
> Die Klasse Kunde hat bis zu fünf Konten.
>
> (Klasse `Kunde` mit Part `Privatkonten: Konto[5]` — beschriftet mit: Klassenname, Name des Parts, Klassenname des Parts, Part, Multiplizität)

Ports und Konnektoren

Wenn eine Klasse oder ein Part eine Beziehung zu einer anderen Klasse oder einem Part hat, so kann das mit den Symbolen für Ports und Konnektoren dargestellt werden. Dabei kennzeichnen Ports, dass die Klasse oder der Part eine Interaktionsmöglichkeit nach außen anbietet. Mithilfe der Konnektoren können Ports miteinander verbunden werden. Damit ist eine Kommunikationsmöglichkeit zwischen den Ports (und damit auch zwischen den zugehörigen Klassen oder Parts) gegeben.

> **Beispiel:**
>
> In einem Netzwerk sind zwei Computer (Desktop und Laptop) über Ports (Netzwerkkarten) und einen Konnektor (Netzwerkprotokoll) verbunden.

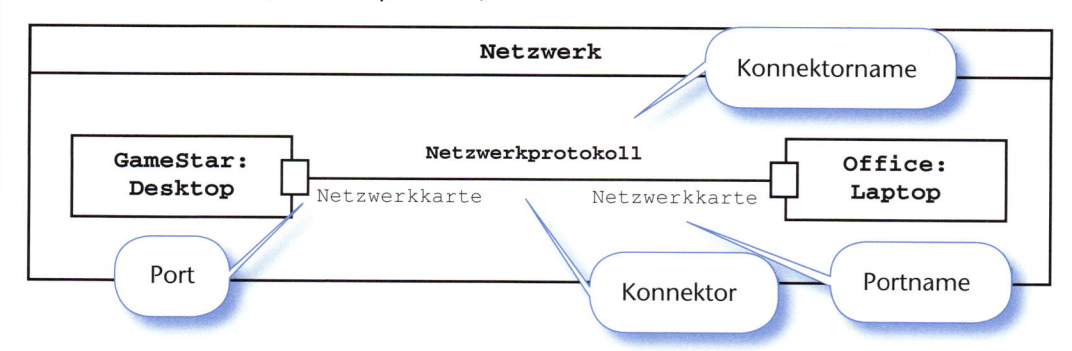

Ports und Schnittstellen

Über Ports kann eine Klasse auch Schnittstellen implementieren bzw. nutzen. Schnittstellen wurden bereits im Kapitel über Klassendiagramme behandelt.

> **Beispiel:**
>
> Ein Laptop nutzt eine WLAN-Schnittstelle, die ein WLAN-Router anbietet und vorher implementiert hat.

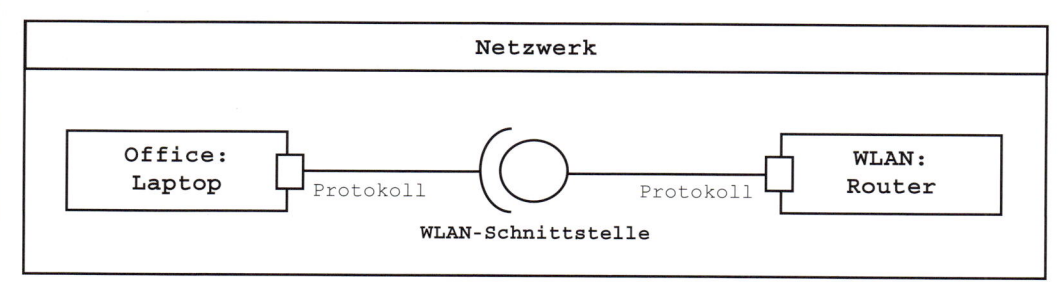

Kollaborationen

Mit Kollaborationen kann die Kommunikation zwischen Objekten beschrieben werden. Die Objekte treten in der Kollaboration in einer Rolle auf. In verschiedenen Kollaborationen können Objekte derselben Klasse auch mit verschiedenen Rollen auftreten. Die Rollen werden durch Konnektoren verbunden, um die Kommunikation zwischen ihnen darzustellen. Die Darstellung einer Kollaboration ist eine Ellipse mit gestrichelten Linien.

Beispiel:

Zwei Objekte einer Klasse `Person` haben die Rollen `Kunde` und `Verkäufer`. In der Kollaboration „Kauf" wird die Beziehung dargestellt.

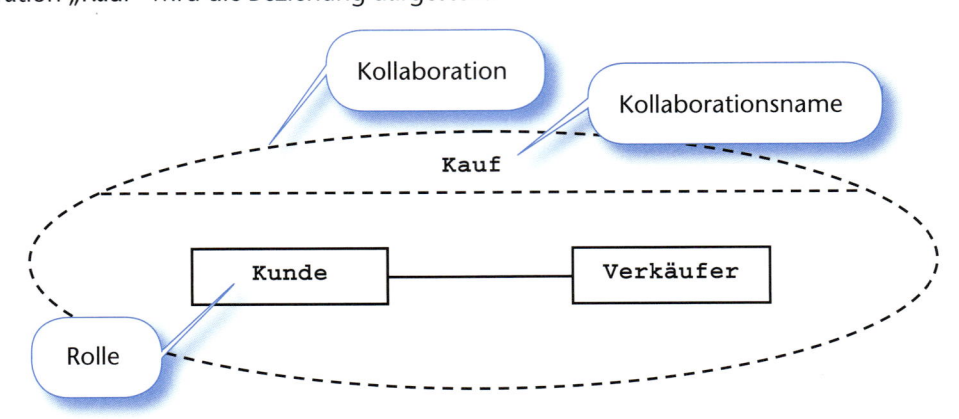

Kollaborationsausprägung

Ein bestehende Kollaboration kann weiter spezifiziert werden, um Merkmale besonders hervorzuheben. Damit erhält man eine andere Ausprägung der bestehenden Kollaboration.

Beispiel:

Die Kollaboration „Kauf" wird zu einer Kollaboration „Computerkauf" ausgeprägt. Dabei wird durch die <<occurrence>> -Beziehung die Ausprägung deutlich gemacht.

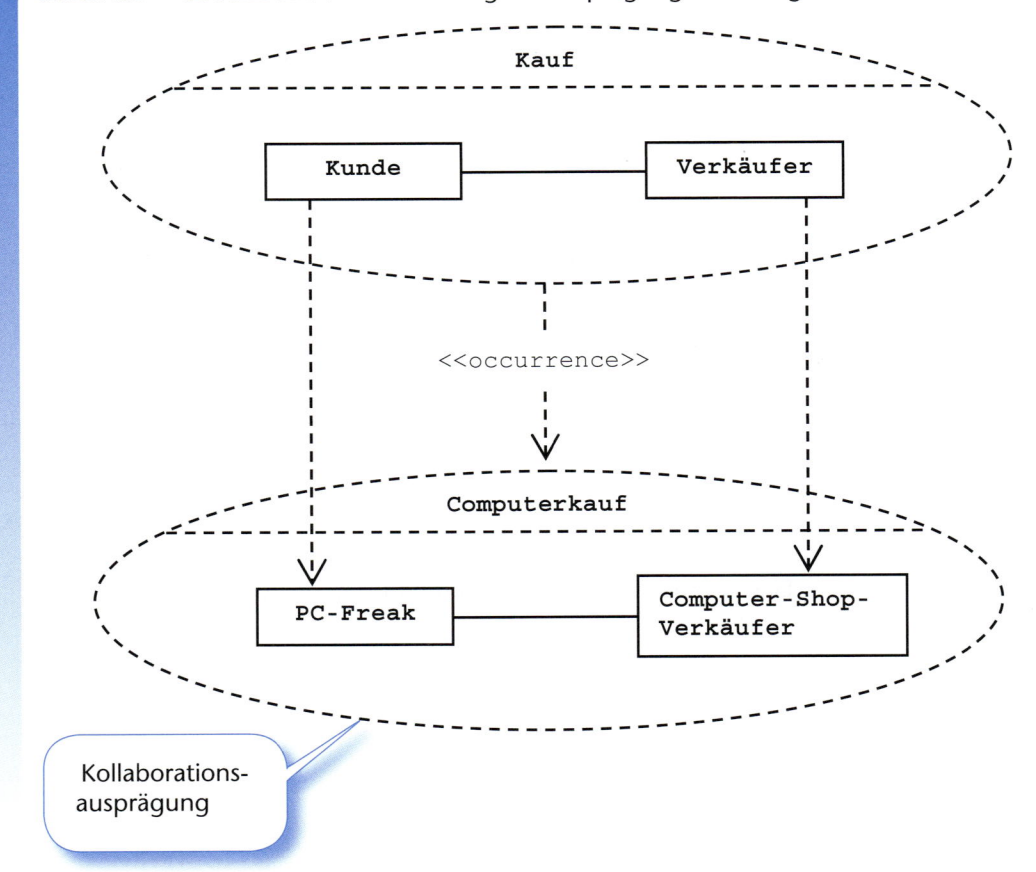

8.1.2 Das Komponentendiagramm

Die Entwicklung großer Softwaresysteme beinhaltet nicht nur viele Klassen, sondern kann auch in verschiedene Komponenten aufgeteilt werden (siehe auch Architekturmuster in Kapitel 1). Die Darstellung aller beteiligten Klassen mit einem einzigen Klassendiagramm würde sehr schnell den Rahmen sprengen. Das Komponentendiagramm ermöglicht deshalb einen Blick auf das ganze Softwaresystem. Dabei können einzelne Komponenten, Schnittstellen, Klassen und sogenannte

Artefakte dargestellt werden. Einzelne Komponenten können wiederum aus Komponenten (Klassen, Schnittstellen, Artefakten) bestehen.

Darstellung einer Komponente
Eine Komponente kann aus einer bis beliebig vielen Klassen bestehen oder auch ein ganzes Softwaresystem darstellen. Sie kommuniziert über Ports und entsprechende Schnittstellen mit anderen Komponenten, Klassen oder Artefakten.

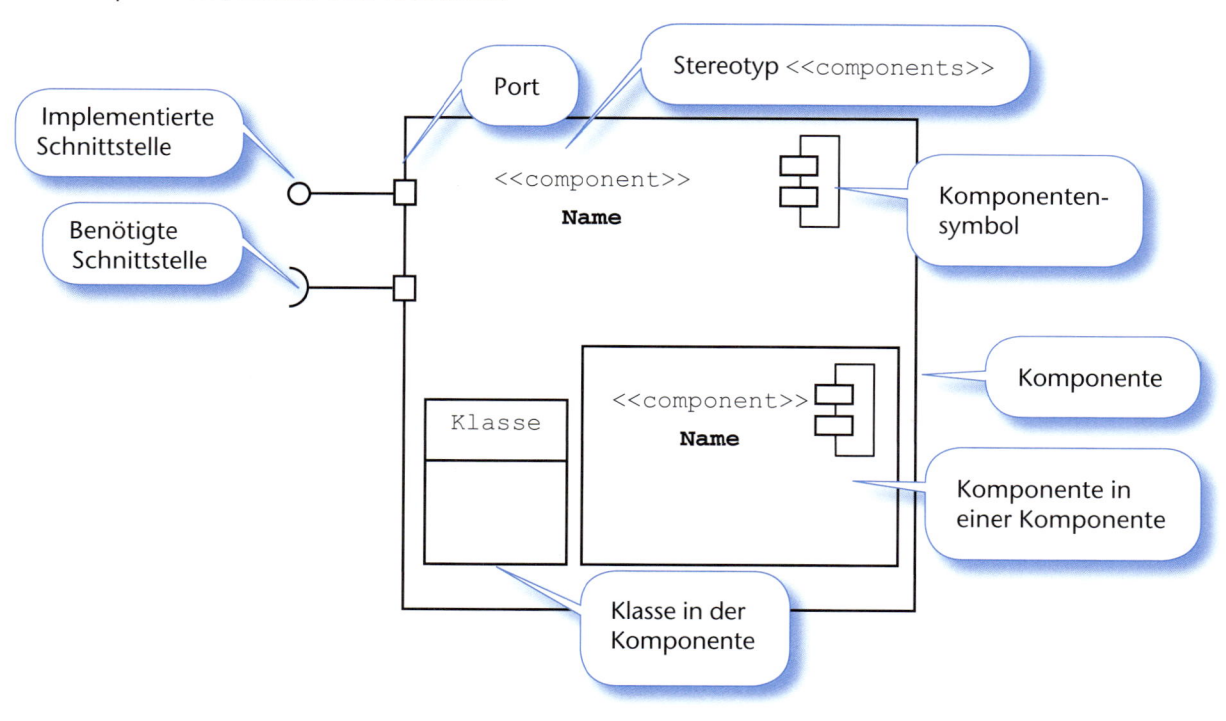

Weitere Stereotype für Komponenten
Neben dem Stereotyp <<component>> kann eine Komponente auch mit anderen Stereotypen bezeichnet werden. Diese anderen Stereotype spezifizieren die Komponente noch näher. Die folgende Tabelle zeigt einige wichtige Stereotype:

Stereotyp	Beschreibung
<<subsystem>>	Eine Komponente wird mit dem Stereotyp <<subsystem>> gekennzeichnet, wenn die Komponente zwar ein eigenes abgeschlossenes System darstellt, aber eine Art Untersystem (Bauteil) eines komplexeren Systems ist.
<<service>>	Eine <<service>>-Komponente stellt Dienste für andere Komponenten zu Verfügung.
<<specification>> und <<implements>>	Eine <<specification>>-Komponente deklariert nur Schnittstellen. Die Implementierung erfolgt in der entsprechenden <<implements>>-Komponente.

Die Artefakte
Bei der Entwicklung eines Softwaresystems entstehen konkrete Bestandteile wie Datenbanktabellen, Quellcode-Dateien oder natürlich auch UML-Diagramme. Solche (physisch existenten) Bestandteile werden **Artefakte** genannt. Sie stehen zu den Komponenten in einer Beziehung – der sogenannten <<manifest>>-Beziehung.

8 Weitere UML-Diagramme

> **Beispiel:**
>
> Die Komponente „Bestellsystem" stellt eine komplette Abwicklung von Bestellungen zur Verfügung. Sie manifestiert sich in dem Artefakt „Bestellung.dll".

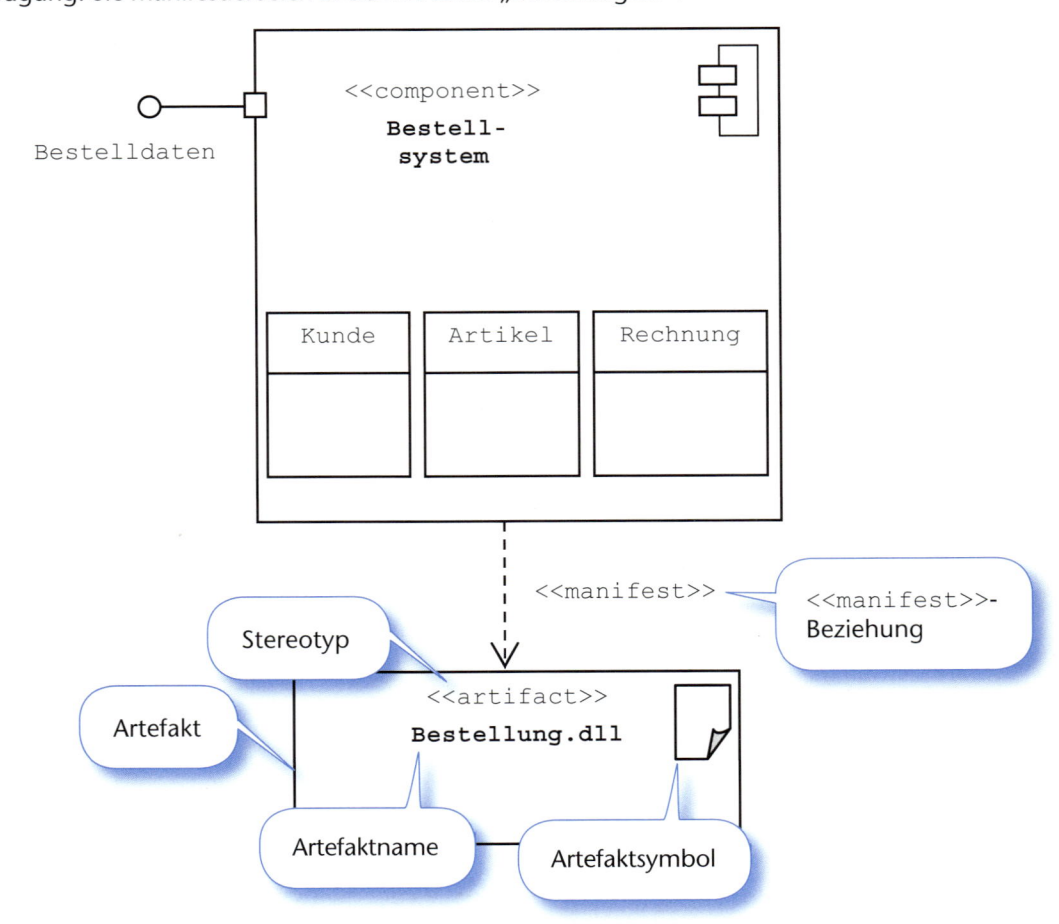

Weitere Stereotypen für Artefakte

Neben dem Stereotyp `<<artifact>>` kann ein Artefakt auch mit anderen Stereotypen bezeichnet werden. Diese anderen Stereotypen spezifizieren das Artefakt noch näher. Die folgende Tabelle zeigt einige wichtige Stereotype:

Stereotyp	Beschreibung
`<<executable>>`	Das `<<executable>>`-Artefakt steht für eine ausführbare Datei. In der Regel hat eine solche Datei die Endung *exe*.
`<<script>>`	Das `<<script>>`-Artefakt steht für eine Skript-Datei, die auf dem Server interpretiert werden muss. Das kann beispielsweise eine Perl- oder PHP-Datei sein.
`<<source>>`	Dieses Artefakt stellt eine Quellcode-Datei dar.

8.1.3 Verteilungsdiagramm

Das Verteilungsdiagramm zeigt den Zusammenhang zwischen Hardware- und Softwarekomponenten in einer bestimmten Umgebung (beispielsweise einem Firmennetzwerk mit Servern und Clients). In der Planungsphase eines Softwaresystems können dadurch die notwendigen Hardwarekomponenten identifiziert und in Beziehung mit den zu entwickelnden Softwarekomponenten gebracht werden. Damit lassen sich die Entwicklungskosten präziser einschätzen. Das Verteilungsdiagramm wird oft als Ergänzung zum Komponentendiagramm eingesetzt. Das zentrale Element des Verteilungsdiagramms ist der **Knoten**.

8 Weitere UML-Diagramme

Der Knoten

Mit einem Knoten werden beliebige Hardwarekomponenten dargestellt. Ebenso können aber auch allgemeine Systemressourcen dargestellt werden. Einem Knoten können Attribute und Methoden zugewiesen werden. Mithilfe der Stereotypen werden verschiedene Knotenarten unterschieden:

Stereotyp	Beschreibung
`<<device>>`	Ein `<<device>>`-Knoten ist ein allgemeiner Knoten zur Darstellung einer physischen Systemressource wie einem Server.
`<<application server>>`	Der `<<application Server>>`-Knoten steht für eine Anwendung, die den Rahmen für die Ausführung weiterer Applikationen bietet (beispielsweise der WebLogic-Server von Oracle).
`<<execution environment>>`	Dieser Knoten stellt eine Umgebung für die Ausführung von Programmen dar. Die Umgebung kann beispielsweise ein Betriebssystem sein.
`<<client workstation>>`	Dieser Knoten greift auf die Applikationen zu, die der `<<application Server>>`-Knoten anbietet. Deshalb werden die beiden Knoten auch oft zusammen verwendet.
`<<mobile device>>` und `<<embedded device>>`	Diese Konten stehen für mobile Geräte (Handy etc.) oder eingebettete Ressourcen (Mikrocontroller in Haushaltsgeräten etc.).

Beispiele:

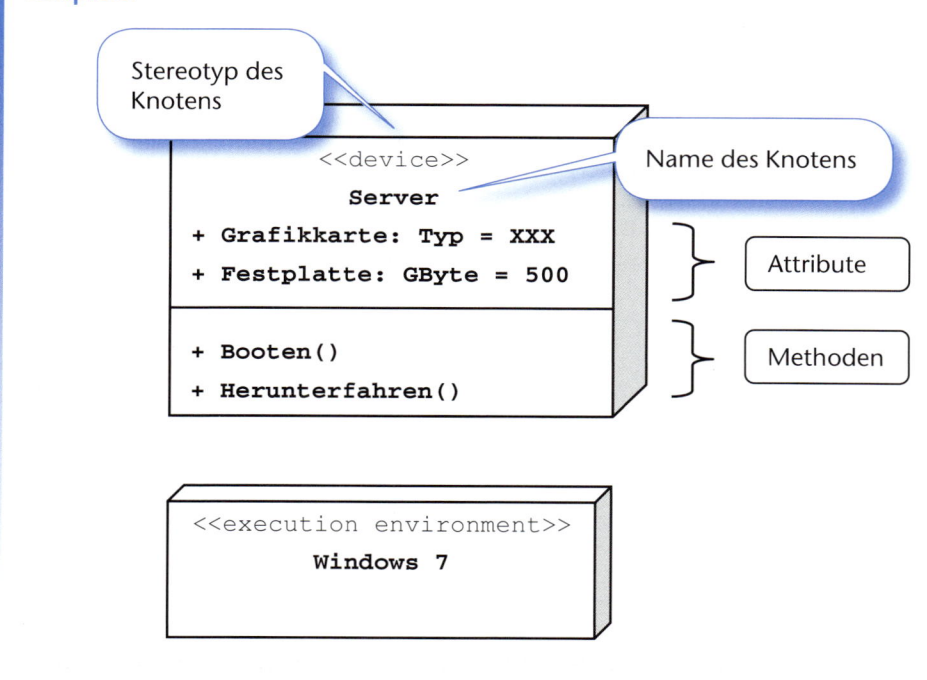

```
              <<device>>              Name des Knotens
                Server                
        + Grafikkarte: Typ = XXX       } Attribute
        + Festplatte: GByte = 500      
        
        + Booten()                     } Methoden
        + Herunterfahren()             
```

Stereotyp des Knotens

```
        <<execution environment>>
                Windows 7
```

Die `<<deploy>>`-Beziehung

Wenn in einem Knoten ein Artefakt (beispielsweise eine Skript-Datei) eingesetzt werden soll, dann wird das durch die `<<deploy>>`-Beziehung dargestellt. Unter Deployment (deutsch: Softwareverteilung) versteht man einen Prozess zur Installation von Software auf Computern.

8 Weitere UML-Diagramme

> **Beispiel:**
> Auf einem Webserver läuft ein PHP-Interpreter, der PHP-Skripte ausführen kann.

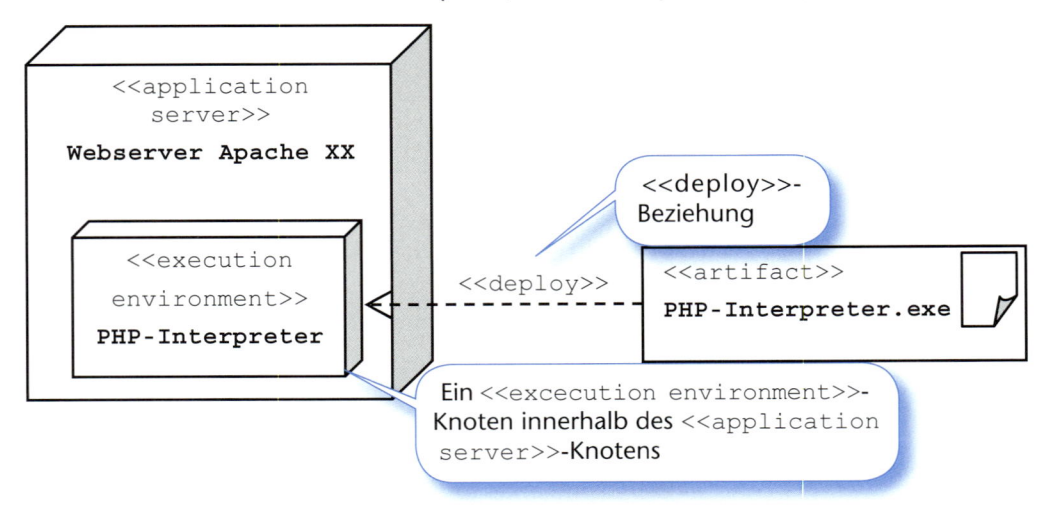

Ein `<<excecution environment>>`-Knoten innerhalb des `<<application server>>`-Knotens.

Knoten: `<<application server>>` **Webserver Apache XX** enthält `<<execution environment>>` **PHP-Interpreter**. Eine `<<deploy>>`-Beziehung führt vom `<<artifact>>` **PHP-Interpreter.exe** zum PHP-Interpreter-Knoten.

Kommunikationspfad

Zwei Knoten können über einen Kommunikationspfad miteinander kommunizieren. Dabei können Knoten Rollen einnehmen und es können Multiplizitäten angefügt werden. Die Beziehung ist deshalb vergleichbar mit einer Assoziation im Klassendiagramm.

> **Beispiel:**
> Ein Webserver kommuniziert über das Internet mit einem Browser, der auf einem Client-PC installiert ist.

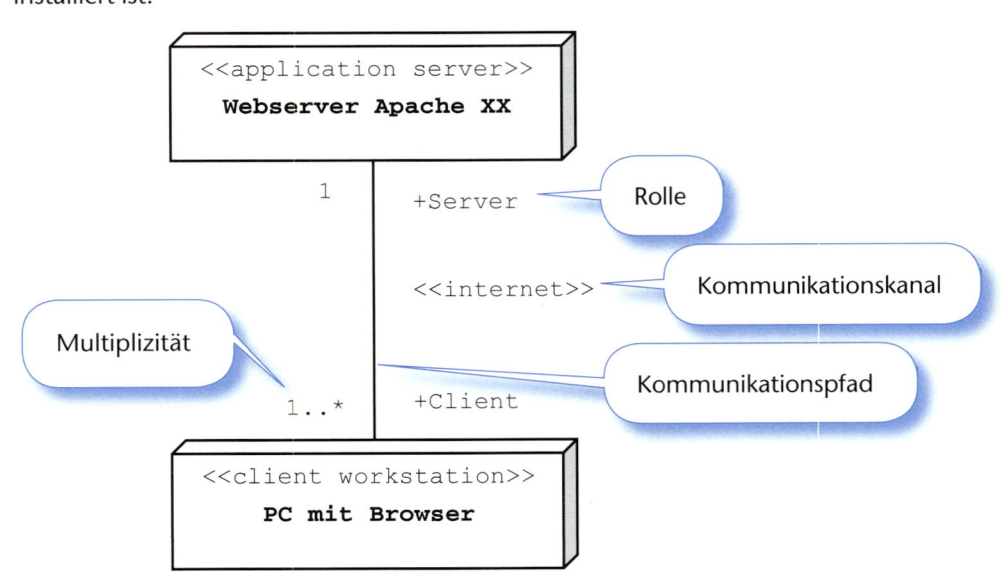

`<<application server>>` **Webserver Apache XX** — Rolle: +Server, Multiplizität 1 — Kommunikationskanal `<<internet>>` — Kommunikationspfad — Rolle: +Client, Multiplizität 1..* — `<<client workstation>>` **PC mit Browser**.

8.1.4 Paketdiagramm

Das Paketdiagramm ermöglicht eine Gruppierung von zusammengehörenden Funktionalitäten in Form eines Pakets. Ein Paket definiert dabei auch einen Namensraum, zu dem alle diese Funktionalitäten dann gehören. Das Paketdiagramm wird eingesetzt, um eine Strukturierung des zu entwickelnden Softwaresystems zu ermöglichen. Beispielsweise können alle Klassen, die zu einer Datenbankanbindung gehören, zu einem Paket „Datenbankanbindung" zusammengefasst werden.

Darstellung eines Pakets

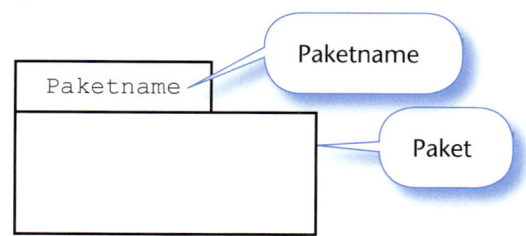

(Abbildung: Paket mit Beschriftungen "Paketname" und "Paket")

> **Hinweis:**
> Pakete können andere Pakete enthalten, die wiederum andere Pakete enthalten usw. Pakete müssen allerdings immer einen eindeutigen Namen haben.

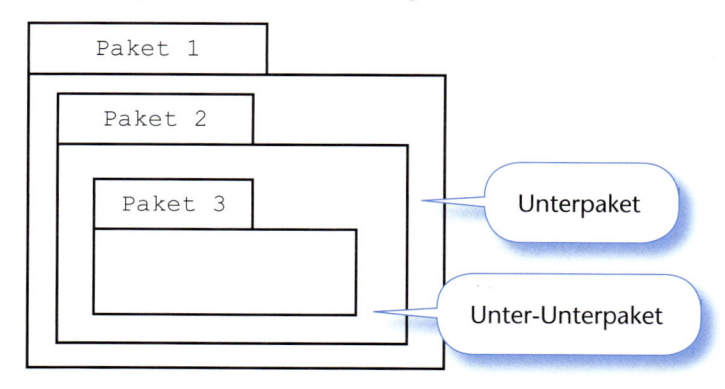

(Abbildung: Paket 1 enthält Paket 2, welches Paket 3 enthält; mit Beschriftungen "Unterpaket" und "Unter-Unterpaket")

Sichtbarkeiten von Klassen in Paketen

In den Paketen können auch einzelne Klassen dargestellt werden. Dabei können die Klassen mit den bekannten Sichtbarkeitsmodifizierern (`private`, `public` und `protected`) versehen werden. Wenn nichts angegeben wird, dann handelt es sich um eine `public`-Klasse.

> **Beispiel:**
> Ein Paket `Bankverwaltung` beinhaltet die Klassen `Kunde` und `Konto`. Die Klasse `Kunde` ist öffentlich, da sie auch von anderen Paketen genutzt werden soll. Die Klasse `Konto` hingegen soll nur innerhalb des Pakets `Bankverwaltung` genutzt werden und ist deshalb als privat deklariert.

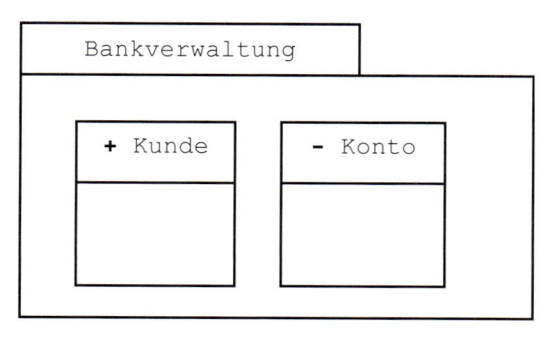

(Abbildung: Paket Bankverwaltung mit Klassen + Kunde und − Konto)

8 Weitere UML-Diagramme

Beziehungen zwischen Paketen

Zwischen Paketen können verschiedene Beziehungen definiert werden, die dafür sorgen, dass die Elemente eines Paketes in einem anderen verwendbar (zugreifbar) sind. Die folgenden Beispiele zeigen die verschiedenen Möglichkeiten und deren Konsequenzen.

Beispiel 1: <<import>>-Beziehung

Die <<import>>-Beziehung sorgt dafür, dass die Elemente eines Paketes in einem anderen Paket so zugreifbar sind, als wären sie dort selbst mit `public` deklariert worden. In dem folgenden Beispiel importiert das Paket „Kundenverwaltung" das Paket „Datenbankverwaltung" und kann damit auf die öffentlichen Klassen `Adapter` und `SQL` zugreifen.

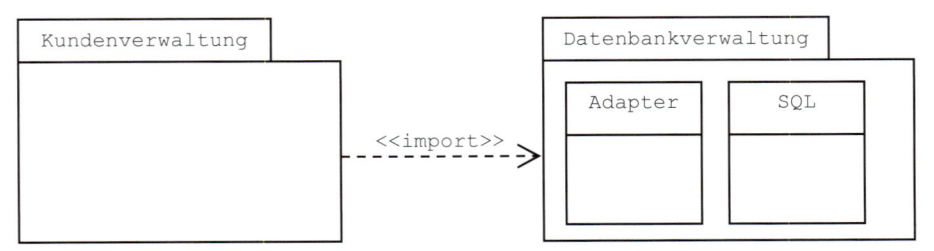

Hinweis:

Die <<import>>-Beziehung sorgt dafür, dass importierte Klassen von einem weiteren Paket ebenfalls importiert und damit aufrufbar sind.

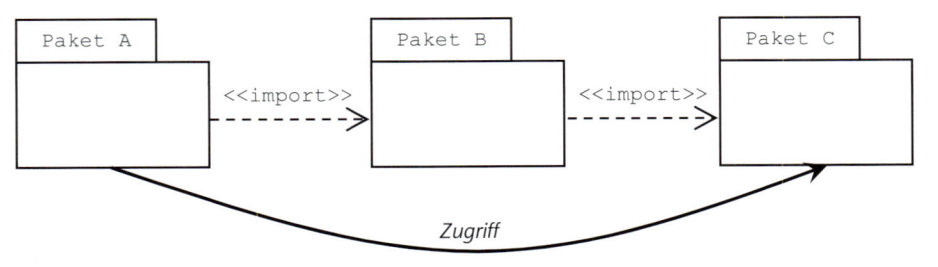

Beispiel 2: <<access>>-Beziehung

Die <<access>>-Beziehung sorgt dafür, dass die Elemente eines Paketes in einem anderen Paket nur so zugreifbar sind, als wären sie dort mit `private` deklariert worden. Paket A hat in dem folgenden Beispiel keinen Zugriff auf die Elemente von Paket C.

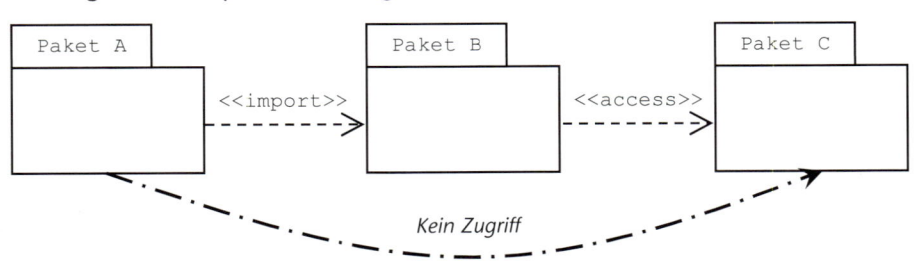

Beispiel 3: <<merge>>-Beziehung

Die <<merge>>-Beziehung sorgt dafür, dass nur die öffentlichen Elemente eines Paketes in einem anderen Paket zugreifbar sind. In dem folgenden Beispiel kann in dem Paket „Kundenverwaltung" nur auf die Klasse `Adapter` zugegriffen werden, da die `SQL`-Klasse als `private` deklariert wurde.

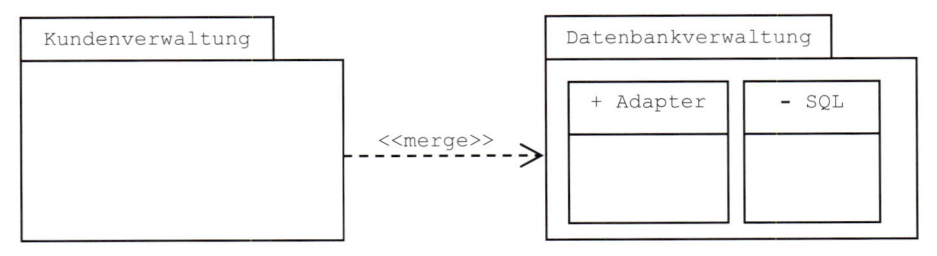

8.1.5 Profildiagramm

Das Profildiagramm wurde mit der UML-Version 2.2 eingeführt und ist deshalb das jüngste Diagramm innerhalb der UML. Es dient zur Darstellung von sogenannten Profilen, die im Prinzip eine Möglichkeit eröffnen, die Sprache UML auf seine eigenen spezifischen Bedürfnisse anzupassen. Beispielsweise kann durch diese Profile ein Anpassung an eine bestimmte Implementierung (wie C++) vorgenommen werden. Die UML wird dabei nicht verändert, sondern durch eigene Stereotype erweitert. Die Entwickler dieser Diagramme bewegen sich damit auf einer übergeordneten Ebene (Meta-Ebene) und entwickeln dadurch spezifische „UML-Sprachvarianten". Solche „Meta-Modelle" können beispielsweise bei der Entwicklung von CASE-Tools hilfreich sein. Profile werden in Form von Paketen dargestellt und mit dem Stereotyp `<<profile>>` versehen. Andere Pakete können durch diese Profile erweitert werden. Dazu wird die `<<apply>>`-Beziehung genutzt.

Beispiel:

Das Paket „Kundenverwaltung" wird durch das Profil „C++" erweitert. Der neu angelegte Stereotyp „C++-DBAdapter" wird in der Kundenverwaltung verwendet – in Form der Klasse `EinAdapter`.

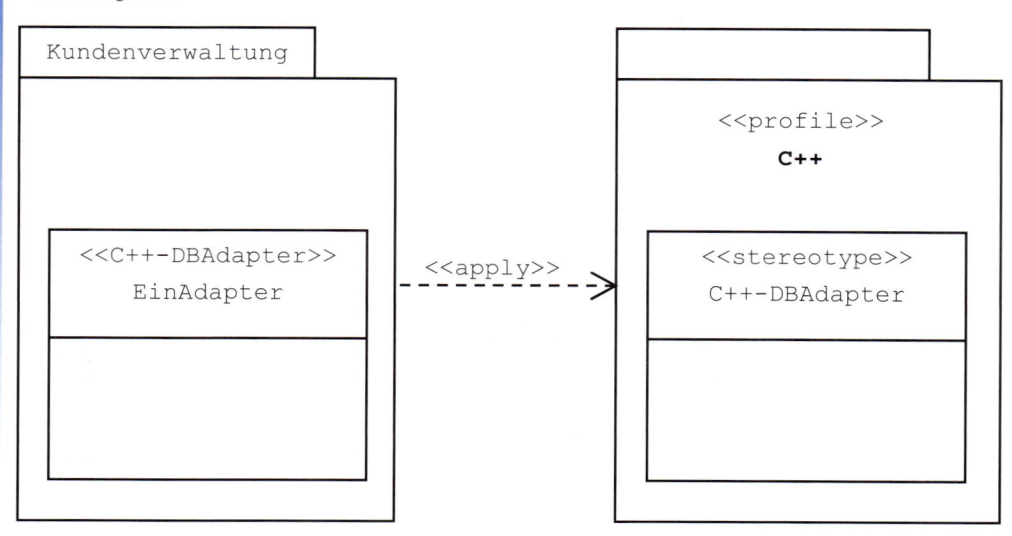

8.2 Verhaltensdiagramme

8.2.1 Zustandsdiagramm

Das Zustandsdiagramm ähnelt dem Aktivitätsdiagramm mit seiner Symbolik sehr. Es beschreibt ebenso wie das Aktivitätsdiagramm das dynamische Verhalten eines Systems. Allerdings wird der Schwerpunkt auf die Zustände und nicht auf die Aktionen gelegt. Damit beschreibt das Diagramm eher den Zustand eines Objektes (die Werte der Attribute) als die Aktionen, die das Objekt (über Methoden) ausführen kann. Das Zustandsdiagramm basiert auf den sogenannten **endlichen Automaten (EA)**, die auch Zustandsmaschinen genannt werden. Ein solcher Automat heißt endlich, weil er nur endlich viele Zustände annehmen kann.

Der Zustand

Ein Zustand beschreibt eine Situation mit genau definierten Bedingungen. Der Zustand wird durch ein Rechteck mit abgerundeten Ecken dargestellt.

Beispiel:

Eine Benutzeroberfläche ist in einer sogenannten Warteschleife und wartet auf die Aktion eines Benutzers.

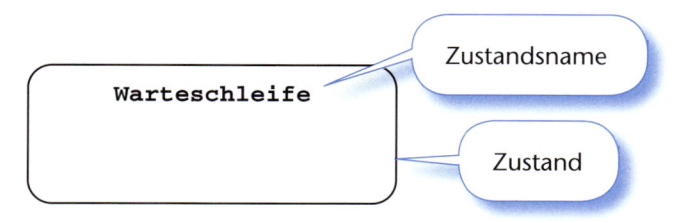

Transitionen

Die Übergänge von einem Zustand in einen anderen Zustand werden Transitionen genannt. Sie werden mit einem gerichteten Pfeil gekennzeichnet, der die Richtung des Übergangs beschreibt.

> **Beispiel:**
>
> Der Zustand „Warteschleife" der Benutzeroberfläche geht in den Zustand „Aktions-Ausführung" über.
>
> `Warteschleife` ———▶ `Aktions-Ausführung` (Transition)

> **Hinweis:**
>
> Die Transitionen werden in der Regel durch Ereignisse (*Events*) ausgelöst. Dabei können verschiedene Ereignisse unterschieden werden (beispielsweise einfache Signale oder zeitgesteuerte Ereignisse). Die Ereignisse werden einfach über den Transitionspfeil geschrieben.
>
> `Warteschleife` —Benutzer klickt—▶ `Aktions-Ausführung` (Ereignis)

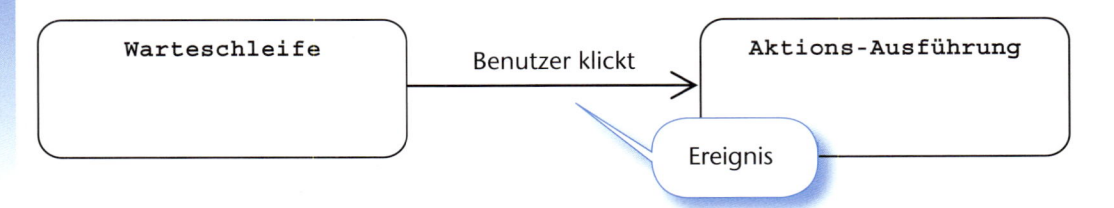

Überwachte Bedingungen (Guards)

Die Ereignisse können zusätzlich durch Bedingungen ergänzt werden – durch die sogenannten **Guards**. Die Transition wird nur ausgeführt, wenn die Bedingung erfüllt ist (also den booleschen Wert `true` hat).

> **Beispiel:**
>
> Der Zustand „Warteschleife" der Benutzeroberfläche geht nur in den Zustand „Aktions-Ausführung" über, wenn die Bedingung „Datenbankverbindung verfügbar" zutrifft (also den booleschen Wert `true` hat).
>
> `Warteschleife` —Benutzer klickt [Datenbankverbindung verfügbar]—▶ `Aktions-Ausführung` (Guard)

Effekte

Bei einer Transition können zusätzliche Aktionen ausgelöst werden, die auch an Bedingungen (Guards) geknüpft werden können. Diese zusätzlichen Aktionen werden Effekte genannt und nach dem Ereignis (oder auch dem Guard) angegeben (getrennt durch einen Schrägstrich).

> **Beispiel 1:**
>
> Nach dem Ereignis „Benutzer klickt" wird der Effekt „Datenbank abfragen" ausgeführt.
>
> `Warteschleife` —Benutzer klickt / DB abfragen—▶ `Aktions-Ausführung` (Effekt)

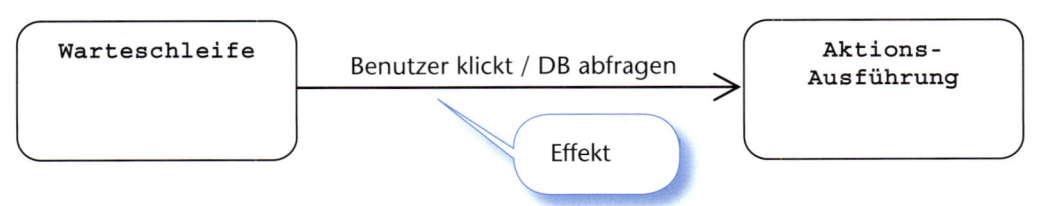

8 Weitere UML-Diagramme

Beispiel 2:

Nach dem Ereignis „Benutzer klickt" wird der Effekt „Datenbank abfragen" ausgeführt, allerdings nur, wenn die Bedingung „Datenbankverbindung verfügbar" erfüllt ist.

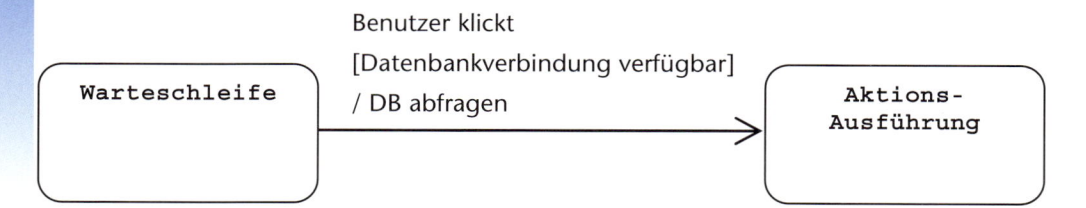

```
                    Benutzer klickt
                    [Datenbankverbindung verfügbar]
  ┌─────────────┐   / DB abfragen              ┌─────────────┐
  │ Warteschleife├──────────────────────────→ │  Aktions-   │
  │             │                              │  Ausführung │
  └─────────────┘                              └─────────────┘
```

Start- und Endzustände

So wie im Aktivitätsdiagramm werden auch im Zustandsdiagramm Start- und Endzustände symbolisiert. Dabei kann es durchaus sein, dass ein Zustandsdiagramm keinen Endzustand hat, da es in einer Art Schleife immer wieder zu einem Anfangszustand zurückkehrt.

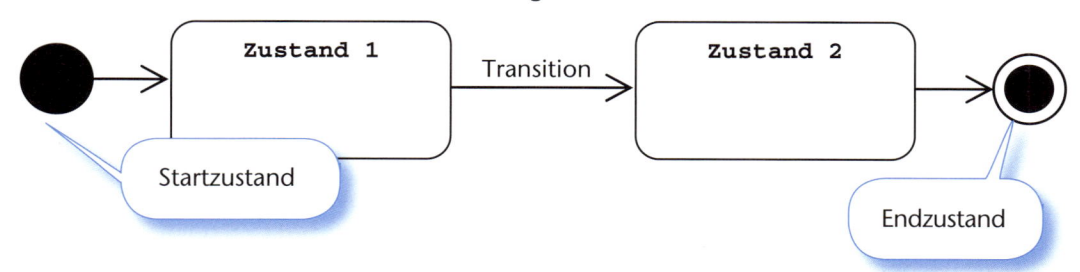

● → [Zustand 1] — Transition → [Zustand 2] → ⊙

Startzustand — *Endzustand*

8.2.2 Kommunikationsdiagramm

Das Kommunikationsdiagramm stellt wie das Sequenzdiagramm die Kommunikation zwischen Objekten dar. Im Gegensatz zum Sequenzdiagramm steht allerdings der genaue Ablauf (also die Reihenfolge der Nachrichten) nicht im Vordergrund, sondern die umfassende Darstellung der Kommunikation aller beteiligten Objekte. Daher dient das Kommunikationsdiagramm eher der Übersicht und ergänzt dadurch das Sequenzdiagramm sehr gut.

Der Interaktionsrahmen

Ein Kommunikationsdiagramm wird wie ein Sequenzdiagramm innerhalb eines Interaktionsrahmen gezeichnet. Es bekommt einen eindeutigen Namen. Der Vorteil eines Interaktionsrahmens ist die Weiterverwendung in einem anderen Kommunikationsdiagramm, in welchem der Interaktionsrahmen einfach eingebettet wird (ähnlich dem Aufruf eines Unterprogramms oder Moduls).

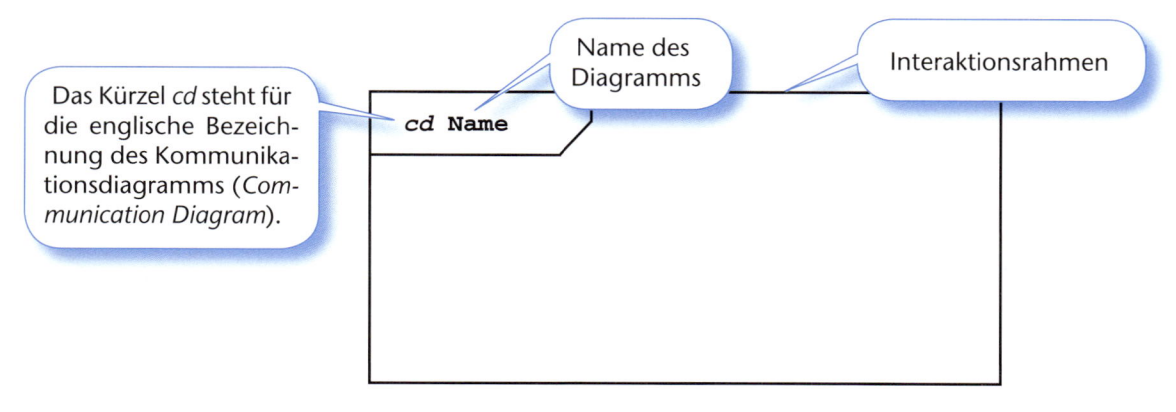

Das Kürzel *cd* steht für die englische Bezeichnung des Kommunikationsdiagramms (*Communication Diagram*).

Name des Diagramms — *Interaktionsrahmen*

`cd Name`

Hinweis:

Die Diagrammtypen Sequenzdiagramm, Kommunikationsdiagramm, Zeitverlaufsdiagramm und Interaktionsübersichtsdiagramm werden auch manchmal zu einer Gruppe zusammengefasst – der Gruppe der **Interaktionsdiagramme**.

Lebenslinien

In einem Kommunikationsdiagramm werden Objekte als Lebenslinien dargestellt. Im Gegensatz zum Sequenzdiagramm besteht die Lebenslinie in dem Kommunikationsdiagramm aber nur aus der Darstellung des Objekts in Form eines Rechtecks oder Akteur-Symbols. Die Bezeichnung Lebenslinie scheint deshalb etwas irreführend zu sein – sie wurde wahrscheinlich nur aus Konsistenzgründen aus dem Sequenzdiagramm übernommen.

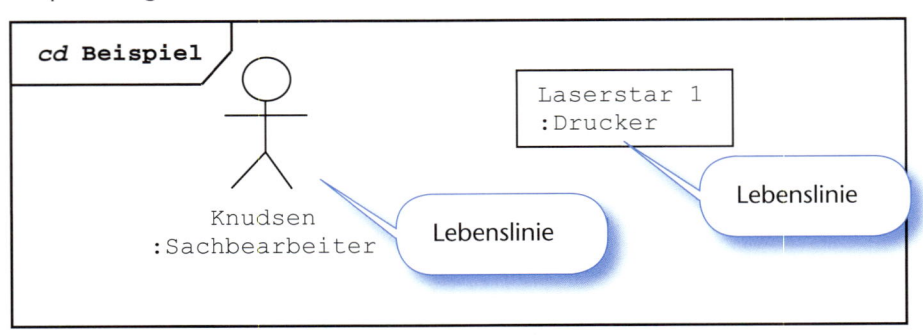

Nachrichten

Zwischen den Lebenslinien können Nachrichten gesendet werden. Dabei können auch Reihenfolgen durch Nummerierungen festgelegt werden. Es gibt aber keine eigenen Antwort-Nachrichten wie im Sequenzdiagramm.

Die Nachricht wird durch eine einfache Linie (wie bei der Assoziation) symbolisiert. Durch einen kleinen Pfeil wird die Senderichtung angegeben.

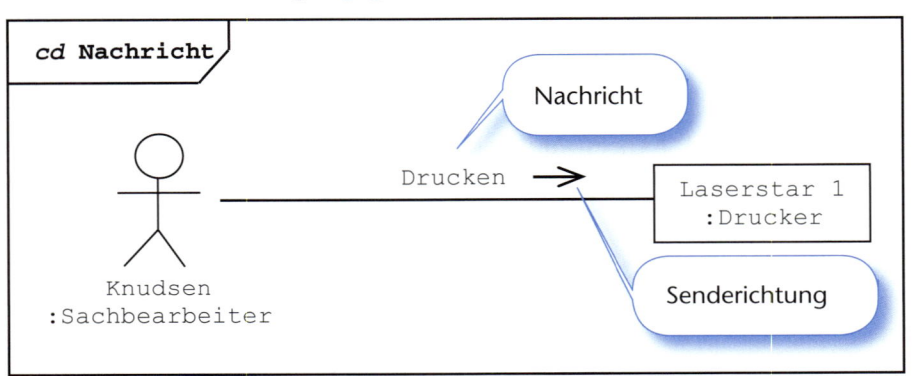

Durch eine Nummerierung können die Nachrichten in eine Reihenfolge gebracht werden, wie das folgende Diagramm zeigt:

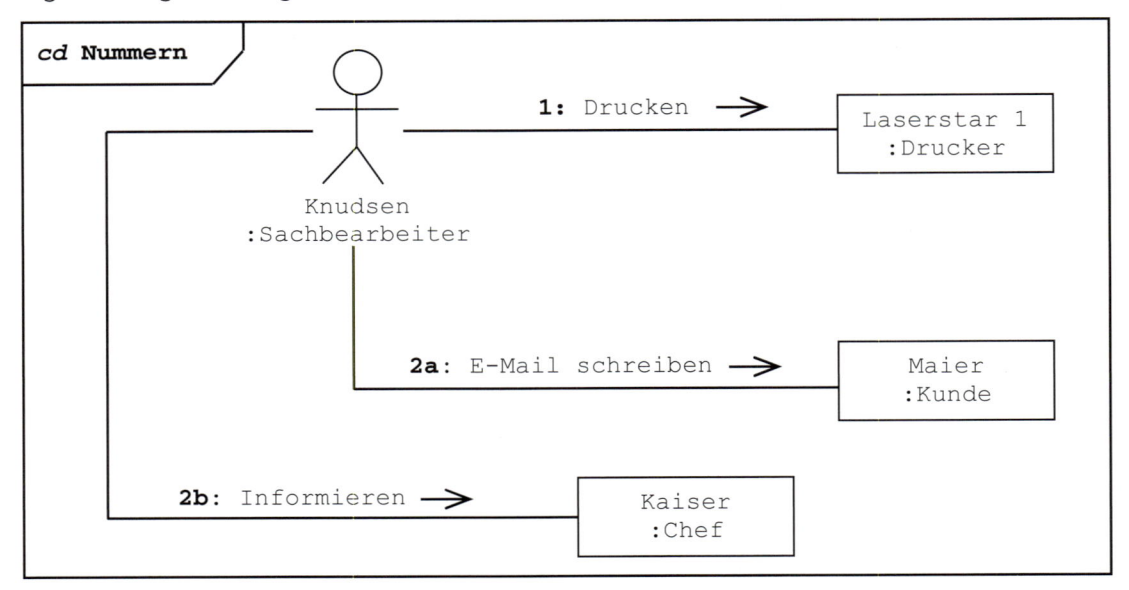

Die Nummerierung vor der Nachricht gibt vor, welche Nachricht zuerst gesendet wird. Wenn eine Nummerierung zusätzlich mit einer Gliederung durch **Buchstaben** versehen wird, dann sollen diese Nachrichten **parallel** gesendet werden.

> **Hinweis:**
>
> Nachrichten können mit Bedingungen (**Guards**) versehen werden. Nur wenn die Bedingung den booleschen Wert `true` hat, wird die Nachricht versendet.

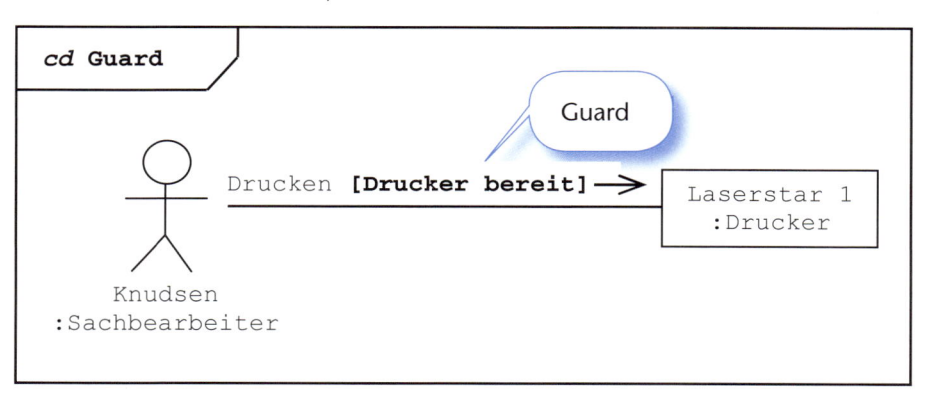

```
cd Guard
                                                    Guard
          Drucken [Drucker bereit] →    Laserstar 1
                                         :Drucker
        Knudsen
      :Sachbearbeiter
```

8.2.3 Zeitverlaufsdiagramm

Das Zeitverlaufsdiagramm zeigt sehr genau den Zustandswechsel von Objekten auf einer vorgegebenen Zeitachse. Damit ergänzt es einerseits das Zustandsdiagramm und andererseits das Kommunikations- bzw. Sequenzdiagramm um eine konkrete zeitliche Komponente. Die Darstellung erinnert an ein Oszilloskop aus der Elektrotechnik, welches eine optische Darstellung einer (oder mehrerer) elektrischer Spannung(en) und des zeitlichen Verlaufs auf einem Bildschirm bietet.

Der Interaktionsrahmen

Ein Zeitverlaufsdiagramm wird wie ein Sequenzdiagramm (oder Kommunikationsdiagramm) innerhalb eines Interaktionsrahmen gezeichnet. Es bekommt einen eindeutigen Namen.

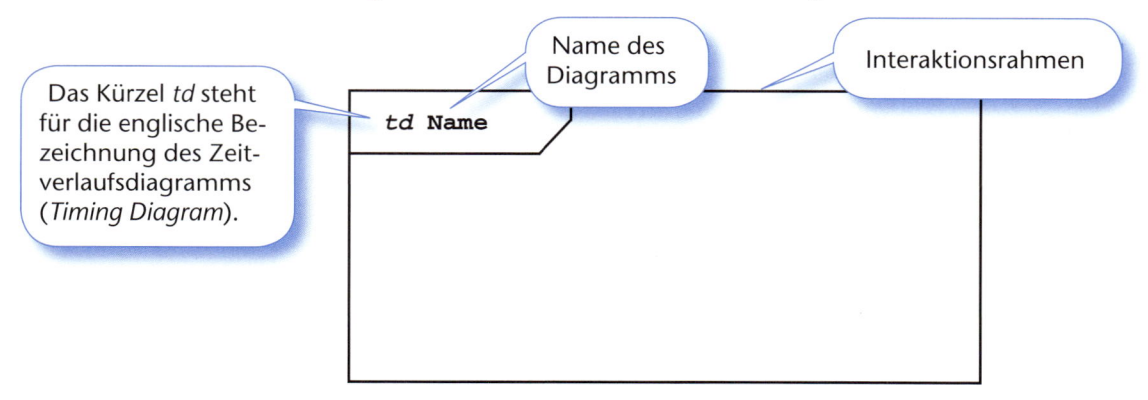

```
                        Name des                Interaktionsrahmen
                        Diagramms
 Das Kürzel td steht
 für die englische Be-
 zeichnung des Zeit-       td Name
 verlaufsdiagramms
 (Timing Diagram).
```

Lebenslinien

In einem Zeitverlaufsdiagramm werden Objekte als Lebenslinien dargestellt. Eine Lebenslinie besteht aus der Bezeichnung des Objekts, einem Rahmen und einer Zeitachse (inkl. Zeiteinheit).

8 Weitere UML-Diagramme

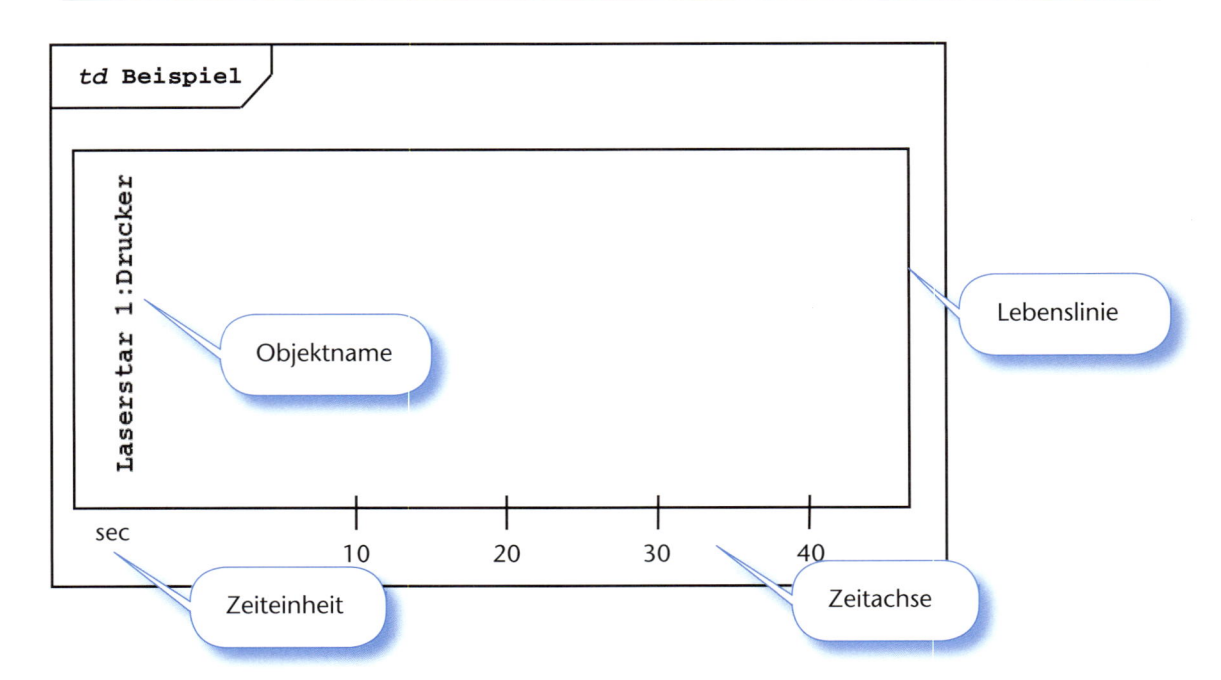

td Beispiel

(Diagramm mit Laserstar 1:Drucker, Beschriftungen: Objektname, Lebenslinie, Zeiteinheit sec, Zeitachse 10, 20, 30, 40)

Zustände und Verlaufslinien

Die Zustände eines Objektes werden nun in einen zeitlichen Zusammenhang gebracht. Dabei zeigt die sogenannte Verlaufslinie an, zu welchem Zeitpunkt das Objekt sich in welchem Zustand befindet. Diese Darstellung erinnert dann an das oben bereits beschriebene Oszilloskop. Das folgende Beispiel zeigt das Objekt „Laserstar 1" in drei verschiedenen Zuständen, die sich im Laufe der Zeit ändern.

> **Beispiel:**
>
> Der Drucker „Laserstar 1" wechselt vom *Sleep*-Modus in den *Bereit*-Modus sowie in den *Druck*-Modus.
>
> **td Zustand**
>
> (Diagramm mit Laserstar 1:Drucker, Zustände: Druck, Bereit, Sleep; Beschriftungen: Zustand, Verlaufslinie; Zeitachse sec: 10, 20, 30, 40)

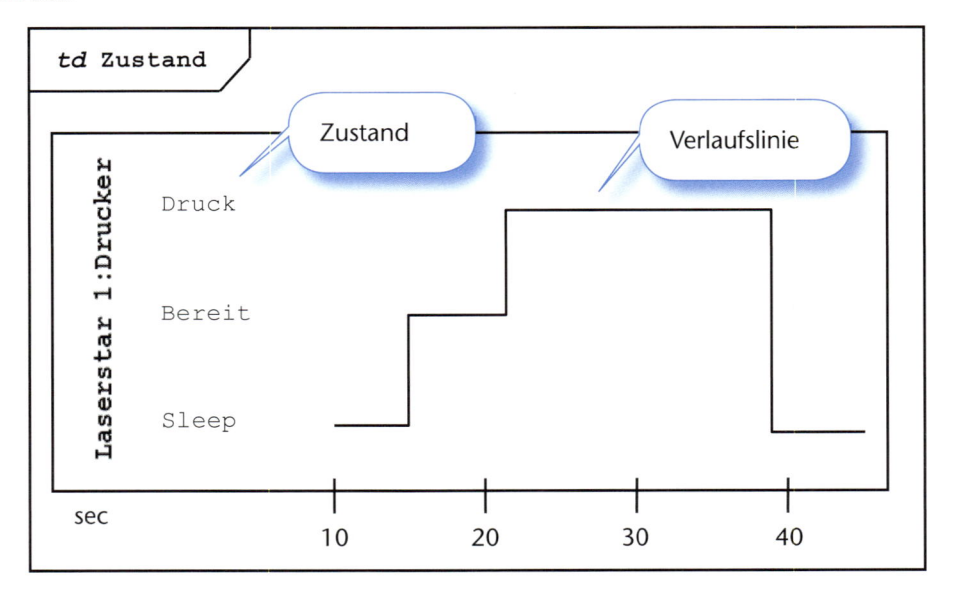

Nachrichten

In einem Zeitverlaufsdiagramm können ebenfalls Nachrichten zwischen Lebenslinien gesendet werden. Eine Nachricht wird dann im Gegensatz zum Sequenzdiagramm vertikal gesendet.

Beispiel:

Der Sachbearbeiter sendet dem Drucker die Nachricht „Drucken". Der Drucker wechselt daraufhin seinen Zustand. Nach dem Drucken sendet der Drucker sich selbst die Nachricht, wieder in den *Sleep*-Modus zu wechseln.

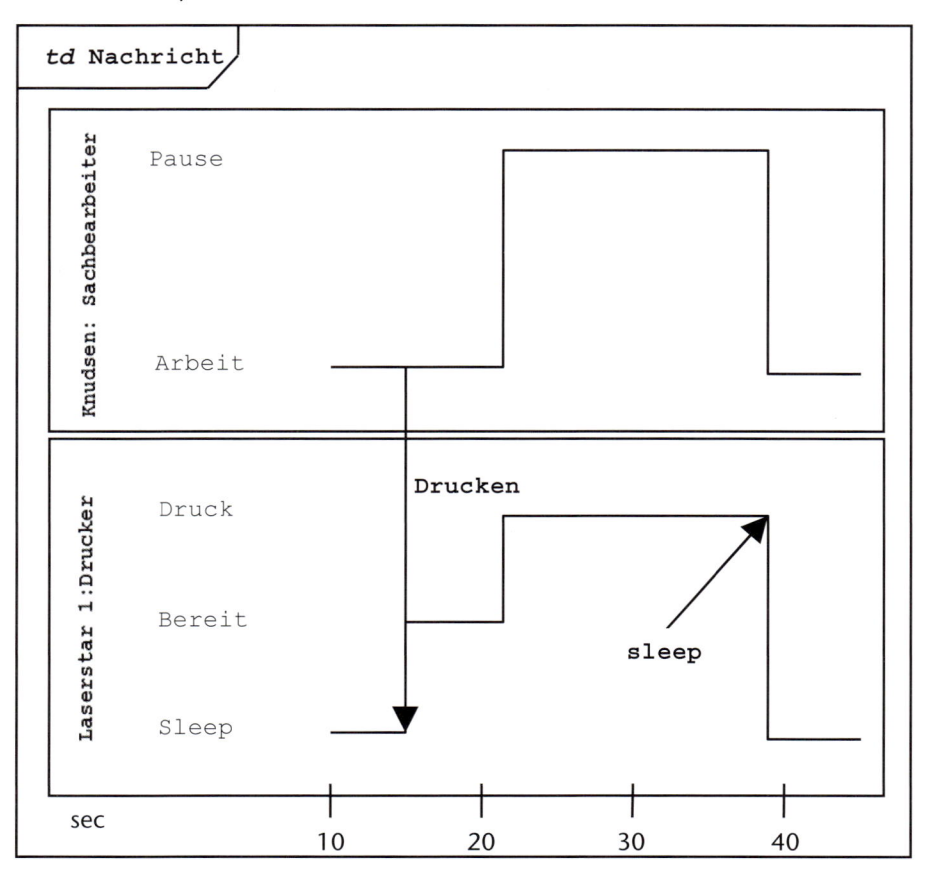

8.2.4 Interaktionsübersichtsdiagramm

Das Interaktionsübersichtsdiagramm kann als ein übergeordnetes Diagramm innerhalb der Gruppe der Interaktionsdiagramme bezeichnet werden. Es dient zur Darstellung von Interaktionen zwischen verschiedenen Interaktionseinheiten. Diese Einheiten können einzelne Interaktionsrahmen aus den bereits besprochenen Interaktionsdiagrammen sein (Sequenzdiagramm, Kommunikationsdiagramm und Zeitverlaufsdiagramm). Die einzelnen Interaktionen werden mithilfe der **Symbolik** des **Aktivitätsdiagramms** in einen größeren Rahmen integriert. Das folgende Beispiel zeigt das Zusammenspiel verschiedener Interaktionen im Zusammenhang mit einer Kundenbestellung:

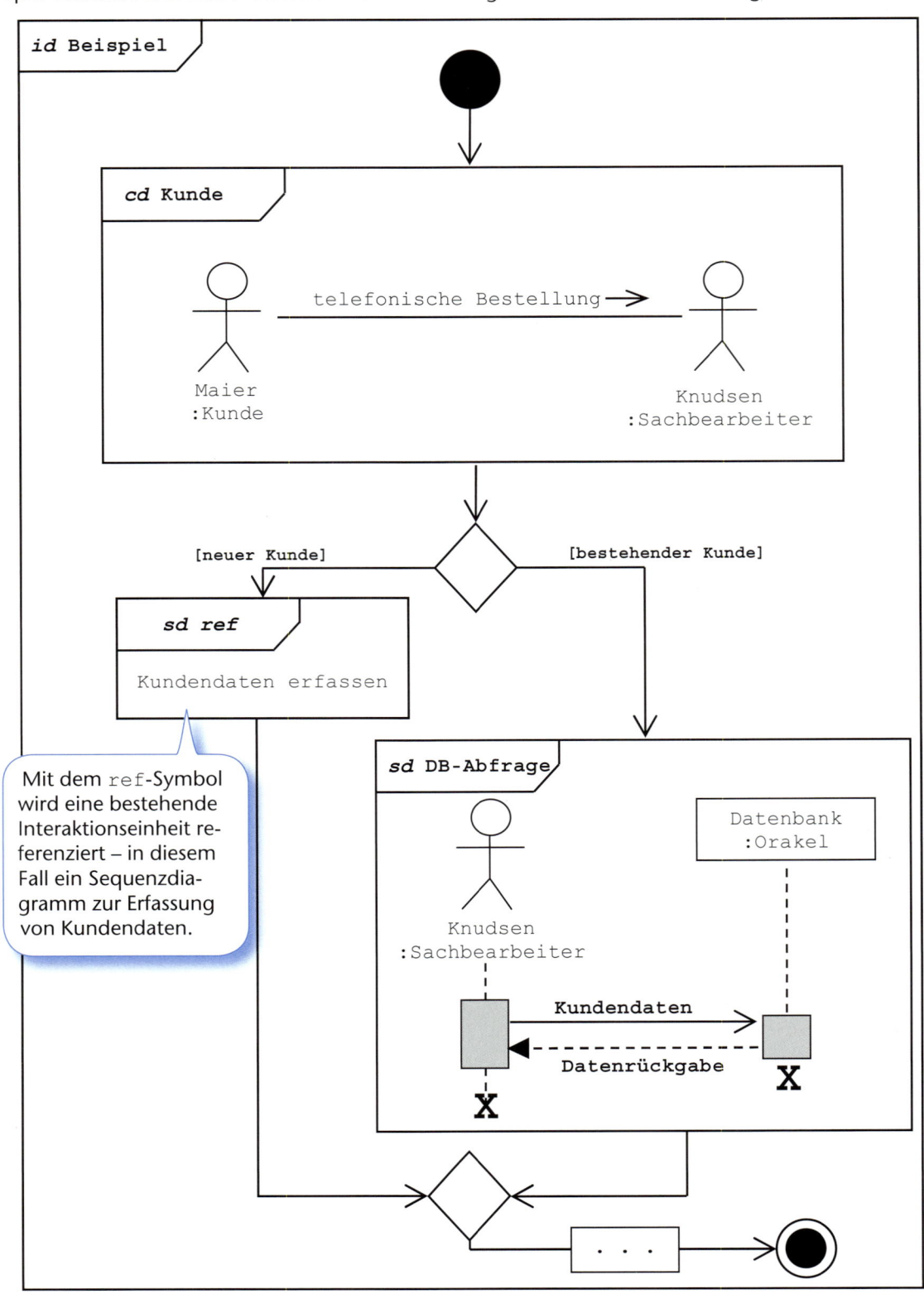

Teil 2
Aufgabenpool

1	Aufgaben zu den Grundbegriffen UML / OOP	154
2	Aufgaben zum Anwendungsfalldiagramm	155
3	Aufgaben zum Klassendiagramm	157
4	Aufgaben zum Objektdiagramm	159
5	Aufgaben zum Sequenzdiagramm	162
6	Aufgaben zum Aktivitätsdiagramm	164
7	Aufgaben zur Softwareentwicklung	166
8	Aufgaben zu den weiteren Diagrammen	166

Aufgabenpool

1 Aufgaben zu den Grundbegriffen UML / OOP

Aufgabe 1.1
Entwerfen Sie eine Skizze, die den Zusammenhang zwischen Klassen, Objekten, Attributen und Methoden anschaulich darstellt. Beachten Sie dabei auch, wie Attribute und Methoden zu den Objekten gespeichert werden.

Aufgabe 1.2
Informieren Sie sich (im Internet oder mit anderer Fachliteratur) darüber, wie Objekte konkret im Speicher angelegt und auch wieder entfernt werden. Unterscheiden Sie dabei nach Programmiersprachen wie C++, C# und Java.

Aufgabe 1.3
Setzen Sie das Entwurfsmuster „Observer" für die folgende Problemstellung in die Sprache C++ oder C# um:

Eine Klasse `CMesswerte` soll beliebig viele ganzzahlige Messwerte speichern. Die Klasse bietet dazu entsprechende Methoden an. Die Klasse soll dabei von zwei Ansichts-Klassen beobachtet werden. Die Ansichts-Klassen bieten verschiedene Sichten auf die Daten. Die eine Klasse soll bestimmte statistische Kennzahlen anzeigen (Minimum, Maximum und Mittelwert der Messwerte). Die andere Klasse soll die Messwerte in leserlicher Form auf dem Bildschirm darstellen. Sobald die Messwerte sich ändern oder neue Messwerte eingefügt werden, sollen die Beobachter benachrichtigt werden und ihre Anzeige aktualisieren.

> **Hinweis:**
> Nutzen Sie der Einfachheit halber eine Konsolenanwendung für die Darstellung.

Ein mögliches „Hauptprogramm" in C# könnte so aussehen:

```csharp
static void Main(string[] args)
{
    CMesswerte messwerte = new CMesswerte();
    CStatistik statistik = new CStatistik();
    CAnzeige anzeige = new CAnzeige();
    messwerte.AddBeobachter(statistik);
    messwerte.AddBeobachter(anzeige);
    System.Console.WriteLine("**************Neuer
                    Wert**************");
    messwerte.AddWert(10);
    System.Console.WriteLine("**************Neuer
                    Wert**************");
    messwerte.AddWert(15);
    System.Console.WriteLine("**************Neuer
                    Wert**************");
    messwerte.AddWert(5);
}
```

Eine mögliche Bildschirmausgabe könnte so aussehen:

```
***************Neuer Wert***************
Statistik-Beobachter:
Maximum: 10
Minimum: 10
Mittelwert: 10

Anzeige-Beobachter:
Wert Nr: 1 = 10

***************Neuer Wert***************
Statistik-Beobachter:
Maximum: 15
Minimum: 10
Mittelwert: 12,5

Anzeige-Beobachter:
Wert Nr: 1 = 10
Wert Nr: 2 = 15

***************Neuer Wert***************
Statistik-Beobachter:
Maximum: 15
Minimum: 5
Mittelwert: 10

Anzeige-Beobachter:
Wert Nr: 1 = 10
Wert Nr: 2 = 15
Wert Nr: 3 = 5

Drücken Sie eine beliebige Taste . . .
```

2 Aufgaben zum Anwendungsfalldiagramm

Aufgabe 2.1
Eine Firma für objektorientierte Softwareentwicklung wurde damit beauftragt, ein Softwaresystem für die Abwicklung von Kundenberatungen für eine große Consulting-Agentur zu entwickeln. In einem ersten Schritt wurde ein Anwendungsfalldiagramm erstellt.

Analysieren Sie das Diagramm auf inhaltliche Korrektheit und korrigieren Sie es gegebenenfalls.

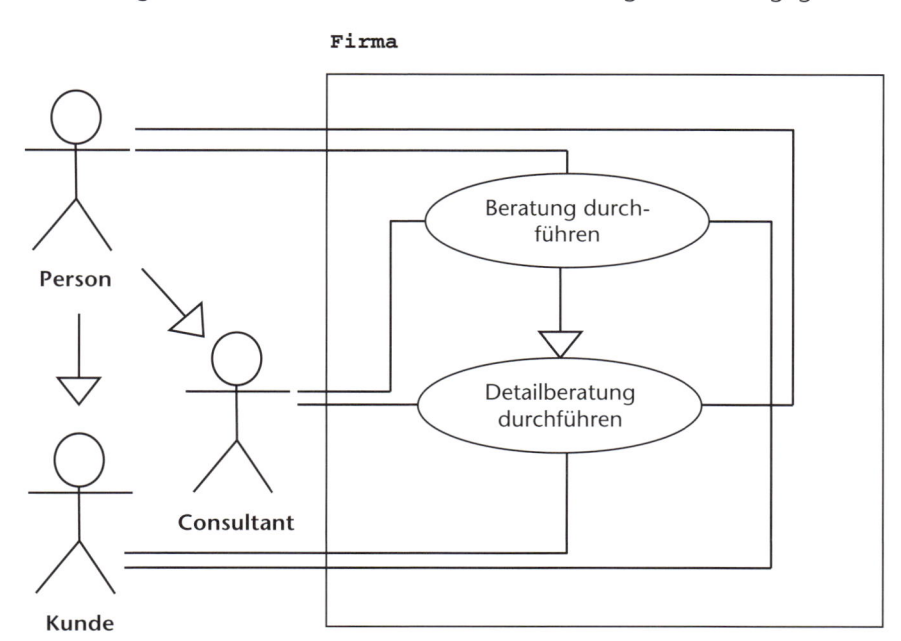

Aufgabe 2.2

Entwickeln Sie ein Anwendungsfalldiagramm zu der folgenden Problemstellung:

Ein Schulungsunternehmen bietet EDV-Kurse in verschiedenen Bereichen an. Jeder Kurs kann maximal 14 Teilnehmer haben. Es gibt fest angestellte Dozenten und freie Mitarbeiter, die als Dozenten tätig sind.

Falls es zu Spannungen zwischen Dozenten und Teilnehmern kommt, bietet der Schulungsleiter ein verbindliches Vermittlungsgespräch an.

Muss der Kurs aus Krankheitsgründen des Dozenten abgebrochen werden, dann erhalten die Teilnehmer Gutscheine für spätere Kurstage.

Aufgabe 2.3

Ausgangssituation:

Der Kfz-Händler Knauser möchte ein neues EDV-System einführen. Das neue System soll sowohl die Kundenberatung als auch den Verkauf von neuen Kfz abbilden. Bislang wurden Beratung und Verkauf mit einem Formular handschriftlich dokumentiert.

Analysieren Sie das folgende Formular und erstellen Sie ein Anwendungsfalldiagramm, welches die gesamte Problematik erfasst.

Kundenberatung und Verkauf

Kfz-Knauser
Autostraße 12
12345 Autostadt
Tel: 123-321

Verkäufer: _____

Kundenname: _____
Kundenadresse: _____
Kundentelefon: _____

Beratung des o. a. Verkäufers durchgeführt am: _____

Probefahrt vereinbart: ja ◯ nein ◯

Falls ja:
- Mechaniker informieren zwecks Vorbereitung
- Temporäre Versicherung abschließen
  ▸ Versicherungsberater informieren
    ▸ Kunde an weiterer Versicherung interessiert: ja ◯
      nein ◯

Kaufvertrag anvisiert: ja ◯ nein ◯

Falls ja:
- Filialleiter informieren zwecks Rabattverhandlung mit Kunden
- Mechaniker informieren zwecks Vorbereitung möglicher Serviceleistungen

3 Aufgaben zum Klassendiagramm

Aufgabe 3.1
Vervollständigen Sie die folgenden Klassendiagramme bzgl. Multiplizitäten, Leserichtung, Navigierbarkeit usw. Entscheiden Sie sich für Assoziation, Aggregation oder Komposition.

a) Polizist — Dieb

b) Auto — Reifen

c) Restaurant — Teilzeitkellner

d) Roman — Buchseite

e) Schüler, Schule, Lehrer, Fach

Aufgabe 3.2
Entwickeln Sie ein Klassendiagramm zu der folgenden Problemstellung:

In einem Softwaresystem sollen Autoren, Bücher und Verlage verwaltet werden. Ein Autor kann verschiedene Bücher schreiben, wobei ein Buch auch durchaus von mehreren Autoren geschrieben werden kann. Ein Verlag hat viele Bücher im Programm. Ein Buch wird aber nur von einem Verlag herausgebracht. Innerhalb des Verlags werden die Bücher nach Themengebieten eingeteilt. Für jedes Themengebiet ist genau ein Mitarbeiter des Verlags zuständig. Kein Mitarbeiter soll allerdings für mehr als drei Themengebiete verantwortlich sein.

Finden Sie jeweils einige geeignete Attribute und Methoden zu den Klassen.

Aufgabe 3.3
Ausgangssituation:

Eine Softwarefirma plant die Entwicklung einer neuen Software für den Einsatz im Mathematikunterricht. Ein Aspekt der Software soll die Darstellung von geometrischen Grundformen sein. Mithilfe dieser Funktionalität können geometrische Sachverhalte dynamisch dargestellt werden, beispielsweise die Darstellung einer Tangente an einem Kreis. In einer ersten Umsetzung soll die Erfassung von geometrischen Grundformen implementiert werden. Dazu liegt ein Klassendiagramm aus der objektorientierten Analyse OOA vor. Setzen Sie das Klassendiagramm in C++ oder C# um.

Aufgabenpool

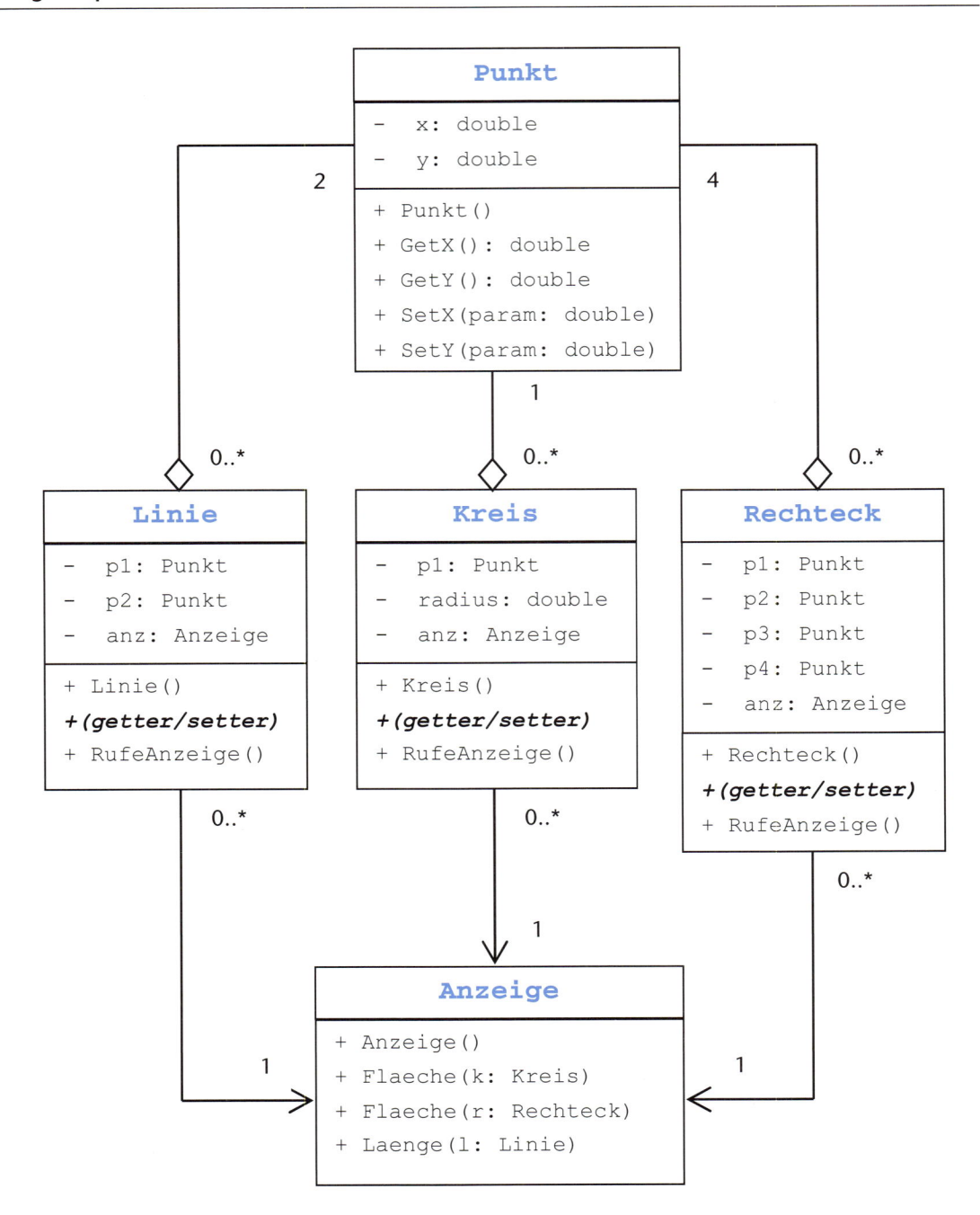

```
                    ┌─────────────────────────────┐
                    │          Punkt              │
                    ├─────────────────────────────┤
                    │  -  x: double               │
                    │  -  y: double               │
              2     ├─────────────────────────────┤    4
       ┌────────────│  + Punkt()                  │────────────┐
       │            │  + GetX(): double           │            │
       │            │  + GetY(): double           │            │
       │            │  + SetX(param: double)      │            │
       │            │  + SetY(param: double)      │            │
       │            └─────────────────────────────┘            │
       │                          │ 1                          │
       │                          │                            │
       │ 0..*                     │ 0..*                       │ 0..*
       ◇                          ◇                            ◇
┌──────────────┐         ┌──────────────┐             ┌──────────────────┐
│    Linie     │         │    Kreis     │             │    Rechteck      │
├──────────────┤         ├──────────────┤             ├──────────────────┤
│ - p1: Punkt  │         │ - p1: Punkt  │             │ - p1: Punkt      │
│ - p2: Punkt  │         │ - radius:    │             │ - p2: Punkt      │
│ - anz:       │         │     double   │             │ - p3: Punkt      │
│     Anzeige  │         │ - anz:       │             │ - p4: Punkt      │
├──────────────┤         │     Anzeige  │             │ - anz: Anzeige   │
│ + Linie()    │         ├──────────────┤             ├──────────────────┤
│ +(getter/    │         │ + Kreis()    │             │ + Rechteck()     │
│   setter)    │         │ +(getter/    │             │ +(getter/setter) │
│ + RufeAnz-   │         │   setter)    │             │ + RufeAnzeige()  │
│   eige()     │         │ + RufeAnz-   │             └──────────────────┘
└──────────────┘         │   eige()     │                     │
       │ 0..*            └──────────────┘                     │ 0..*
       │                        │ 0..*                        │
       │                        │                             │
       │                        ▼ 1                           │
       │  1          ┌────────────────────────┐    1          │
       └────────────▶│        Anzeige         │◀──────────────┘
                    ├────────────────────────┤
                    │ + Anzeige()            │
                    │ + Flaeche(k: Kreis)    │
                    │ + Flaeche(r: Rechteck) │
                    │ + Laenge(l: Linie)     │
                    └────────────────────────┘
```

Hinweis:

Die Objekte der Klassen Linie, Rechteck und Kreis aggregieren Objekte der Klasse Punkt. Weiterhin kennen die Objekte der drei Geometrie-Klassen das Objekt der Klasse Anzeige. Das Objekt der Klasse Anzeige erhält eine entsprechende Botschaft und zeigt dann die Länge einer Linie, die Fläche eines Rechtecks oder eines Kreises an.

Schreiben Sie ein Test-Hauptprogramm, in dem alle Funktionalitäten der Klassen und deren Beziehungen getestet werden können.

Beispielsweise sollen die folgenden geometrischen Grundfiguren erfasst (durch die Punkte im Koordinatensystem) sowie die korrekte Länge und die korrekten Flächen berechnet und angezeigt werden:

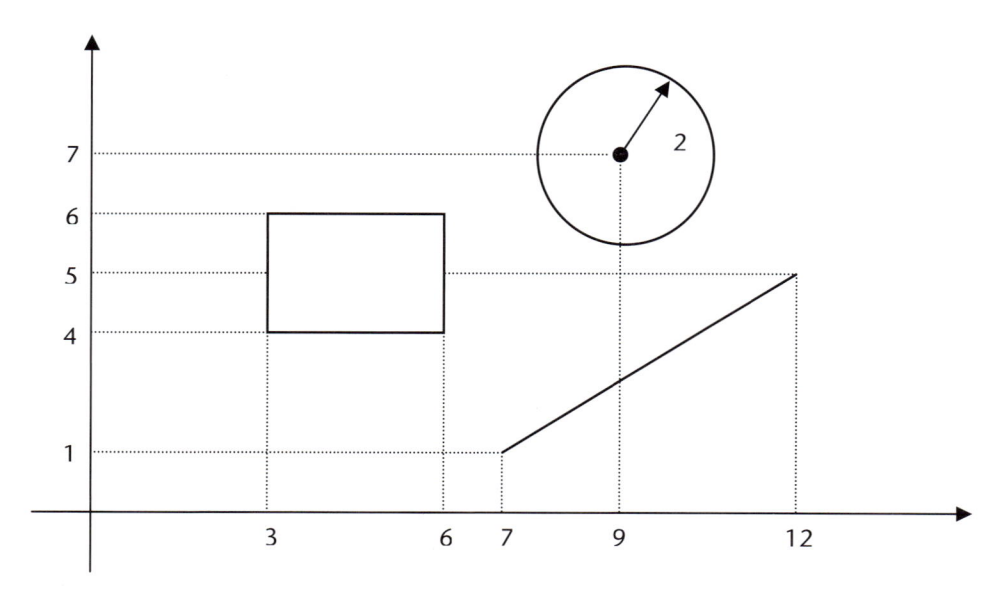

- Fläche Rechteck: 3 * 2 = 6 (LE²)   LE....Längeneinheiten
- Fläche Kreis: π * 2² ≈ 12,57 (LE²)
- Länge Linie: $\sqrt{5^2 + 4^2} \approx 6{,}40$ (LE²)   (Pythagoras benutzen)

4 Aufgaben zum Objektdiagramm

Aufgabe 4.1
Ausgangssituation:

In einer Speditionsfirma werden die Lieferungen der Kunden von verschiedenen Sachbearbeitern betreut. Jede Lieferung gehört zu einer sogenannten Tour. Eine Tour ist eine festgelegte Strecke, die von einem oder mehreren Lkws befahren wird.

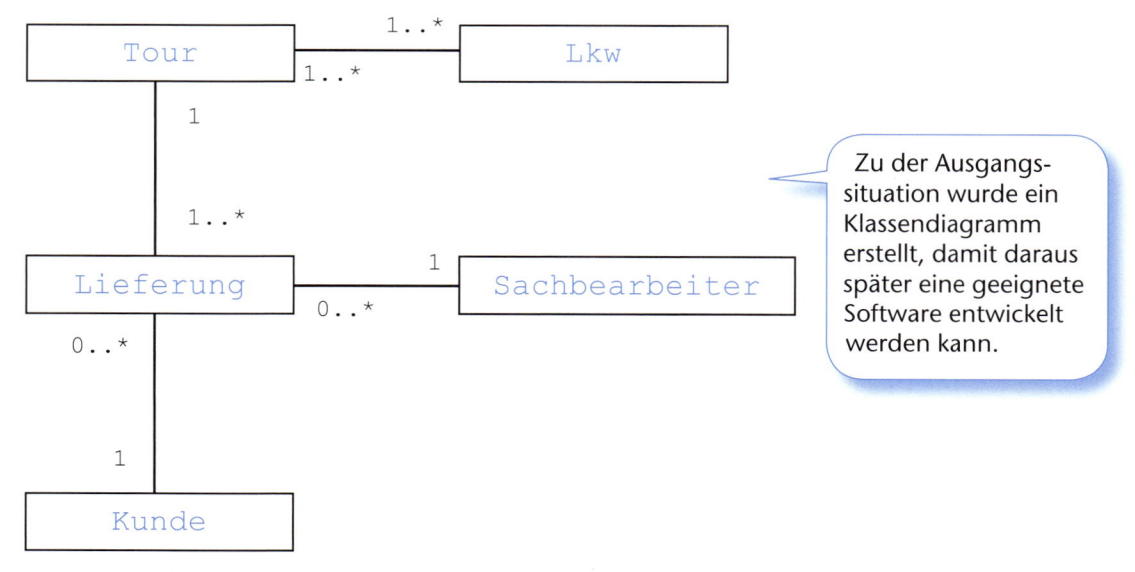

> Zu der Ausgangssituation wurde ein Klassendiagramm erstellt, damit daraus später eine geeignete Software entwickelt werden kann.

Entwickeln Sie ein Objektdiagramm zu dem folgenden Szenario:

Der Kunde Herr Kaiser hat eine Lieferung nach Frankreich. Frau Schuster von der Spedition *Fast-Way* betreut diese Lieferung. Sie bucht die Lieferung auf die Tour *Hamburg-Paris*. Die Lkws mit den Kennzeichen *XX-11-12* und *XX-11-14* sind an der Tour beteiligt.

> **Hinweis:**
> Finden Sie geeignete Attribute, um den Sachverhalt und die Beziehungen zwischen den Objekten (entsprechend dem Klassendiagramm) auszudrücken.

Aufgabe 4.2
Ausgangssituation:

Die Schreinerei Holzmann GmbH wird die Rechnungserstellung in Zukunft mit einem angepassten **ERP**-System (Enterprise Resource Planning-System) erledigen. Bislang wurden die Rechnungen tatsächlich noch mit einer elektrischen Schreibmaschine auf Vordrucken ausgefüllt.

Im Rahmen der objektorientierten Analyse soll die Rechnungserstellung mithilfe eines Objektdiagramms erfasst werden. Das Objektdiagramm soll dann eine Ausgangsbasis für die Entwicklung der entsprechenden Klassen sein.

Analysieren Sie deshalb die Rechnung und erstellen Sie ein Objektdiagramm.

SCHREINEREI HOLZMANN GmbH

Frau Marlene Knudsen
Am Holzweg 12
12345 Holzhausen

Rechnung: 1251
Datum: 22.02.2011

Ihr Auftrag vom: 15.01.2011

Bezeichnung	Anzahl	Einzelpreis	Gesamtpreis
Holzstuhl Kiefer lasiert	4	239,00 €	956,00 €
Tisch Kiefer lasiert 160 × 85	1	458,00 €	458,00 €
Kommode Mahagoni furniert 80 × 60 × 35 (H × B × T) mit zwei Schubladen	1	625,00 €	625,00 €
Gesamt:			2039,00 €

In dem Rechnungsbetrag sind 19% Mehrwertsteuer enthalten (= 387,41 €)

Zahlbar bis: 22.03.2011

Vielen Dank für den Auftrag

Schreinerei Holzmann

Bankverbindung: KasseXY, Konto: 123, BLZ: 199999

Aufgabe 4.3

Gegeben ist das folgende Objektdiagramm, welches eine Momentaufnahme in einer Versicherungsagentur darstellt. Die Mitarbeiter betreuen ihre Kunden und Verträge. Die Verträge werden zusätzlich von unabhängigen Prüfern geprüft. Analysieren Sie das Objektdiagramm und erstellen Sie anschließend ein Klassendiagramm, welches die Objekte und deren Beziehungen in den entsprechenden Klassen widerspiegelt.

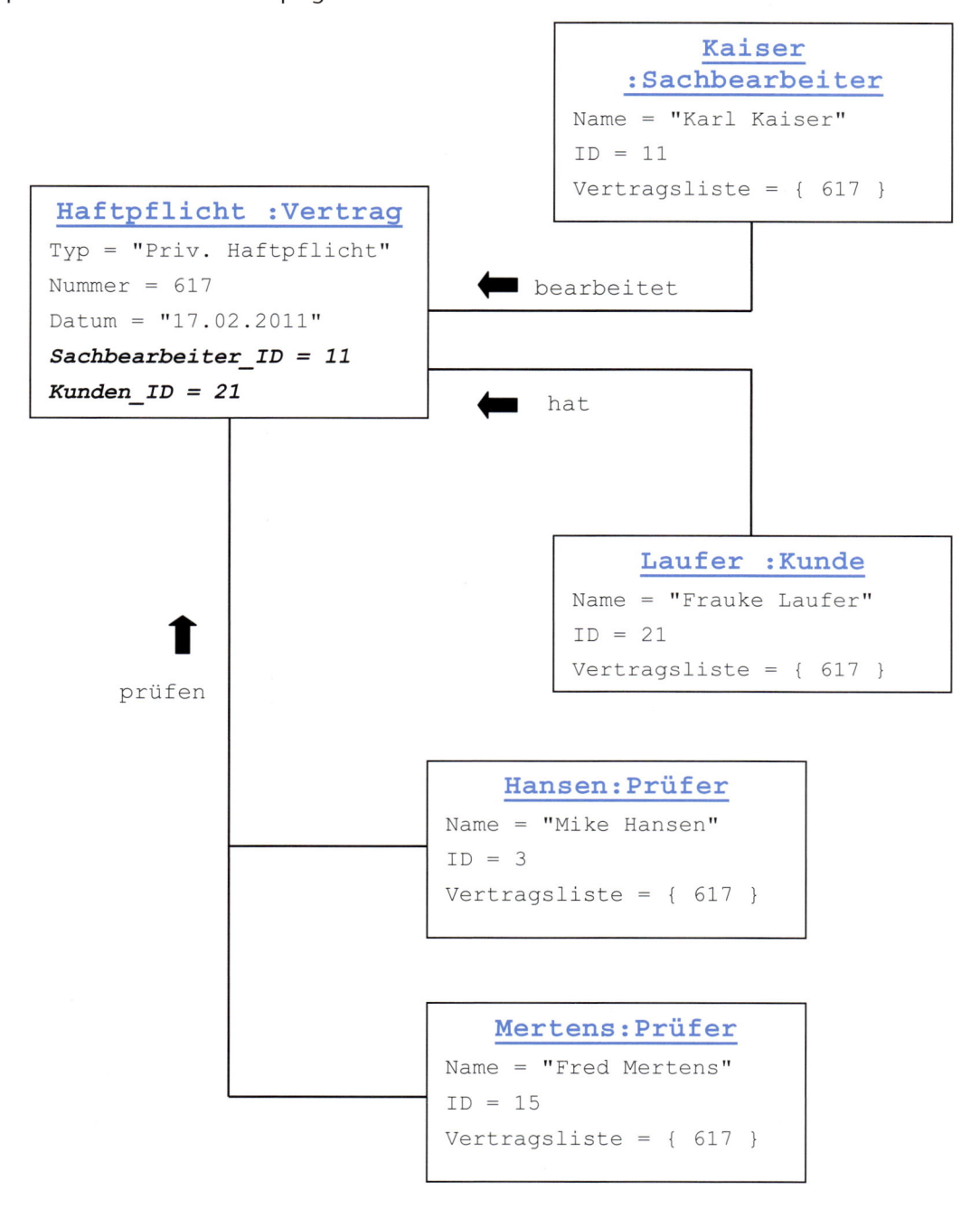

Kaiser :Sachbearbeiter
Name = "Karl Kaiser"
ID = 11
Vertragsliste = { 617 }

Haftpflicht :Vertrag
Typ = "Priv. Haftpflicht"
Nummer = 617
Datum = "17.02.2011"
Sachbearbeiter_ID = 11
Kunden_ID = 21

← bearbeitet

← hat

Laufer :Kunde
Name = "Frauke Laufer"
ID = 21
Vertragsliste = { 617 }

prüfen

Hansen:Prüfer
Name = "Mike Hansen"
ID = 3
Vertragsliste = { 617 }

Mertens:Prüfer
Name = "Fred Mertens"
ID = 15
Vertragsliste = { 617 }

5 Aufgaben zum Sequenzdiagramm

Aufgabe 5.1
Setzen Sie das folgende Sequenzdiagramm in C++ oder C# um:

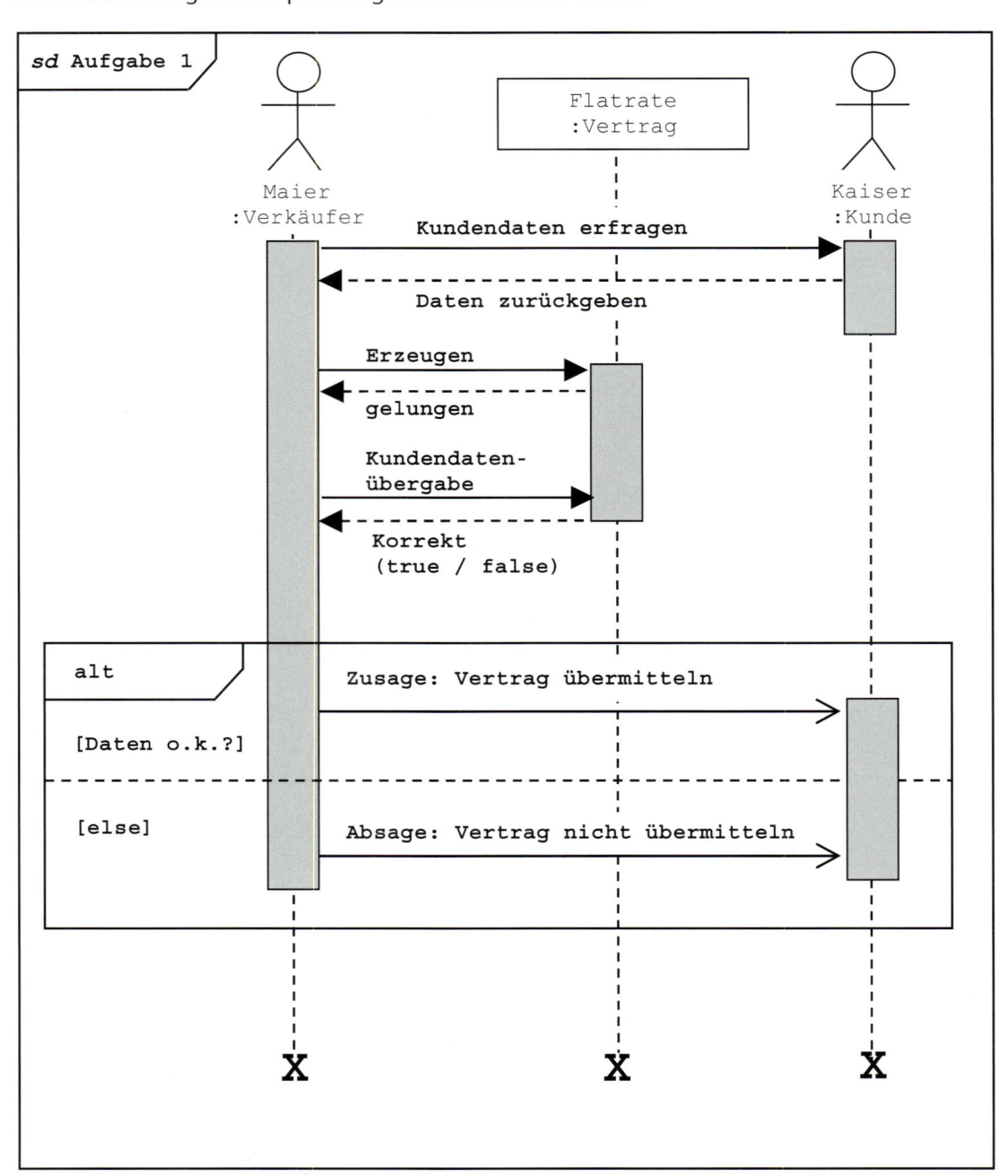

```
sd Aufgabe 1

                Maier              Flatrate           Kaiser
                :Verkäufer         :Vertrag           :Kunde

                     ◄──── Kundendaten erfragen ────►
                     ◄──── Daten zurückgeben ────────

                     ──── Erzeugen ────►
                     ◄─── gelungen ─────
                     ──── Kundendaten-
                          übergabe ────►
                     ◄─── Korrekt
                          (true / false)

  alt
                     ──── Zusage: Vertrag übermitteln ────►
  [Daten o.k.?]
  - - - - - - - - - - - - - - - - - - - - - - - - - - - -
  [else]
                     ──── Absage: Vertrag nicht übermitteln ────►
```

Hinweise:

▶ Erstellen Sie die entsprechenden Klassen und finden Sie einige geeignete Attribute und Methoden für die Klassen `Vertrag` und `Verkäufer`. Die Kunden-Klasse soll allerdings die folgenden Attribute haben:

```
string name;
int kunden_ID
string geburtsdatum;
```

▶ Die Kundendaten müssen von der Vertrags-Klasse geprüft werden, bevor ein Vertrag zustande kommen kann. Dazu muss Folgendes geprüft werden:

- Liegt die `kunden_ID` zwischen 1 und 99999 (inkl.)?
- Ist das Geburtsdatum ein gültiges Datum (auch Schaltjahre einbeziehen)?
- Ist der Kunde mindestens 18 Jahre alt (auf das Vertragsdatum bezogen)?

Aufgabe 5.2
Ausgangssituation:

Für eine Bank soll ein Softwaresystem entwickelt werden. Der Zusammenhang zwischen Kunden, Beratern und Konten ist bereits in einem Klassendiagramm erfasst worden:

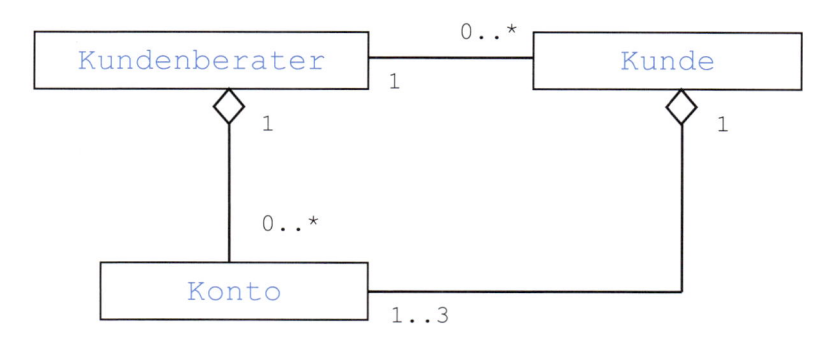

```
          0..*
Kundenberater ────────── Kunde
      ◇                    ◇
      1                    1
      │                    │
      │ 0..*               │
      │                    │
    Konto ─────────────────┘
              1..3
```

Entwickeln Sie ein Sequenzdiagramm zu dem folgenden Szenario:

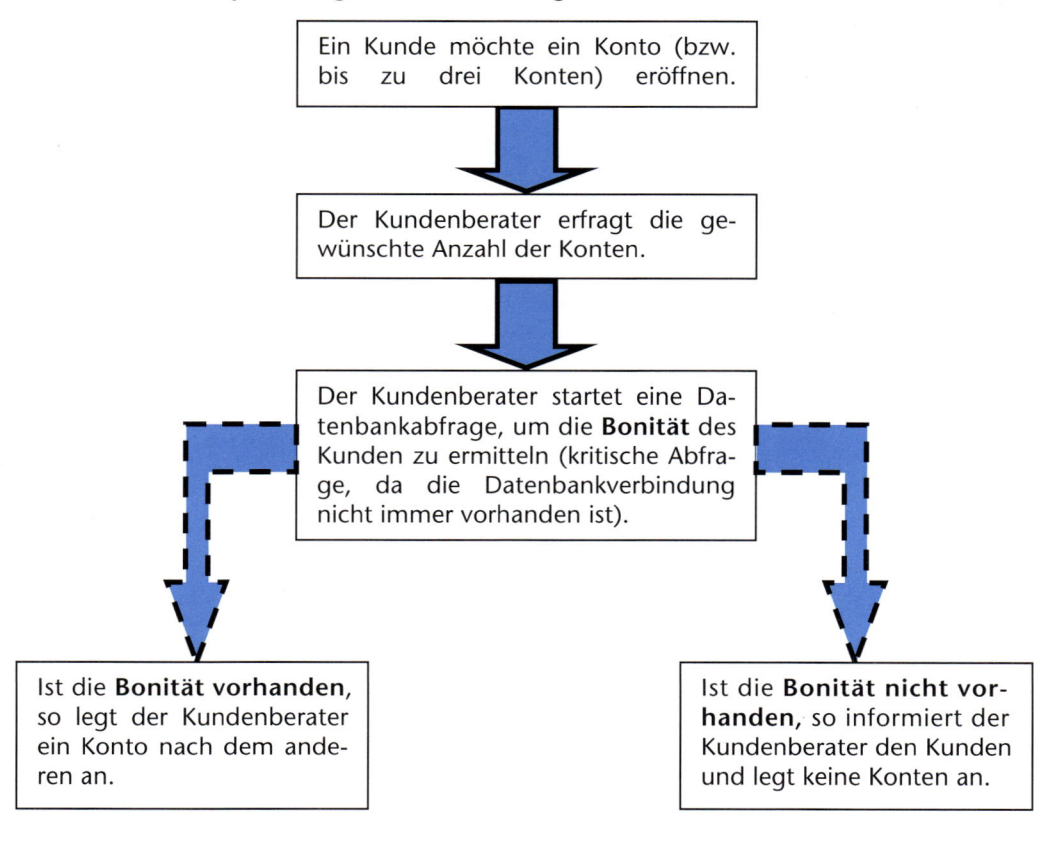

Ein Kunde möchte ein Konto (bzw. bis zu drei Konten) eröffnen.

⬇

Der Kundenberater erfragt die gewünschte Anzahl der Konten.

⬇

Der Kundenberater startet eine Datenbankabfrage, um die **Bonität** des Kunden zu ermitteln (kritische Abfrage, da die Datenbankverbindung nicht immer vorhanden ist).

⬇ ⬇

Ist die **Bonität vorhanden,** so legt der Kundenberater ein Konto nach dem anderen an.

Ist die **Bonität nicht vorhanden,** so informiert der Kundenberater den Kunden und legt keine Konten an.

6 Aufgaben zum Aktivitätsdiagramm

Aufgabe 6.1

Ausgangssituation:

Für die Speicherung von Messwerten ist die Klasse CAuswertung vorgegeben. Die Klasse hat den folgenden Aufbau in C++ bzw. C#:

```
class CAuswertung                    class CAuswertung
{                                    {
private:                                 private double [] werte;
    double * pWerte;                     :
    :                                    :
    :                                }
};
```

C++-Zeiger für die dynamische Speicherung

C#-Verweis auf ein double-Array

Die Klassen sind in der Lage, beliebig viele Messwerte vom Typ double aufzunehmen (dynamische Reservierung), um damit statistische Auswertungen vorzunehmen.

Aufgabenstellung:

Analysieren Sie das folgende Aktivitätsdiagramm und setzen Sie das Diagramm in C++ bzw. C# um. Ergänzen Sie die nötigen Methoden und entwerfen Sie eine geeignete Benutzeroberfläche.

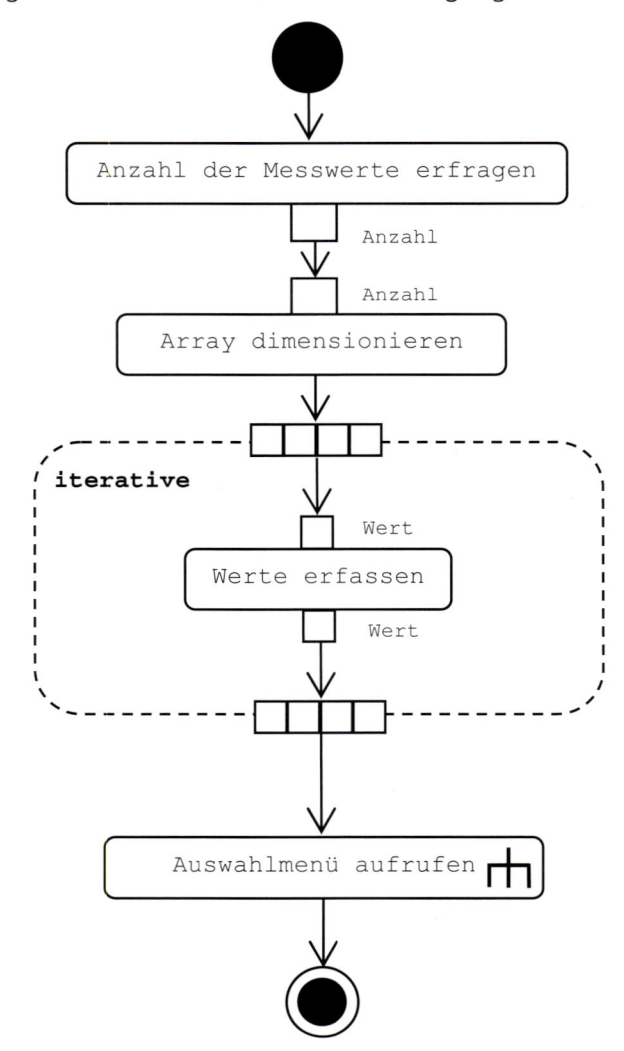

Aufgabenpool

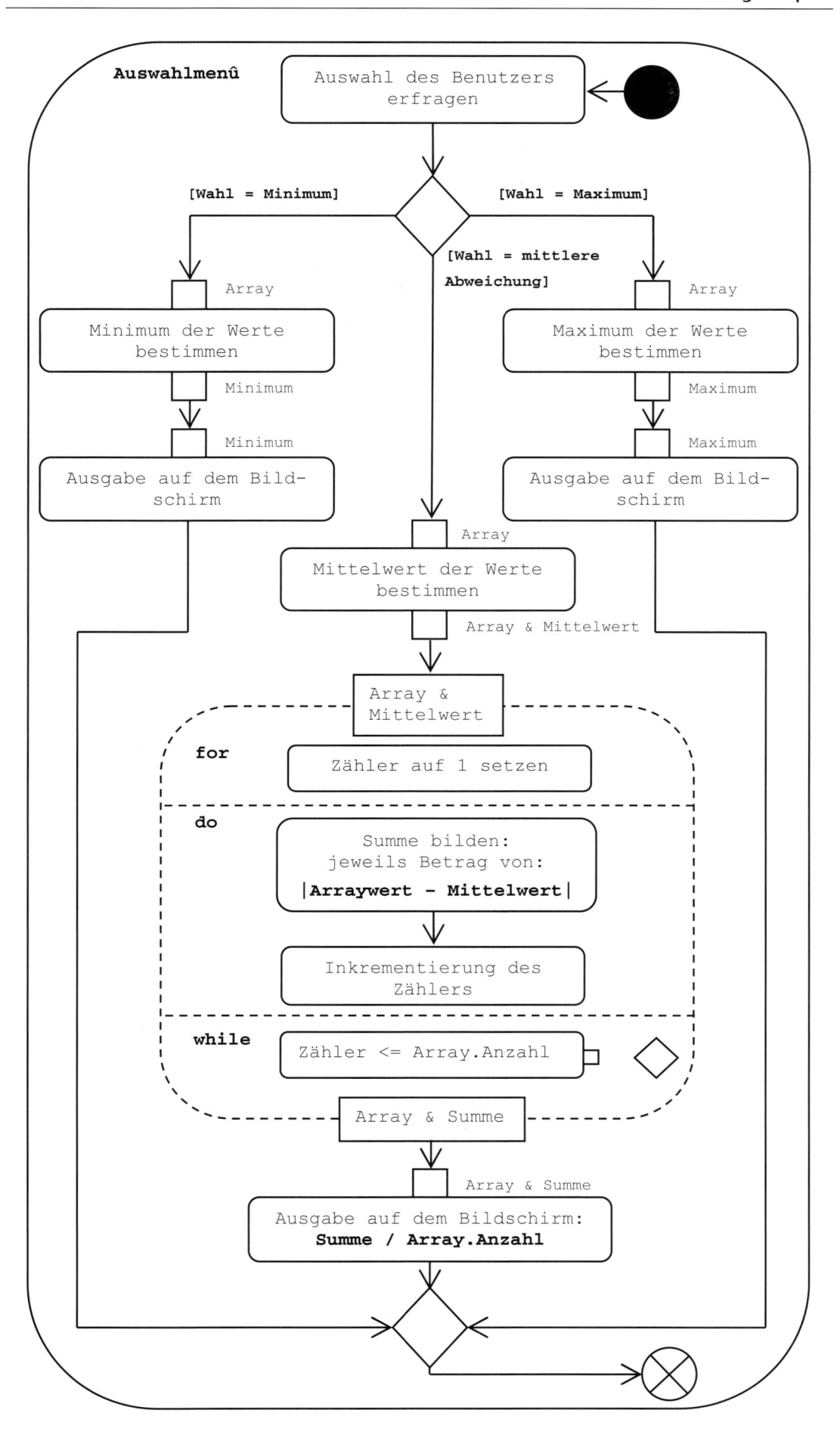

Auswahlmenü

- Auswahl des Benutzers erfragen
  - [Wahl = Minimum] → Array → Minimum der Werte bestimmen → Minimum → Ausgabe auf dem Bildschirm
  - [Wahl = Maximum] → Array → Maximum der Werte bestimmen → Maximum → Ausgabe auf dem Bildschirm
  - [Wahl = mittlere Abweichung] → Array → Mittelwert der Werte bestimmen → Array & Mittelwert

Schleife (Array & Mittelwert):

- **for**: Zähler auf 1 setzen
- **do**:
  - Summe bilden: jeweils Betrag von: **|Arraywert - Mittelwert|**
  - Inkrementierung des Zählers
- **while**: Zähler <= Array.Anzahl

→ Array & Summe → Ausgabe auf dem Bildschirm: **Summe / Array.Anzahl**

Aufgabe 6.2
Entwickeln Sie ein Aktivitätsdiagramm zu der folgenden Ausgangssituation:

Die Kunden einer Kfz-Versicherungsgesellschaft können ihre Schäden online über eine entsprechende Maske eintragen. Die Daten werden anschließend von einem Sachbearbeiter geprüft. In einem ersten Schritt muss die Schuldfrage geklärt werden. Hat der Versicherte Schuld (oder Teilschuld) an dem Schadensfall, so fordert der Sachbearbeiter ein Gutachten an, in dem die Schadenssumme genau berechnet wird. Liegt diese Schadenssumme unter 12.500 Euro, so muss der Sachbearbeiter die Vertragsdaten des Versicherten anpassen (Anpassung des Schadensfreiheitrabatts). Danach kann eine Reparaturfreigabe erfolgen, allerdings unter einschränkenden Bedingungen, die dem Versicherten mitgeteilt werden.

Liegt die Schadenssumme über 12.500 Euro, so muss der Sachbearbeiter neben der Anpassung des Vertrags auch den Abteilungsleiter informieren. Erst danach kann dann die Reparaturfreigabe unter Einschränkung erfolgen.

Falls der Versicherte keine (Teil-)Schuld trägt, so kann eine uneingeschränkte Reparaturfreigabe erfolgen.

7 Aufgaben zur Softwareentwicklung

Hinweis:

Die Aufgaben zur Softwareentwicklung sind in der Regel sehr komplex, da sie mehrere Diagrammtypen und die entsprechenden Implementierungen enthalten. Deshalb werden an dieser Stelle keine einzelnen Aufgaben gestellt, sondern auf die Lernsituationen verwiesen. Die Lernsituationen bieten den Rahmen für solche komplexen Aufgaben.

8 Aufgaben zu den weiteren Diagrammen

Aufgabe 8.1 Kompositionsstrukturdiagramm
Stellen Sie die folgende Problematik mithilfe eines Kompositionsstrukturdiagramms dar:

Eine Schule hat Lehrer, die wiederum Klassen (maximal sieben) unterrichten. Die Lehrer haben einen Zugang zu der Vertretungsplansoftware, über welche sie die aktuellen Vertretungspläne abrufen können.

Weiterhin kommunizieren Lehrer und Schüler, wenn es um die Beurteilung von Leistungen geht. Dabei kann die Kommunikation zwischen Sportlehrern und deren Schülern als ein Spezialfall betrachtet werden, denn die Mitarbeitsnote wird anders ermittelt als im Unterricht, der in einem Klassenraum stattfindet.

Aufgabe 8.2 Komponentendiagramm
Ausgangssituation:

Ein Online-Auktionshaus möchte seine Software komplett neu gestalten. In einem ersten Schritt soll eine Übersicht der zugrunde liegenden Komponenten entwickelt werden. Das neue System soll ein Drei-Schichten-System sein (*three tier*). Auf einem Server soll ein Webserver installiert werden, der über einen Perl-Interpreter verfügt. In der Sprache Perl sollen dann auch die nötigen Klassen für die Abwicklung der Auktionen geschrieben werden (Kunden-Klasse, Auktions-Klasse etc.). Die Daten sollen in einer Datenbank gesichert werden, die auch auf einem anderen separaten Server installiert werden kann. Der Zugriff der Kunden erfolgt über einen beliebigen Browser, der allerdings für JavaScript geeignet sein muss, da einige JavaScripts lokal auf dem Browser laufen müssen.
Entwickeln Sie ein Komponentendiagramm zu der obigen Ausgangssituation.

Aufgabe 8.3 Verteilungsdiagramm
Ergänzen Sie das Komponentendiagramm zu der geplanten Online-Auktions-Software (aus der Aufgabe 8.2) durch ein Verteilungsdiagramm. Dabei werden die folgenden Daten zur benötigten Hardware und Software zugrunde gelegt:

Anforderungen an den Server:

Beschreibung	Anzahl
Prozessor: Intel® Xeon® X3430	1
RAM: 16 GB Memory, DDR3, 1333 MHz	2
RAID: C5 - RAID 5 with PERC S100	1
Festplatte: 500 GB, SATA, 3.5	3
USV-System	1
Betriebssystem: Linux	1
Webserver: Apache	1

Anforderungen an den Client:

Beschreibung	Anzahl
Prozessor: ab Pentium 4	1
RAM: ab 512 MB	1
Festplatte: ab 10 GB	1
Grafikkarte: ab Auflösung 1024*768	1
Betriebssystem: Linux / Windows XX	1
Browser: IE ab 8 / Firefox ab 3	1

Anforderungen an den Datenbankserver:

Beschreibung	Anzahl
Prozessor: ab Pentium 4	1
RAM: ab 2 GB	1
Festplatte: ab 60 GB	1
Betriebssystem: Linux / Windows XX	1
DBMD: Oracle / MySQL	1

Anforderungen an die zu installierende Software:

Beschreibung	Anzahl
Perl-Interpreter ab Version 5	1
Oracle DBMS ab 9i / MySQL ab 5	1
JavaScript: ab 1.8	1
Apache: ab 2	1

Aufgabe 8.4 Paketdiagramm
Ausgangssituation:

Die Firma *ProMath* entwickelt mathematische Computersoftware in einer objektorientierten Sprache. Die einzelnen Funktionalitäten der Software sind in Module (Pakete) unterteilt. In einem Grundlagenmodul sind Klassen für die Bruchrechnung und die Dezimalrechnung implementiert mit Funktionalitäten wie *„Kürzen"* und *„Wurzel ziehen"*. Die Module zur Differenzialrechnung und Integralrechnung beinhalten dieses Grundlagenmodul. Zusätzlich haben die beiden Module auch Zugriff auf das Modul der komplexen Zahlen, welches wiederum Zugriff auf das Trigonometrie-Modul hat, um Funktionen wie *Kosinus* und *Sinus* zu benutzen, die in einer entsprechenden Klasse angeboten werden. Allerdings soll der Zugriff auf die trigonometrischen Funktionen nur dem Modul der komplexen Zahlen möglich sein.

Entwickeln Sie ein Paketdiagramm zu der obigen Ausgangssituation.

Aufgabe 8.5 Profildiagramm

Dieses Diagramm arbeitet auf einer Meta-Ebene und wird von erfahrenen Entwicklern eingesetzt, um die Sprache UML an ihre Bedürfnisse anzupassen. Eine Aufgabenstellung zu diesem Diagramm würde deshalb an dieser Stelle nicht angemessen sein. Dem fortgeschrittenen Leser sei beispielsweise die Literatur zur modellgetriebenen Softwareentwicklung (Model-Driven Architecture, *MDA*) empfohlen.

Aufgabe 8.6 Zustandsdiagramm

Für die Steuerung einer Maschine soll eine Art Knopf simuliert werden, auf den ein Benutzer klicken kann. Zusätzlich muss eine Art Codewort eingegeben werden. Ist das Codewort korrekt, so ändert der Knopf seinen Zustand. Das folgende Zustandsdiagramm soll diesen Vorgang beschreiben:

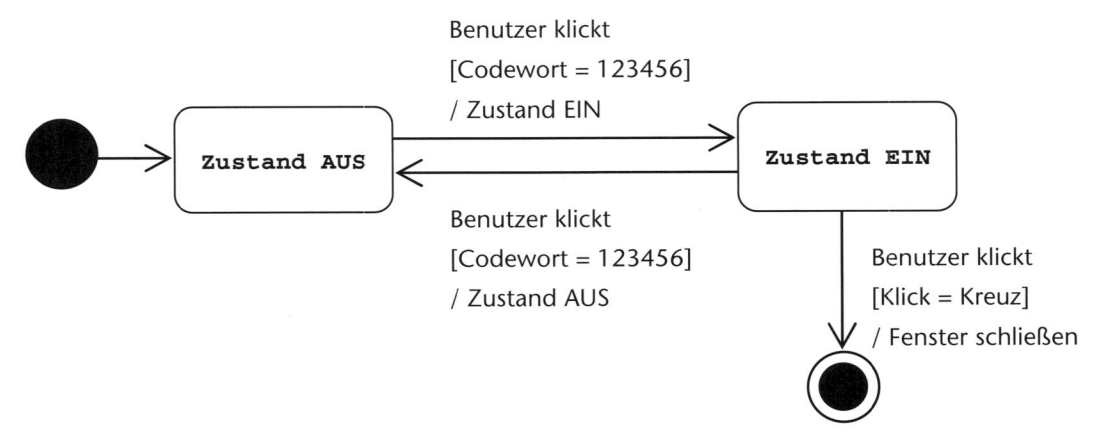

Entwickeln Sie eine Windows-Anwendung (beispielsweise eine Windows-Forms-Anwendung), die dieses Zustandsdiagramm in Form eines kleinen Fensters modelliert. Die folgenden Screenshots zeigen, wie das Fenster aussehen könnte:

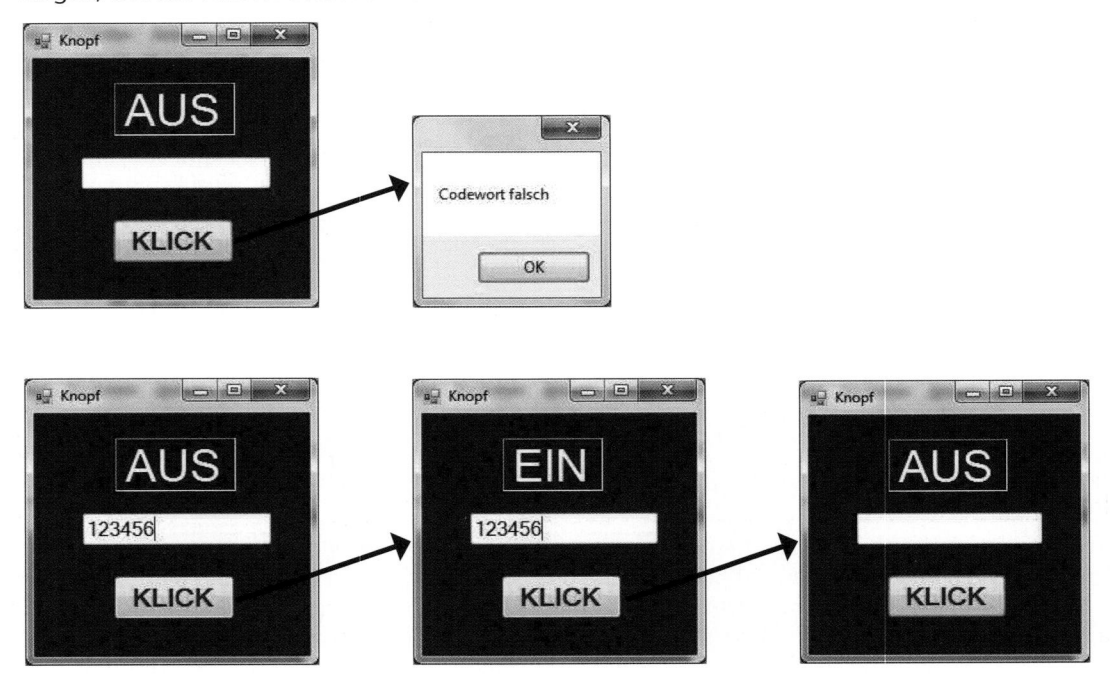

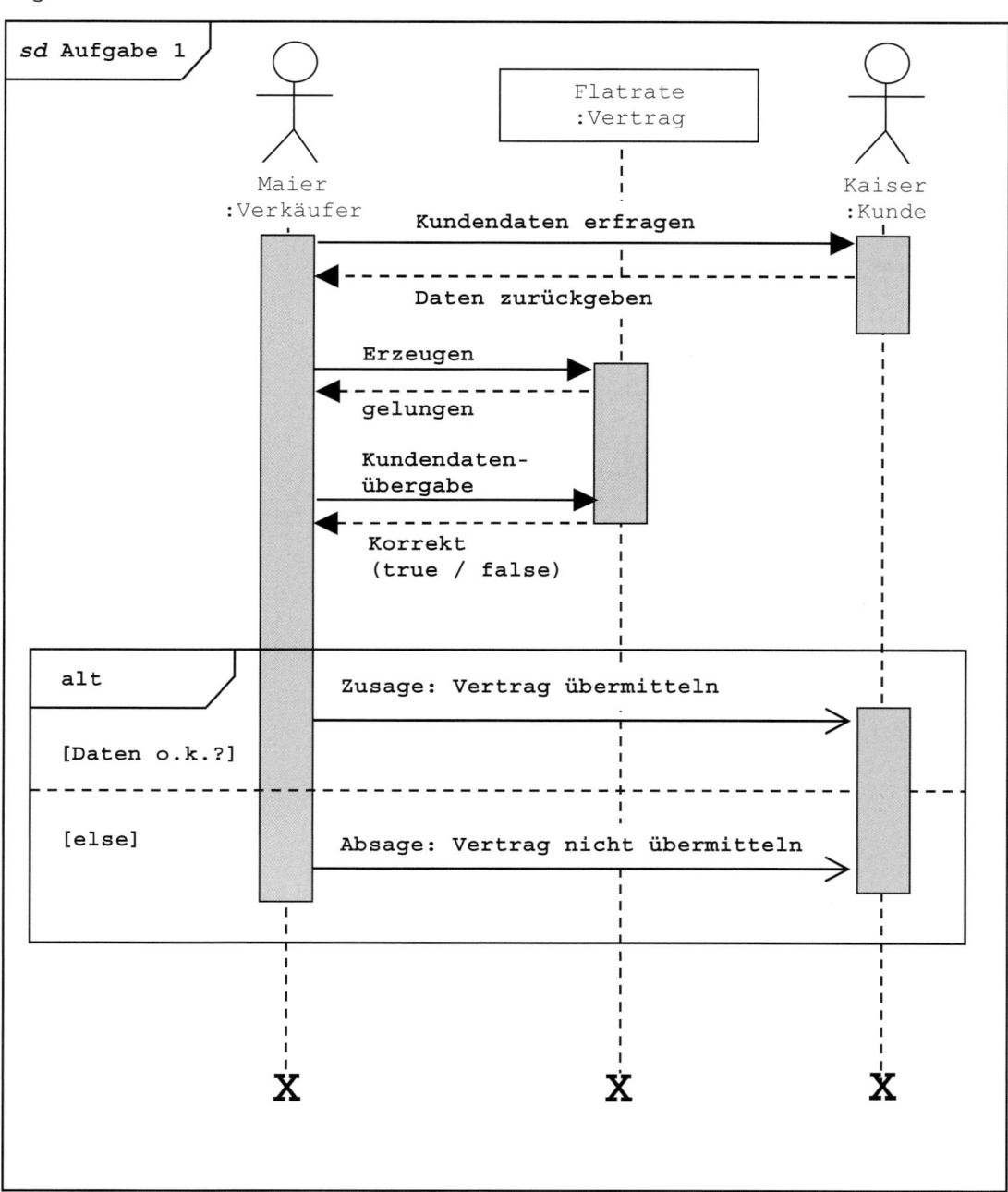

Aufgabe 8.7 Kommunikationsdiagramm
Übersetzen Sie das bereits bekannte Sequenzdiagramm aus Aufgabe 5.1 in ein Kommunikationsdiagramm.

Aufgabe 8.7 Kommunikationsdiagramm
Übersetzen Sie das bereits bekannte Sequenzdiagramm aus Aufgabe 5.1 in ein Kommunikationsdiagramm.

Aufgabe 8.8 Zeitverlaufsdiagramm

Das folgende Zeitverlaufsdiagramm soll den Arbeitsprozess eines Sachbearbeiters und seines Chefs widerspiegeln. Der Sachbearbeiter schläft hauptsächlich und wird allerdings in festgelegten Intervallen von seinem Chef zur Arbeit ermahnt. Der Sachbearbeiter arbeitet dann für einen kurzen Moment und fällt anschließend wieder in den Schlaf. Der Chef hingegen arbeitet hauptsächlich und macht in regelmäßigen Abständen eine Pause.

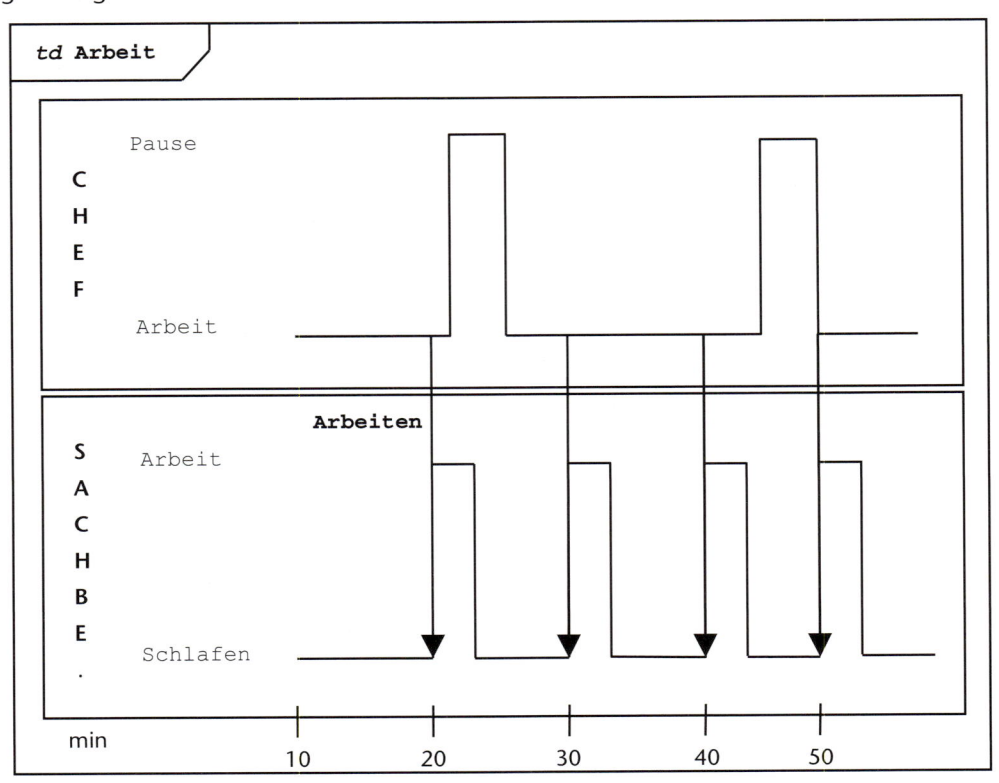

Hinweise:

Der Chef sendet alle 10 Minuten ein Signal zum Sachbearbeiter. Der Sachbearbeiter arbeitet dann für 3 Minuten und fällt anschließend wieder in den Schlaf. Alle 20 Minuten macht der Chef eine 5-minütige Pause.

Setzen Sie das Zeitverlaufsdiagramm in einer Windows-Anwendung (beispielsweise Windows-Forms) um. Benutzen Sie dazu einige Timer, die die Zustände steuern können.

Beispiel: Einsatz eines Timers in C#

```csharp
private Timer timer = new Timer();
timer.Interval = 3000;   // in Millisekunden

timer.Tick += new EventHandler(TimerMethode);


timer.Start(); //Der Timer wird gestartet

void TimerMethode(object obj, EventArgs ea)
{

    //TODO: die Funktionalität programmieren

}
```

> Die Methode wird immer nach 3000 Millisekunden aufgerufen.

> Der Delegate Tick

Die folgenden Screenshots zeigen eine mögliche Umsetzung in C# (die Minuten werden durch Sekunden ersetzt): Das Programm startet um **18:14:12** Uhr.

- Es ist **18:14:15** Uhr – der Sachbearbeiter schläft und der Chef arbeitet.
- Um **18:14:33** Uhr macht der Chef seit einer Sekunde Pause und der Sachbearbeiter arbeitet gerade seit einer Sekunde.

- Um **18:14:45** Uhr arbeitet der Chef und der Sachbearbeiter arbeitet gerade die letzte der drei Sekunden.
- Um **18:14:58** Uhr macht der Chef wieder Pause und der Sachbearbeiter schläft auch schon wieder.

> **Hinweis:**
>
> Die Bilder sind mithilfe einer `PictureBox` eingebunden worden. Das Ändern eines Bildes geschieht einfach durch die Zuweisung eines anderen Bildes an die Eigenschaft `Image`.

Aufgabe 8.9   Interaktionsübersichtsdiagramm

Zu diesem Diagrammtyp wird keine separate Aufgabe gestellt, da es im Prinzip nur um die Integration aller besprochenen Diagramme in ein Übersichtsdiagramm geht.

Teil 3
Lernsituationen

Lernsituation 1:
Erstellen einer Präsentation mit Hintergrundinformationen zur Sprache UML (in Deutsch oder Englisch) 176

Lernsituation 2:
Anfertigen einer Dokumentation für den Einsatz eines CASE-Tools (in Deutsch oder Englisch) .. 177

Lernsituation 3:
Entwicklung einer Software zur Darstellung von Wetterdaten mit dem Model-View-Controller-Konzept. 178

Lernsituation 4:
Durchführung einer objektorientierten Analyse und eines objektorientierten Designs zur Entwicklung eines Softwaresystems zur Verwaltung der Schulbibliothek eines Berufskollegs 181

Lernsituation 5:
Entwicklung einer Software zur Verwaltung eines Schulungsunternehmens 183

Lernsituation 1:
Erstellen einer Präsentation mit Hintergrundinformationen zur Sprache UML (in Deutsch oder Englisch)

Ausgangssituation:
Sie haben die Ausbildung zum Fachinformatiker bei der mittelständischen Softwareentwicklungsfirma **ProSource** begonnen. Unter anderem führt die Firma Inhouse-Schulungen in verschiedenen IT-Bereichen durch.

Es ist eine Schulung in der formalen Sprache UML geplant. Da die Entwickler der Firma unter Zeitdruck stehen, ist die Vorbereitung der Schulung problematisch. Sie erhalten deshalb den Auftrag, den einführenden Informationsteil der Schulung zu gestalten. Dieser Teil soll ungefähr 15 Minuten in Anspruch nehmen. Neben historischen Daten sollen die interessanten Aspekte der Sprache ansprechend vorgestellt werden. Die Präsentation soll auch in den ausländischen Niederlassungen der Firma genutzt und deshalb auch parallel in englischer Sprache vorbereitet werden.

Arbeitsschritte in Einzel- oder Partnerarbeit:

Planung:
Legen Sie die Präsentationsmittel fest (PowerPoint-Präsentation, Handouts usw.).

Denken Sie über den Umfang der Präsentation nach (Zeitrahmen: 15 Minuten).

Informieren Sie sich über die Hintergründe von UML mithilfe des Informationsteils dieses Buches und weiteren Quellen wie dem Internet.

Wenn es möglich ist, dann arbeiten Sie fächerübergreifend im Deutsch- und/oder Englischunterricht an der Präsentation weiter.

Durchführung:
Gestalten Sie die Folien ansprechend, ohne sie zu überfrachten. Formulieren Sie die Folientexte kurz und aussagekräftig. Halten Sie die Präsentation entweder in Deutsch oder in Englisch, wenn der fächerübergreifende Unterricht stattfinden konnte.

Kontrolle:
Führen Sie die Präsentation vor Ihrem Partner oder einer anderen Lerngruppe vor. Der Partner bzw. die Zuhörer beobachten die Präsentation unter Einbeziehung des unten angegebenen Kriterienkatalogs, der im Anschluss die Grundlage für das kritische Auseinandersetzen bietet.

Kriterienkatalog für die Beurteilung einer Präsentation

- **Fachliche Seite:**
- ✓ Gliederung/Strukturierung des Vortrages
- ✓ Logischer Aufbau des Vortrages
- ✓ Angemessener Einsatz von Fachsprache
- ✓ Zusammenhänge deutlich machen
- ✓ Zusammenfassungen bieten (Resümee ziehen)
- ✓ Abschnitte in dem Vortrag deutlich machen
- **Persönliche Seite:**
- ✓ Ruhige und präzise Sprache/Aussprache
- ✓ Pausen machen
- ✓ Dynamik und Gestik
- ✓ Blickkontakt zu den Zuhörern

Lernziele:

▶ Sie lernen wichtige Aspekte der formalen Sprache UML kennen.

▶ Sie sammeln Erfahrungen im Erarbeiten und Durchführen einer fachlichen Präsentation im Bereich IT.

▶ Sie verbessern Ihre Kenntnisse in der englischen Sprache und lernen grundlegende Fachbegriffe in Englisch kennen.

▶ Sie verbessern das gezielte Beobachten von anderen Vorträgen.

Lernsituation 2:

Anfertigen einer Dokumentation für den Einsatz eines CASE-Tools (in Deutsch oder Englisch)

Ausgangssituation:

Die Softwareentwicklungsfirma **ProSource** hat sich entschieden, in künftigen Projekten mit einem CASE-Tool (**C**omputer **A**ided **S**oftware **E**ngineering) zu arbeiten. Viele Entwickler der Firma haben keine Erfahrungen mit solchen Tools. Aus Gründen der Motivation hat sich die Firmenleitung entschlossen, diesen Entwicklern den Einstieg zu erleichtern.

Deshalb soll eine kurze und verständliche Dokumentation zu dem CASE-Tool geschrieben werden. Als erfahrener Auszubildender der Firma erhalten Sie den Auftrag, diese Dokumentation zu schreiben. Der Umfang sollte sechs Seiten nicht überschreiten. Die Dokumentation könnte auch in den ausländischen Niederlassungen der Firma genutzt werden und sollte deshalb auch parallel in englischer Sprache vorbereitet werden.

Arbeitsschritte in Einzel- oder Partnerarbeit:

Planung:
Überlegen Sie sich ein Konzept für diese Dokumentation. Orientieren Sie sich an den folgenden Fragen:

- ▶ Wie kann die Dokumentation gegliedert werden (allgemeine Beschreibung, Anlegen eines Projektes in dem CASE-Tool)?
- ▶ Mit welchem Programm kann die Dokumentation adäquat umgesetzt werden (Editor, Word o.Ä.)?

Entscheiden Sie sich für ein CASE-Tool. Vorgeschlagen wird hier die kostenfreie Privat-Edition **objectiF** von **microTOOL**. Wenn Sie in Ihrem Lernumfeld mit einem anderen Tool arbeiten, so können Sie auch dieses verwenden.

Wenn es möglich ist, dann arbeiten Sie fächerübergreifend im Deutsch- und/oder Englischunterricht an der Dokumentation weiter.

Benutzen Sie den Informationsteil dieses Buches und weitere Quellen wie das Internet, um die nötigen Kenntnisse zu erarbeiten.

Durchführung:
Gestalten Sie die Kundendokumentation in einem ansprechenden Wechsel von Text und Grafik (Screenshots des CASE-Tools).

Kontrolle:
Nutzen Sie die Rechtschreibkontrolle Ihrer Textverarbeitung. Falls es möglich ist, lassen Sie Ihre Dokumentation von jemandem lesen, der das CASE-Tool nicht kennt – es wird sich dann zeigen, ob Ihre Erläuterungen zum Ziel führen.

Lernziele:

- ▶ Sie lernen ein CASE-Tool kennen und können Projekte damit anlegen.
- ▶ Sie erarbeiten die Grundstruktur des Tools.
- ▶ Sie verbessern Ihre Kenntnisse in der englischen Sprache und lernen grundlegende Fachbegriffe in Englisch kennen.

Lernsituation 3:
Entwicklung einer Software zur Darstellung von Wetterdaten mit dem Model-View-Controller-Konzept

Ausgangssituation:

Die Firma **WetterCom** liefert Messdaten von ihren Messstationen an ihre Kunden. Bislang wurden die Daten als Dateianhänge im Textformat versendet. Diese nicht zeitgemäße Versendung von Daten soll durch ein neues Softwaresystem abgelöst werden. Dieses System soll mit der **MVC**-Architektur realisiert werden (Model-View-Controller-Architektur).

In einem ersten Prototyp soll eine lokale Anwendung erstellt werden, die ein einfaches MVC-Modell umsetzt. Die Firma **ProSource** erhält den Auftrag, diese Prototyp-Anwendung in der Sprache C++ oder C# als Konsolenanwendung zu entwickeln. Als Auszubildender der Firma **ProSource** haben Sie bereits einige Konsolenanwendungen entwickelt. Die Aufgabe wird deshalb an Sie delegiert.

Arbeitsschritte in Einzel- oder Partnerarbeit:

Planung:
Aus der objektorientierten Analyse liegt das folgende Klassendiagramm vor. Es beschreibt den Aufbau der Klassen und deren Beziehung untereinander.

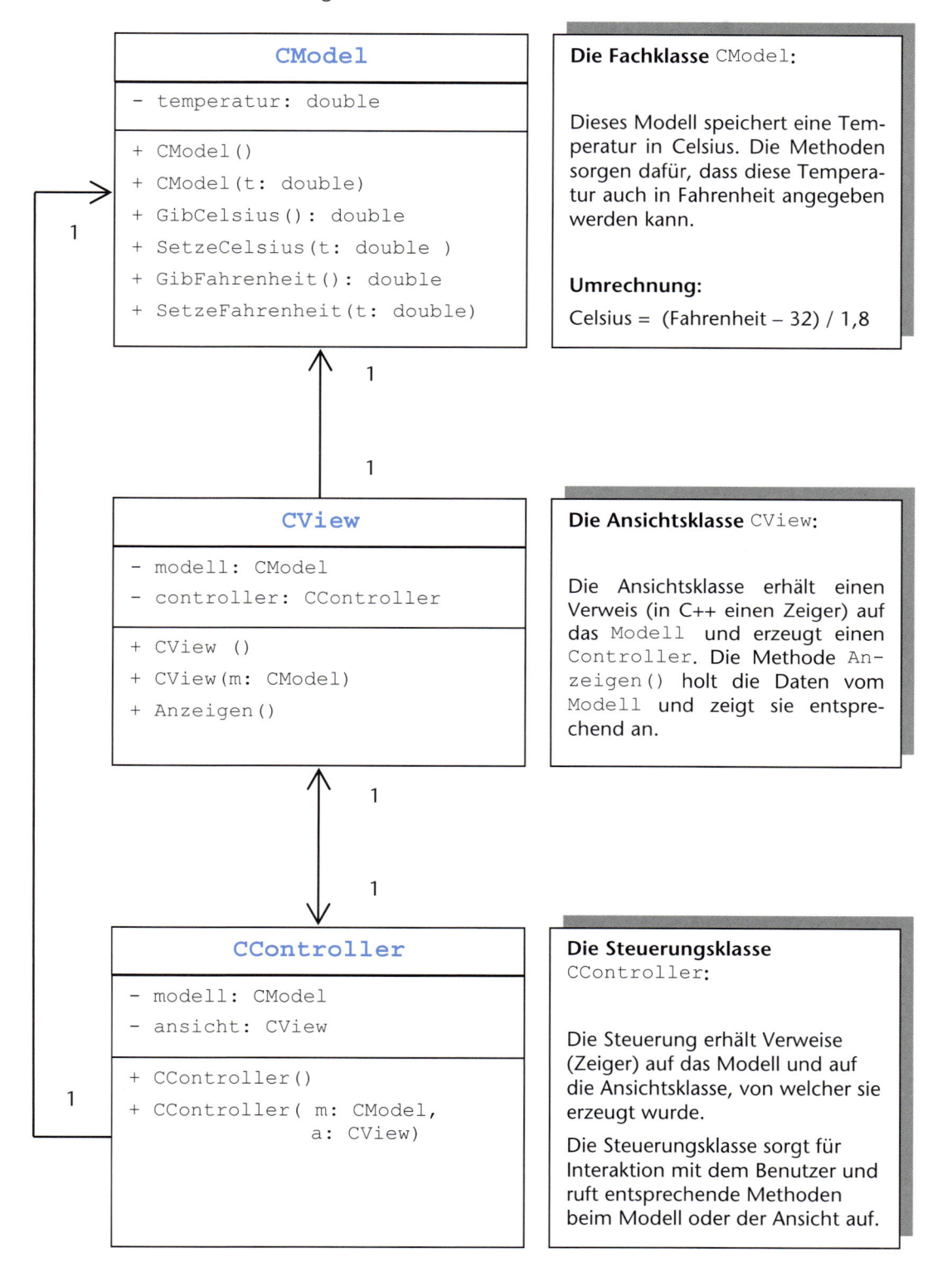

CModel
- temperatur: double
- + CModel()
- + CModel(t: double)
- + GibCelsius(): double
- + SetzeCelsius(t: double)
- + GibFahrenheit(): double
- + SetzeFahrenheit(t: double)

Die Fachklasse CModel:

Dieses Modell speichert eine Temperatur in Celsius. Die Methoden sorgen dafür, dass diese Temperatur auch in Fahrenheit angegeben werden kann.

Umrechnung:

Celsius = (Fahrenheit − 32) / 1,8

CView
- modell: CModel
- controller: CController
- + CView()
- + CView(m: CModel)
- + Anzeigen()

Die Ansichtsklasse CView:

Die Ansichtsklasse erhält einen Verweis (in C++ einen Zeiger) auf das Modell und erzeugt einen Controller. Die Methode Anzeigen() holt die Daten vom Modell und zeigt sie entsprechend an.

CController
- modell: CModel
- ansicht: CView
- + CController()
- + CController(m: CModel, a: CView)

Die Steuerungsklasse CController:

Die Steuerung erhält Verweise (Zeiger) auf das Modell und auf die Ansichtsklasse, von welcher sie erzeugt wurde.

Die Steuerungsklasse sorgt für Interaktion mit dem Benutzer und ruft entsprechende Methoden beim Modell oder der Ansicht auf.

> **Hinweis:**
> Das obige Modell ist eine einfache Variante der MVC-Architektur, da nur ein Modell, eine Ansicht und eine Steuerung instanziert werden sollen. In der Regel gibt es mehrere Ansichten oder auch Steuerungen, die auf das Modell zugreifen.

Eine Bildschirmausgabe der Konsolenanwendung könnte so aussehen:

```
Auswahl:
<1> Neue Temperatur in Celsius eingeben
<2> Neue Temperatur in Fahrenheit eingeben      } Controller
<3> ENDE
1
Bitte die Temperatur in Celsius: 10


T E M P E R A T U R - U M R E C H N U N G  <Version 1.0>
Temperatur in Celsius:    10                    } View
Temperatur in Fahrenheit: 50


Auswahl:
<1> Neue Temperatur in Celsius eingeben
<2> Neue Temperatur in Fahrenheit eingeben      } Controller
<3> ENDE
1
Bitte die Temperatur in Celsius: 20


T E M P E R A T U R - U M R E C H N U N G  <Version 1.0>
Temperatur in Celsius:    20                    } View
Temperatur in Fahrenheit: 68
```

Durchführung:

Implementieren Sie die drei Klassen entsprechend des Klassendiagramms. Die Eingabelogik (Menü und Benutzereingabe) soll dabei als Methode der Steuerungs-Klasse umgesetzt werden.

Die Ausgabe auf dem Bildschirm wird als Methode der Ansichts-Klasse umgesetzt, die von der Steuerungs-Klasse aufgerufen wird, sobald der Benutzer eine neue Wahl getroffen hat. Die Modell-Klasse wird sowohl von der Steuerungs-Klasse (zur Speicherung neuer Werte) als auch von der Ansichts-Klasse genutzt, um die Daten für die Bildschirmausgabe zu erhalten.

Die „Hauptprogramme" in C++ oder C# sind vorgegeben:

```csharp
static void Main(string[] args)
{
   CModel modell = new CModel(10);
   CView ansicht = new CView(modell);
}
```
C#

```cpp
int main()
{
   CModel modell(10);
   CView ansicht(&modell);
   return 0;
}
```
C++

Zur besseren Übersicht wurde für die Implementierungsphase ein Sequenzdiagramm entwickelt. Die Botschaft „Anmelden" soll beispielsweise bedeuten, dass das Objekt der Klasse CView einen Verweis auf das Objekt der Klasse CModel erhält. Das geschieht der Einfachheit halber über den

Konstruktoraufruf (siehe obige „Hauptprogramme"). Das Sequenzdiagramm zeigt im Prinzip die Erzeugung aller Objekte und die „Anmeldevorgänge" sowie beispielhaft die Eingabe eines neuen Temperaturwertes und die entsprechenden Botschaften, die anschließend gesendet werden.

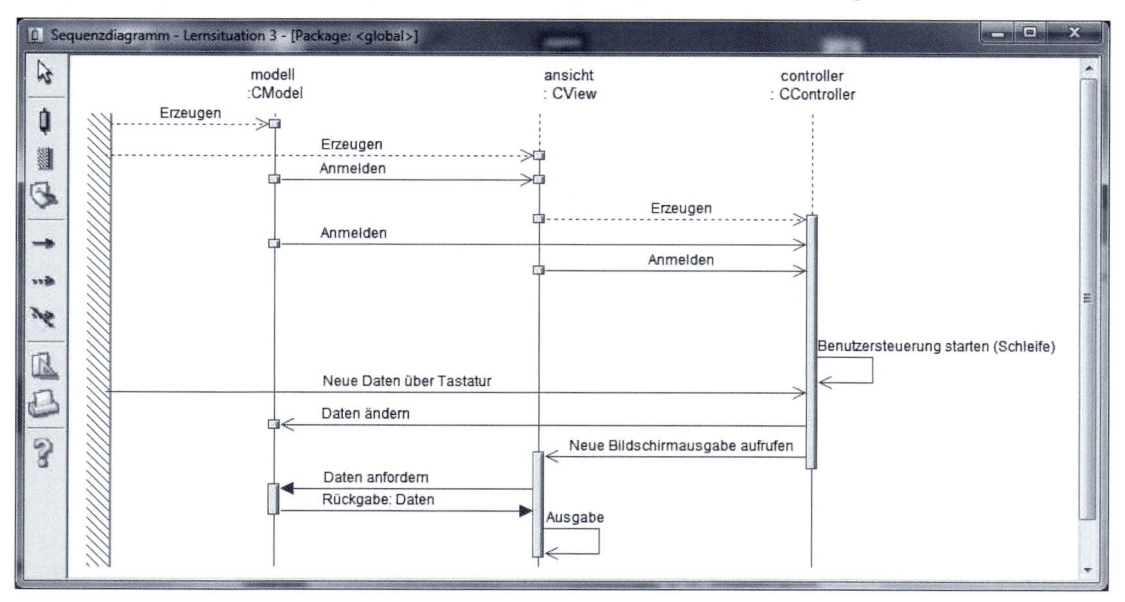

Kontrolle:
Kontrollieren Sie die korrekte Programmausführung durch die Eingabe von einigen Werten, die umgerechnet und dargestellt werden sollen.

> **Lernziele:**
> ▶ Sie lernen die Grundzüge einer wichtigen Architektur kennen – der **Model-View-Controller-Architektur**.
> ▶ Sie erarbeiten sich weitere Kenntnisse in der Umsetzung von UML-Klassendiagrammen und UML-Sequenzdiagrammen.

Lernsituation 4:

Durchführung einer objektorientierten Analyse und eines objektorientierten Designs zur Entwicklung eines Softwaresystems zur Verwaltung der Schulbibliothek eines Berufskollegs

Ausgangssituation:

Als Auszubildender der Firma **ProSource** haben Sie zusätzlich zu Ihrer Ausbildung in der Firma Unterricht in der Berufsschule. Diese Berufsschule ist ein Berufskolleg mit vielen verschiedenen Bildungsgängen.

Im Rahmen des Unterrichts für das Lernfeld „Entwickeln und Bereitstellen von Anwendungssystemen" erhalten Sie den Auftrag, ein Softwaresystem für die Verwaltung der Schulbibliothek zu entwickeln.

Die Schulleitung ist sich nicht einig, ob das System mit Open-Source-Software oder einer lizenzierten Entwicklungsumgebung umgesetzt werden soll. Deshalb beschränkt sich der Auftrag auf die Definition der Anforderungen, die objektorientierte Analyse sowie das objektorientierte Design.

Arbeitsschritte in Einzel- oder Partnerarbeit:

Planung:
In einem Gespräch mit dem zuständigen Lehrer für die Schulbibliothek wurden die folgenden Kriterien für das System festgehalten:

- Die Anzahl der verschiedenen Bücher liegt momentan bei circa 175. Es können aber durchaus noch mehr Bücher werden.
- Von jedem Buch sind mindestens 20 Exemplare (Klassensatz) vorhanden.
- Jeder Schüler darf bis zu drei Bücher ausleihen. Die Ausleihfrist beträgt 21 Tage.
- Das System sollte alle Bücher bzw. Exemplare erfassen. Ebenso werden alle Schüler erfasst, die ein Buch ausleihen.
- Wenn ein Schüler die Leihfrist überschreitet, so soll das System eine automatische Erinnerungs-E-Mail an die hinterlegte Adresse des Schülers senden.
- Bei Überschreitung einer Leihfrist um vier Wochen wird ein automatisches Mahnschreiben generiert. Wenn der Schüler bereits mehr als dreimal die Leihfrist um vier Wochen überschritten hat, wird ihm das Nutzungsrecht für sechs Monate entzogen.
- Gibt der Schüler trotz Mahnungen die Bücher nicht zurück, so wird ihm eine Rechnung über die Bücher gestellt, die entsprechend dem Wiederbeschaffungswert festzusetzen ist.

Durchführung:
- Definieren Sie die Anforderungen an das System mithilfe eines Anwendungsfalldiagramms.
- Entwickeln Sie in der objektorientierten Analyse ein Klassendiagramm und ein Sequenzdiagramm und verfeinern Sie die Diagramme in der Designphase.
- Stellen Sie die Problematik der Leihfristüberschreitung zusätzlich mit einem Aktivitätsdiagramm dar.

Kontrolle:
Tauschen Sie die Ergebnisse Ihrer Arbeit mit den Mitschülerinnen und Mitschülern Ihrer Klasse aus. Kontrollieren Sie die Ergebnisse und diskutieren Sie über Abweichungen in der Analyse und dem Design.

Lernziele:
- Sie erarbeiten sich die wichtigen Schritte einer objektorientierten Softwareentwicklung.
- Sie lernen die Diagrammtypen Anwendungsfalldiagramm, Klassendiagramm, Sequenzdiagramm und Aktivitätsdiagramm in den Phasen der objektorientierten Analyse und des objektorientierten Designs einzusetzen.

Lernsituation 5:
Entwicklung einer Software zur Verwaltung eines Schulungsunternehmens

Ausgangssituation:

Das Schulungsunternehmen **CompuDacta** ist spezialisiert auf Schulungen im IT-Bereich. Für die Verwaltung der angebotenen Kurse sowie der Dozenten soll eine neue Software eingesetzt werden. Das Unternehmen konnte im Bereich der Standardsoftware keine angemessene Lösung finden und möchte die Software jetzt neu entwickeln lassen.

Die Firma **ProSource** erhält dazu den Auftrag, eine Software zur Verwaltung der Kurse, Dozenten und Teilnehmer zu entwickeln. Als erfahrener Auszubildender der Firma **ProSource** haben Sie bereits Erfahrungen mit der objektorientierten Softwareentwicklung gemacht. Die Aufgabe wird deshalb an Sie delegiert.

Arbeitsschritte in Einzel- oder Partnerarbeit:

Planung:
Das Schulungsunternehmen hat ein Lastenheft eingereicht, in dem die Anforderungen an die Software beschrieben wurden. Die folgenden Ausführungen zeigen die wichtigsten Anforderungen der Software.

LASTENHEFT

```
                                                    CompuDacta
                                           IT-Schulungsunternehmen
```

Beschreibung:
Die Firma ProSource soll damit beauftragt werden, eine Individualsoftware zu entwickeln, mit der die Schulungskurse, Mitarbeiter, Dozenten und Teilnehmer verwaltet werden können. Die Software soll benutzerfreundlich sein und über automatische Datensicherungsmechanismen verfügen (Speichern der Daten in einer Datei oder in einer Datenbank).

Wichtige Funktionalitäten:

- Anlegen von Mitarbeitern und Verwalten bestehender Mitarbeiter
- Anlegen von neuen Kursen und Verwalten bestehender Kurse
- Anlegen von neuen Dozenten und Verwalten bestehender Dozenten
- Anlegen von neuen Teilnehmern und Verwalten bestehender Teilnehmer
- Teilnehmer und Dozenten den Kursen hinzufügen
- Ausgabe einer Liste der Kurse (inkl. Dozenten und Teilnehmer)
- Ausgabe einer Liste der Dozenten (inkl. der Kurse)
- Ausgabe einer Liste der Mitarbeiter
- Ausgabe einer Liste der Teilnehmer (inkl. der Kurse)

Durchführung:
In der objektorientierten Analyse sind die folgenden Diagramme entstanden:

Klassendiagramm:

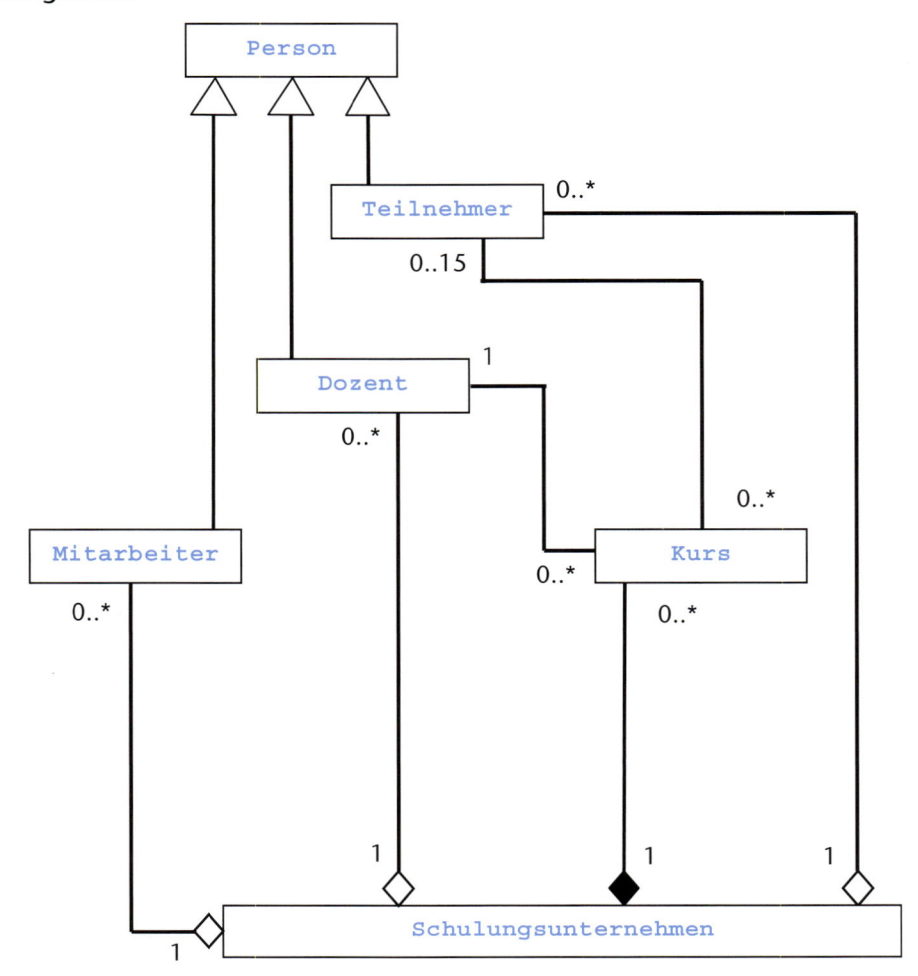

Anwendungsfalldiagramm:

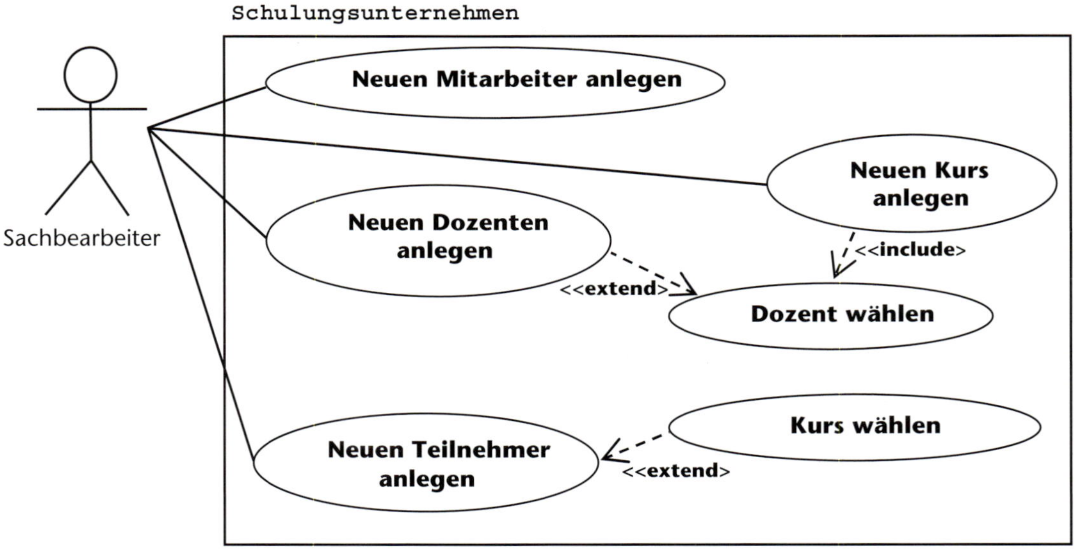

Implementieren Sie die Klassen in C++ oder C# und achten Sie dabei auf die korrekte Umsetzung der Beziehungen und deren mögliche Implikationen, die im Klassendiagramm und Anwendungsfalldiagramm dargestellt sind.

Schreiben Sie eine Konsolenanwendung mit einem Hauptprogramm, welches ein Menü anbietet, das die Funktionalitäten aus dem Lastenheft widerspiegelt. Orientieren Sie sich dabei auch an dem Anwendungsfalldiagramm.

Alternativ zu einer Konsolenanwendung können Sie auch eine Windows-Anwendung implementieren, die die Eingabe und Verwaltung der Kurse, Mitarbeiter, Dozenten und Teilnehmer übernimmt.

Die Sicherung der Daten kann entweder in einer entsprechend aufgebauten Datei oder in einer Datenbank geschehen. Dazu wäre die Entwicklung eines ER-Modells sinnvoll, welches die Klassen in entsprechende Entitäten abbildet.

Kontrolle:
Testen Sie das Programm mit dem **Black-Box**-Testverfahren. Die Testpersonen kennen den internen Aufbau des Programms nicht und testen nur die Funktionalität und das Ergebnis.

Simulieren Sie die Eingaben von möglichst vielen Mitarbeitern, Dozenten, Teilnehmern und Kursen.

Lernziele:

▶ Sie lernen eine komplexere Aufgabenstellung zu analysieren und zu realisieren.

▶ Sie lernen die Implementierung anhand eines Lastenheftes und geeigneter UML-Diagramme.

▶ Sie testen Ihr Programm mit einem allgemeinen Testverfahren, dem **Black-Box**-Test.

Index

A

Abbruchfragment 85
abgeleitete Klasse 16, 64
abstrakte Basis-Klasse 68
access 144
Aggregation 47
Akteure 21
Aktion 90
Aktivität 91
Aktivitätsbalken 81
Alternative 83
Anforderungen beschreiben 121
Anwendungsfall 20
application server 141
apply 145
Architekturmuster 18
ArrayList 61
Artefakte 139
assert 85
Assoziation 36
asynchrone Nachricht 82
atomar 90
Attribute 13, 14, 28
Aufzählungen 70

B

bag 29
Ball- and Socket-Symbol 72
base 67
Basis-Klasse 16, 64
Beziehungsattributen 38, 39
bidirektionalen Navigierbarkeit 37, 76
Black-Box-Test 185
break 85

C

call by reference 31
call by value 31
CASE-Tool 111
client workstation 141
Computer-Aided-Software-Engineering-Tool 111
critical 85

D

deploy 141
Deployment 141
device 141

E

Effekte 146
einfacher Datentyp 69
embedded device 141
Empfänger 97
endliche Automaten 145
Endpunkt 92
Entity-Relationship-Modell 28
Entwurfsmuster 18
Entwurfsmuster Observer 154
enumeration 70
Ereignisgesteuerte Prozessketten 90
Ereignisse 146
ER-Modell 185
Events 146
Exception-Handling 98
Exclusive-Oder-Verknüpfung 97
executable 140
execution environment 141
Expansionsbereich 102
extend-Beziehung 25
extension points 25

F

Fachliches Modell 114
foreach 102
Fragmente 83

G

Gabel-Symbol 91
Gabelung 95
Ganzes-Teile-Beziehung 47
Generalisierung 15, 23, 26, 64
gerichtete Assoziation 22
Geschäftslogik 19
Geschäftsprozesse 20
Grady Booch 11
Guards 90, 146, 149
GUI 126

H

Hardwarekomponenten 140
Hat-Beziehung 47, 58

I

Identifizierung von Klassen 122
if-else-Logik 83
implements 139
import 144
in 31
include-Beziehung 24
inout 31
instantiate 74
Interaktionsdiagramme 147
Interaktionsrahmen 80, 147, 149
Interaktionsübersichtsdiagramm 152
Interfaces 71
Ist-Beziehung 16, 47, 63
Iteration 100
Ivar Jacobson 11

J

James Rumbaugh 11

K

Klasse 13, 28, 74
Klassenattribut 30
Knoten 141
Kollaborationen 136, 137
Kollaborationsausprägung 138
Kommunikationsdiagramm 147
Kommunikationspfad 142
Komponente 139
Komponentendiagramm 138
Komposition 58
Kompositionsstrukturdiagramm 136
Konnektoren 137
Kritischer Bereich 85

L

Lastenheft 183
Lebenslinie 80, 148, 149
Leserichtung 36
Link 75

M

Mehrfachgeneralisierung 64
merge 144
Methoden 28
microTOOL 111
Mikrocontroller 141
mobile device 141
Model-Driven Development 111
Model-View-Controller-Konzept 18, 178
Multiplizitäten 23, 29, 36, 47, 58, 75

N

Nachrichten 81, 148, 150
Navigationsverbot 38, 76
Navigierbarkeit 37, 76

O

Ober-Klasse 16, 64
objectiF 111
objectiF-Aktivitätsdiagramm 119
objectiF-Anwendungsfalldiagramm 115
objectiF-Klassendiagramm 116
objectiF-Objektdiagramm 120
objectiF-Sequenzdiagramm 118
objectiF-System 111
Object Management Group 11
Objekt 13
Objektdiagramm 74
Objekte 74
Objektfluss 95
Objektorientierte Analyse (OOA) 11, 121
Objektorientierte Programmierung (OOP) 11, 127
Objektorientiertes Design (OOD) 11, 124
Observer-Muster 18
OOP 63
Operationen 28
Option 83
ordered 29
Oszilloskop 149
out 31

P

Paket 142
Paketdiagramm 142
Parallele Ausführung 84
Parametersatz 97
Parts 136
passive Zeit 81
PIN-Notation 96
Platform Independent Model 114

Platform Specific Model 114
Polymorphie 16, 18
Ports 137
Primär-Fremdschlüssel-Prinzip 40, 43
primitiver Datentyp 69
private 29
profile 145
Programmablaufplan 90
Properties 117
protected 29, 64
Pseudocode 15
public 29
public-Vererbung 67

R

Rational Rose 12
Rational Software 12
readonly 29
Reverse-Engineering 111
Rolle 37, 75

S

Schichtenmodell 19
Schleifen 84
Schnappschuss 74
Schnittstellen 71
script 140
Selektion 100
semantischer Name 117
Sequenzdiagramm 80
service 139
Signal-Empfangen 97
Signal-Senden 97
Softwarekomponenten 140
source 140
specification 139
Spezialisierung 15, 23, 26, 64
Startpunkt 92
Stereotyp 68, 139
Steuerungsfluss 90
Steuerungsfluss-Endpunkt 92
Strukturdiagramme 13, 136

subsystem 139
swimLanes 119
synchrone Nachricht 82
Systemgrenzen 20

T

Technisches Modell 115
Threads 95
three tier 19
Transition 120, 146
two tier 19

U

Übergabeparameter 82
UML-Kommentar 21
ungerichtete Assoziation 22
unidirektionalen Navigierbarkeit 37, 76
Unified Method 11
Unified Modeling Language 11
Unterbrechungsbereich 98
Unterbrechungsfluss 98
Unter-Klasse 16, 64
Use-Case-Diagramme 20

V

Verantwortungsbereiche 94
Vereinigung 95
Vererbung 16
Verhaltensdiagramme 13, 145
Verlaufslinie 150
Verteilungsdiagramm 140
Verzweigungen 90

Z

Zeitverlaufsdiagramm 149
Zusicherung 85
Zustand 145
Zustände von Objekten 96
Zustandsdiagramm 145